击剑运动教学与训练教程

李 娜 刘 爽 曹永康 著

中国广播影视出版社

前　言

击剑运动是一项形成比较早的运动，最初的雏形就是古代的剑术决斗。击剑运动比较特殊，不仅对击剑者的身形动作有一定的要求，而且需要严格按照击剑运动的操作得分要求，来制定合理的战术击倒对手，取得击剑运动的胜利。击剑运动有着较高的观赏价值和表演价值，击剑运动员不仅需要有良好的身体协调能力，而且需要有强大的内心，在高强度的竞赛中，保持清醒的头脑，快速地做出反应，通过观察击剑运动员的身形动作、出手速度等，可以大致了解其技术能力水平。击剑运动在长期发展过程中逐渐得到完善，成为一门独立的体育运动项目，保障措施也在不断完善。比如，击剑运动员穿的衣服的伤害性降低，使用的佩剑尖锐度也得到控制，可以有效避免对运动员的身体造成伤害。在高等院校推广击剑运动具有一定的可行性，在全球范围内的影响力也已进一步扩大。

近年来，高校越来越注重大学生综合能力的培养，这为击剑运动在高校中的推广创造了条件。击剑教学教师需要了解击剑的发展历史，发现击剑教学活动中存在的不足，能够采取合理有效的措施来解决问题，不仅要学习理论知识，掌握击剑相关的技能也很关键。

教练员素质高低会直接影响体育运动人才的培养质量，尤其是在体育竞技中，教练员的战术制定是否科学合理也会影响运动员的发挥。想要培养高质量的运动员，对教练员的教学能力提出了严格的要求，只有不断扩大优秀教练员队伍，才能够促进体育运动项目的持续发展，如果没有优秀的教练员，运动员的潜能也无法得到充分挖掘与利用。尤其是竞技比赛当中，运动员之间的竞争，实际上就是教练员之间的竞争。社会在不断进步与发展，科学技术水平不断提高，教练员的综合教学水平在很大程度上会影响运动员的综合实力，教练员需要不断更新思想，学习新技术、掌握新技能，只有这样才能够更好地适应体育运动项目的发展趋势，不断完善相关的指导理论，制定科学高效的训练方案，培养更多优秀的运动员。

本教程围绕"击剑运动教学与训练"这一主题，以击剑运动的起源为切入点，由浅入深地阐述了古代击剑运动、击剑运动的演变、现代击剑运动以及中国击剑运动的发展，系统地论述了中国高校击剑运动项目发展、高校击剑专业特色课程建设、高校击剑新媒体教学、高校击剑合作探究模式教学等，深入探究了击剑科学化训练、击剑运动项目专项特征、击剑训练要求与方法、计算机技术在击剑训练与比赛中的应用，以期为读者理解与践行击剑运动教学与训练提供有价值的参考和借鉴。本书内容翔实、逻辑合理，适用于从事击剑运动教学的专业人士以及击剑运动爱好者。

笔者在撰写本书的过程中，借鉴了许多专家和学者的研究成果，在此表示衷心感谢。本书研究的课题涉及的内容十分宽泛，尽管笔者在写作过程中力求完美，但仍难免存在疏漏，恳请各位专家批评指正。

目 录

第一章 击剑运动的起源与发展 ... 1
第一节 古代击剑运动 ... 1
第二节 击剑运动的演变 ... 3
第三节 现代击剑运动 ... 5
第四节 中国击剑运动的发展 ... 8

第二章 高校击剑教学 ... 19
第一节 中国高校击剑运动项目发展 ... 19
第二节 高校击剑专业特色课程建设 ... 23
第三节 高校击剑新媒体教学 ... 28
第四节 高校击剑合作探究模式教学 ... 31
第五节 击剑教学中引导体验教学模式 ... 36

第三章 高校击剑训练课教学 ... 40
第一节 高校击剑训练课个别教学 ... 40
第二节 高校击剑专项训练课"两协同一结合"混合式实践教学模式 ... 43
第三节 项群训练理论在击剑教学训练中的价值及运用 ... 46

第四章 击剑科学化训练 ... 53
第一节 运动训练科学化的含义与内容 ... 53

第二节 教练员胜任力特征 57
第三节 运动员成长与培养影响因素 69

第五章 击剑运动项目专项特征 79
第一节 花剑专项特征 79
第二节 重剑专项特征 90
第三节 佩剑专项特征 107

第六章 击剑训练要求与方法 120
第一节 击剑运动训练要求 120
第二节 击剑教学的一般训练方法 123
第三节 击剑技术能力及其训练 128
第四节 击剑战术能力及其训练 139
第五节 击剑训练的特殊形式：个别课 152
第六节 击剑专项体能及其训练方法 173

第七章 计算机技术在击剑训练与比赛中的应用 185
第一节 计算机技术对击剑技战术分析的意义与任务 185
第二节 计算机技术在击剑技战术分析中的方法 191
第三节 计算机技术在击剑技战术分析中的应用 193

结束语 199

参考文献 201

第一章 击剑运动的起源与发展

击剑是一项具有娱乐性的现代体育运动，它充满了骑士精神并留下了深刻的历史印记。击剑在当今之所以如此受欢迎，是因为它不仅能够给击剑者带来具有娱乐性和体育性的搏斗体验，还能带来精神层面的提高。它能让击剑者对自己的身体有更好的认识，而且在这个过程中，还能让击剑者形成一种良好的精神状态，使其变得更沉着冷静、注意力更集中，能够更好地掌控自己，更好地遵守规则、尊重他人。除了娱乐和骑士精神，击剑也能够促进许多重要素质的发展，这对击剑者的生理和心理健康都起着重要的作用，对正处于茁壮成长阶段的儿童和青少年来说尤为重要。

第一节 古代击剑运动

一、击剑运动的起源

击剑运动的起源，要从击剑使用的器械——"剑"谈起。据史料记载，古代世界各民族对剑的发明和使用上有相似之处。剑最早是人们同野兽搏斗猎取食物所使用的工具。随着人类生产力的发展、私有制的建立和阶级的出现，剑的使用方式与用途也发生了改变，并逐渐发展成为作战的兵器。伴随着冶炼技术的出现和发展，剑也由最初的石制、骨制发展到青铜制、铁制，最后到钢制。最初，击剑是军队训练士兵的重要手段，后来由于战争的发展和作战的需要，促进了古代击剑的普及与技术的提高。

二、中世纪早期的击剑运动

击剑在古代的埃及、中国、希腊、罗马、阿拉伯等国家已十分盛行。在希腊的《圣经》中曾经提到过击剑,并且指出它有32种简单的使用原则。公元前11世纪,古希腊就出现了击剑课,并有专门的剑师授课。

有关古老的击剑形式,在希腊、埃及等国家的一些历史建筑和纪念碑上,都刻有其浮雕塑像。公元前1190年前后,埃及国王拉美斯三世时期,在上埃及北部卢苏尔附近的一座马迪纳特哈布庙宇的建筑物上,雕刻着描述当时击剑的情景,两个人各自手持利剑,剑尖还用东西包扎着,另一只手臂上系着一个小盾牌,脸上还戴有假面具(系在头发上),耳朵上垫着东西,上衣穿得较宽大,脖子上系着宽厚的护颈,旁边还有一些着装整齐的人,像是地方官员或是评判员,四周还有很多观众。浮雕上还刻有一段铭文,像是一位击剑手在炫耀说:"请准备欣赏我英勇而无敌的技艺吧!"公元前10世纪,希腊著名诗人荷马在其著作《伊利亚特》与《奥德赛》中写了描述当时击剑情况的诗句:

  着盔甲,持利剑,
  一对一,公众面前比武艺,
  刺穿对手高贵身躯不迟疑。
  透甲胄入肌肤,鲜血迸溅,
    获胜利
    ……

古代的武器大且笨重,在军队作战时,士兵们头戴金属制的头盔,身着厚重的铠甲。作战技术以力量为主,进攻时用双手握剑,大多是砍头的动作,防守时采用下蹲和低头动作,或是向左右移动闪躲,有时加用角力手段。公元前200年盛行角斗士比武,是当时最受上层人士欢迎的一种"娱乐",但是比武的结果往往是轻则受伤,重则死亡,参加比武的多是统治阶级所豢养的一些角斗士,这种比武在历史上被称为击剑。

中世纪的欧洲非常盛行击剑运动,击剑运动在当时被认为是一种神圣的运动,尤其是骑士非常看重这项运动,击剑技能水平也成为衡量骑士地位的重要依据。在当时击剑与战争密切关联,在与敌人拼杀的过程中,需要使用剑刺穿敌人的盔甲,击中敌人没有穿戴甲胄的部位,因为使用的剑较重,拼杀比较费力气,所以并没有讲究太多的技巧。

第二节　击剑运动的演变

一、娱乐和竞赛形式的击剑

14世纪末期，伴随着火药的发明和枪炮的诞生，剑逐渐在战场上失去了重要作用，于是便沿着健身和表演的方向发展，剑也变得越来越轻巧和便于操控，从此击剑便以娱乐和竞赛的形式保留下来，发展为今天的击剑运动。

中世纪时，欧洲各国对击剑非常重视，击剑被列为当时"骑士七艺"之一，"骑士七艺"即骑马、游泳、投枪、击剑、打猎、下棋和吟诗，它是一种以军事训练为主要内容的教育制度。

二、击剑技术书籍以及新型剑的问世

1474年两位西班牙教练员写了世上第一本击剑技术书籍，内容包括内外线击剑法、步法移动、闪躲技术和一些动作名词。后来多莱德制造了一种质量较高又较轻巧细长呈三棱形的剑，与现代的重剑相似，代替了欧洲传统笨重的剑。

新型剑适合用剑尖刺击，防守时需要左手使用短剑（匕首）或披风，从而使击剑的攻防技术趋于完善。与此同时，为发展击剑艺术，击剑师行会（或称学校、协会）在整个欧洲兴起。最早且最负盛名的是马克思布律和洛温欠格的斯特·马库斯协会，其总部设在法兰克福，并于1480年在纽伦堡得到罗马帝国皇帝授予的特许权。这些协会为发展击剑运动起到了积极的推动作用。

1509—1606年，意大利也出版了击剑书籍。有"击剑之父"称号的意大利人阿·马罗佐于1536年在西班牙人论述击剑技术的基础上进一步写出了《击剑原理》，随后阿格里巴在1553年、吉冈蒂在1606年分别写了《击剑论》。在这些著作中论述了击剑技术最初的四个姿势，并使击剑技术进一步得到完善，初步形成了动作的规范。从此意大利人的击剑技术便处于领先地位，在欧洲影响很大。从这时起，击剑便作为一种格斗性艺术被确认下来。

三、击剑运动的全面发展

击剑运动真正得到全面发展是在法国亨利三世和亨利四世时期。当时曾邀请了意大利的击剑师到法国宫廷中传授击剑技术，并在他们的影响下，法国人圣·迪迪埃和蒂波，综合了西班牙和意大利两国击剑派的击剑技术原理，于1573年、1628年分别写出了击剑理论专著，并以法国的习惯规定了击剑运动的常用术

语，从此击剑运动也在法国得到发展。此外，法国人还首次提出了取消左手持匕首和披风的建议，但是当时并没有被重视和采纳。直到1610年，意大利人又提出这个建议后，匕首和披风才被取消。与此同时，意大利人还提出击剑运动时的实战姿势应变为身体侧向前方，左手佩戴宽口硬质型手套，以便在必要时做防守，用来夺取对方的武器。法国又于1633年出版了贝纳尔·连浬的著作，书中论述的技术动作和战术方法与现代击剑十分相似，内容有敬礼、实战姿势、步法移动、弓步、交叉刺（劈）、直接防守、划圆防守及闪躲或低头等，同时讲述了这些技术的动作方法。

欧洲的一些国家盛行决斗，这是击剑得到蓬勃发展的重要原因。当人们不能圆满地解决生活中的争端时，往往就用击剑决斗的方式来收场，将决斗的胜负结果称为"神的裁决"。16世纪末17世纪初，法国决斗成灾。仅在1588—1608年这20年中，巴黎就有8000名绅士死于决斗。因此，在社会上引起了强烈反响，迫使法国国王路易十三世颁布了"不准决斗"的禁令，但决斗之风仍未能平息。

在这种情况下，为了满足人们对击剑的爱好与需要，又不至于出现伤害生命的现象，于是有人便设计出一种剑身较短并呈四棱形、剑尖用皮条包扎的新型剑。这种剑常在宫廷中演练，因此也被称为"宫廷剑"。它有别于军队中用于打仗的三棱形剑，在对刺练习中减少了流血和死亡，受到人们普遍欢迎，并得到广泛传播，逐渐形成了一种独立的新形式剑术系统——决斗剑，这便是现代花剑的雏形。

四、击剑着装的发展

随着剑的改进和击剑技术的发展，击剑者的着装样式也曾发生过戏剧性的演变。法国路易十四时期，法庭上正式规定击剑者的服装：男士要穿浮花织锦的外衣和斗篷，下穿马裤和长筒袜。贵妇练习击剑时，也要身穿丝绸和缎子制作的马甲或坎肩式上衣，头上都要有讲究的发型。这个时期在宫廷中的贵族们经常以玩赏剑术为娱乐活动，社会上则把身佩一把剑并掌握一定的击剑技术视为一种时尚。

1776年法国著名击剑大师拉·布瓦西埃用金属丝制成面罩，面罩对脸部和眼睛起到了很好的保护作用，既安全又美观，从那时期起击剑就可以做连续的攻击和复杂的交锋动作了。这一时期法国也成了竞赛性击剑运动的发展中心。面罩的问世是击剑运动发展史上的一个里程碑。

为了使击剑健康地向前发展，需要有一些规定来指导控制。因此，当时法国著名击剑师让·路易、拉布瓦西埃、拉·弗热尔、高维尔合编了有关击剑的规定，这就是最早的击剑规则。其中规定：有效的击中限制在胸部；禁止刺面部；防守还击动作需在对方第二次进攻之前刺中为有效等简单条文。这些条文也成为延续至今的击剑规则的雏形和原则，同时为确定花剑的有效部位奠定了基础。由于决斗之风在当时还没有完全被制止，热衷于决斗的击剑者们在习武厅练习时仍然用三棱形剑，但剑尖不锐利，交锋不限制部位，这就是一直延续至今的重剑形式。

面罩问世的同时，匈牙利人对波斯人、阿拉伯人及土耳其人早期骑兵所用的弯形短刀进行了改革，在剑柄上装配了一个月牙形的护手盘，以便在击剑格斗时保护手指，但由于这种剑比宫廷剑更为笨重，当时并没有受到欢迎。此后，意大利著名击剑大师朱赛普·拉达叶利在此基础上将这种剑做了进一步的改进，使其能在击剑运动和决斗中使用。后来又有一名意大利人在匈牙利创办的击剑学校中对此进行了改革，他根据骑兵作战的特点，规定出有效击中部位为腰带以上，从此又形成了一种新的佩剑技术系统，这便是现代佩剑的前身。因此在击剑运动中就有了三种独特形式的击剑技术系统。

19世纪初，在法国击剑权威拉·弗热尔的倡议下，将花、重、佩这三种不同式样的剑的重量进行减轻，同时对一些技术原理及战术意义进行深入研究，使法国的击剑运动形成了独特的风格。由于当时击剑运动在西欧的一些国家中早已盛行，并且经常进行国际比赛，因此，击剑运动逐渐成为国际性的体育竞赛项目。

第三节　现代击剑运动

顾拜旦及众多先驱者在19世纪末创立的现代奥林匹克运动至今已度过一个多世纪。在此历史进程中，击剑运动同现代奥运一起，在不断满足社会需要的进程中，以"更快、更高、更强、更团结"的奥林匹克精神为指导，朝气蓬勃地走向自己的未来。

一、花剑运动

花剑运动是最早进入奥运会的击剑项目之一。随着经济全球化的发展，世界各国之间的沟通和交流也逐渐成为一种常态，关于击剑运动的操作技术和战术打法方面的文献研究资料不断增多，不仅丰富了击剑技术指导理论，一些新的战术打法也随之出现。20世纪50年代，法国和意大利的击剑运动比较活跃，击剑技术比较领先，法国的击剑运动比较注重情绪的掌控，沉着打法的优势比较明显。而意大利击剑选手比较擅长通过接触剑来与对手对抗，行动果敢。之后到了20世纪60年代，苏联的击剑运动开始兴起，苏联击剑对身体素质的要求较高，尤其是善于利用时机来制定战术。到了二十世纪七八十年代，联邦德国的击剑技术迅速发展，从打法上看，没有固定的打法，但是会使用到不同的击打方法，这些打法在之前很少使用。到了20世纪90年代，古巴的击剑运动开始兴起，得到迅速发展，有较强的爆发力，从战术上看，不仅仅体现在攻击战术上，防守战术也得到灵活使用。

二、重剑运动

重剑运动进入奥运会以后，多年来打法单一，发展缓慢。但从20世纪70年代开始进入一个崭新的发展时期。当时以身高2米的瑞典选手麦德林为代表，凭借身高臂长的优势，以伺机甩剑反攻的打法独霸剑坛。20世纪80年代进入以匈牙利、联邦德国、苏联、法国、意大利为代表的多元化发展时代，涌现出众多的明星，呈现出争奇斗艳的局面。匈牙利的凯斯利以"怪"著称，善于诱骗，擅长各种反攻，另一位矮个子高手恰尔，擅长运用多变的步伐诱使高个子误入圈套，打下蹲反攻刺手臂下侧这一绝招。联邦德国的朴许和鲍尔曼以寻求主动交锋为主。朴许练就一套漂亮实用的甩剑结合压剑刺脚或第二防还击刺脚的绝招；鲍尔曼则以快速接近引诱对手抢攻后，再用对抗防反下线或刺脚闻名。苏联的迪斯科进攻凶狠，锐不可当，令对手难以喘息的打法使其成为最典型的进攻型速决战的代表。法国的里布和昂格里姿势优美，手法细腻，讲究攻守结合。意大利的马佐尼观察细致，善于紧逼，技术全面，战术狡诈，连续交锋能力极强。20世纪90年代趋向在攻防技术全面发展的基础上，突出特长和绝招。俄罗斯的克罗科波夫和德国的史密特是这个时代的核心人物。克罗科波夫控剑能力极强，能攻善守，攻击点上下落差大、面广且变化多，往往使对手顾此失彼、不知所措，其防守体系也

第一章　击剑运动的起源与发展

难有破绽，令对手无懈可击。史密特手上功夫极好，善于随机捕捉对手的弱点并采取对策，善于利用步伐的变化给对手造成错觉，使其落入圈套，最后给对手致命一击。

三、佩剑

佩剑竞技运动较早成为奥运会击剑运动的一种类型，通过了解佩剑的发展历史得知，佩剑运动经历了不同的发展时期。20世纪50年代，佩剑在匈牙利盛行，统治者着重对佩剑的进攻策略进行研究，以此来找到最佳攻击时机，主张在竞技比赛当中，要善于找到机会来攻击对手，而不是一味地防御躲避，加快攻击速度，给对方带来压迫力，才有可能取得比赛的胜利。在比赛中，运动员会把主要精力放在有效得分上，尽可能地寻找机会攻击对手，避免自己陷入被动的防御局面，这也使得佩剑运动变成一种对攻战，双方同时击中对方的情况也比较常见。由于这种战术攻击较强，防守能力较弱，为了摆脱攻防之间的偏差，佩剑竞技的规则发生了变化，这也是佩剑运动的首次变革。新规则提出，佩剑运动员还需要完善自身的防御体系。苏联在佩剑运动防御系统的创新上取得了一些成果，在比赛当中，能够把场地环境、身形步法等考虑在内，以此来抵抗对手的攻击，选择合适的防御战术，善于利用警告线来调整运动员的心态和情绪，抑或是通过迂回战术的使用，来减少直面攻击可能带来的失分问题。防御系统的进一步优化，也让进攻者的进攻遭受阻挡，攻击者多次攻击不得分，可能会出现消极比赛的情况，为了更好地应对这些难题，佩剑运动进行了二次改革，也就是缩小了佩剑运动场地的面积，长度从原来的28米下调为14米，最后直接把警告线废除。虽然这次对佩剑运动进行了变革，并且经过多年的实践尝试，但由于一些因素的阻碍，变革效果并没有达到预期，佩剑运动员的比赛情绪依旧不够高涨，出现了消极比赛的情况。国际剑联的专家学者对佩剑运动中存在的问题展开了分析，发现佩剑规则的变动并没有改变这项运动存在的强攻守弱的问题，防御能力也并未显著提升。之所以会存在这种现象，是因为攻击和防御步法尚未实现平衡统一，选择的步法类型也比较单一。在攻击的过程中，仅仅使用交叉步或者是冲刺步法，可以提高进攻难度，从距离上看，攻方和守方两者的退后和前进的距离不应该存在较大的偏差，尽可能保持均衡，这样有利于攻守双方对抗能力的增强。之后，佩剑比赛的得分规则又发生了变化，如果使用交叉步或者是冲刺步互中对方不得分，这样就改变了佩剑运动长期存在的攻击强、防守弱的问题，佩剑打法发生了本质变革。当前，击剑运动稳定发展，击剑运动的功能逐渐朝着竞技和娱乐等多维度发展，为击剑运动的推广注入新活力。

第四节　中国击剑运动的发展

一、中国古代的击剑运动

击剑是一项古老的运动。青铜时代到来之后，人们开始铸铜为剑，剑被广泛地用在征战之中，在两军对垒时，双方举剑而击、战场厮杀更是常事。

春秋时期史籍中就出现了击剑的记载，《吴越春秋》中著名的"越女论剑"故事，便是生动写照。越女说："凡手战之道，内实精神，外示安仪。见之似好妇，夺之似惧虎……杳之若日，偏如腾兔，追形逐影，光若仿佛，呼吸往来，不及法禁，纵横逆顺，直复不闻。斯道者，一人当百，百人当万……"说明当时的人对击剑中的呼吸、动静、虚实、内外、顺逆、攻防等矛盾双方关系处理的重要性已有深刻认识。著名的武侠小说家金庸还根据"越女论剑"的记载写了小说《越女剑》，风靡大江南北。

《庄子·说剑》也有相关记载："昔赵文王喜剑，剑士夹门而客三千余人，日夜相击于前，死伤者岁百余人，好之不厌。"但庄子对此持以否定的态度，认为"无异于斗鸡"，一旦命已绝矣，无所用于国事。

汉代以后，军队大力发展骑兵，而骑兵交战中以砍斫为主，很少有刺的动作。于是，环柄刀代替了剑，使得剑在战场上的使用价值大大下降，环柄刀也取代了剑成为军队的武器。虽然军队没有了剑的配置，但人们好剑之风不减，击剑、佩剑活动在社会上广泛流行起来。

大文学家司马相如、东方朔等人都十分喜爱击剑。汉代出土的画像石中也有不少关于击剑的场面，可见汉代人对击剑的痴迷。

最值得注意的是，汉代的击剑一般都为真剑，在《汉书·淮南王传》中有这样一段记载："淮南王太子刘迁自以为剑术高明，无人能敌，'闻郎中雷被巧，召与戏，被一再辞让，误中太子'。"可见他们击剑比赛是用真剑进行的。这种情况一直持续到汉末时期，击剑比赛有了进一步完善的方法，在比赛时可以使用代用品，这才避免了伤害事故的发生。

击剑在社会上如此盛行，自然也涌现出来一批剑术高手，例如，诗仙李白，既善吟诗，也善剑术，在《与韩荆州书》中写到自己"十五好剑术，遍干诸侯"，而《李翰林集序》中更是说他"少任侠，手刃数人"，可见李白也是一位高超的剑客；另一位用剑高手乃是北宋的开国名将——王彦升，他的剑术水平在《宋史·列传第九》中有记载，称其为"性残忍多力，善击剑"，号其为"王剑儿"，虽然没有描述他的剑法到底如何高超，但从寥寥数语中也能看出此人剑术不凡。

击剑发展到唐代以后出现了新的形式——剑舞，其中最为著名的是公孙大娘的剑舞，杜甫就曾在他的诗《舞剑器行》中描写过这一场景："昔有佳人公孙氏，一舞剑器动四方。观者如山色沮丧，天地为之久低昂。爥如羿射九日落，矫如群帝骖龙翔。来如雷霆收震怒，罢如江海凝清光。"文宗朝，更是将裴旻的剑舞与李白的诗、张旭的书并称，史称"盛唐三绝"。在《仕女清娱图册》中就有一幅舞剑图，图中两仕女姿容秀丽，拿剑起舞，给人一种典雅、安谧之感。

击剑活动发展至元代时遭到毁灭性打击，元世祖中统四年（1263年）下诏各路，设立兵器制造局，凡私造私藏兵器者一律处死刑。后来还规定，凡汉人手执铁尺、手挝及有刃的刀剑，都要立即收缴，禁止民间佩刀剑。于是击剑、舞剑的活动骤然消失于民间，击剑活动也日益衰落下来，再不复之前的盛况。

明清以后，击剑不再是杀人的武器，习剑也成为健身的体育活动。清代王树穀就曾绘《学剑图》生动地展现了这一变化，在图中有一老人、一童子凝神观看学剑者，该学剑者一手持剑，一手持剑鞘，神情专注似乎达到了人剑合一的境界，给观者一种平淡悠远之感。

二、中国现代击剑运动

（一）传入与兴起

中国现代击剑运动是由贾玉瑞留日带回的。贾玉瑞最早在日本东京青年会学习击剑技术，1944年回国，在北京大学利用业余时间教学生击剑，这是我国最早的击剑运动。新中国成立后，击剑运动正式在我国起步和发展。1952年中国体育代表团访问苏联和匈牙利得到一些赠送的器材，贾玉瑞利用这些器材在北京师范大学教学。经过一段时间的训练，1953年11月在天津举行第1届全国民族形式体育表演及竞赛大会上，北京师范大学学生进行了击剑表演并介绍比赛方法，从此现代击剑在少数大城市和体育学院开展。1955年苏联专家赫鲁晓娃女士在北京体育学院（现北京体育大学）开设了击剑专修课。在她执教的两年中，共培养了30多名学员，这批人毕业后回到各省市成为开展新中国击剑运动的骨干。为了进一步发展击剑运动，国家体委于1958年、1959年分别在北京体育学院、武汉体育学院举办了击剑教练培训班。1959年，在第1届全运会上击剑被列为表演项目；1965年，在第2届全运会上被正式列为比赛项目。此外，几乎每年举行全国和地区性锦标赛、表演赛等。

（二）发展

1974年5月，在摩纳哥蒙特卡洛举行的国际剑联第55届代表大会上，通过了中国加入国际剑联的决定，从此为我国击剑走出家门，迈向世界铺平了道路。随着我国与世界交往增多，我国与世界击剑水平的差距逐渐缩小。1974年我国首次派队参加在伊朗举行的第7届亚运会。由于我国击剑恢复时间较短，虽然只有8个国家和地区参加，有些剑种报名不足20人，我队仍与金、银牌无缘，最好成绩是佩、重剑团体第3名，个人第5名。1975年9月第3届全运会击剑比赛在北京举行，比赛的规模和人数大大超过了前两届，共有16个省市的180名运动员参加。这届全运会总体水平不高，但为我国击剑后来冲出亚洲，走向世界，打下了良好的基础。

（三）成长与突破

中国击剑运动虽然开始于20世纪40年代，但真正有计划、有规模地开展击剑运动还应从20世纪70年代算起，至今也不过40多年的时间。与欧洲击剑运动的百年历史相比，中国还处于中级阶段，缺乏对击剑规律更深刻的认识和理解，还在必然王国中徘徊。这也是中国不能成为世界击剑强国的真正原因所在。但同时我们也应看到，中国击剑运动的发展从无到有、由浅入深，从知之甚少到知之较多，再到学习吸收国外先进技术，创立自己的风格，走了一条不同于其他击剑先进国家的发展道路，在较短时间内使个别剑种跨入了世界先进行列。

1. 基本经验

（1）博采众长，不拘一格

我国击剑运动在发展初期，为了向先进国家学习技术，于1959年邀请匈牙利国家击剑队访华，1964年邀请苏联国家青年队来访。他们的到来对我国击剑界开阔眼界、学习世界先进技术、提高运动技术水平起到了非常重要的作用。当时这两支队伍拥有多名世界冠军，为世界一流水平，他们技术动作规范、细腻，比赛经验丰富。教练员们还就有关"击剑运动员选材""击剑技战术训练""如何制订训练计划"等专题进行了讲学。这些对我国后来击剑技术风格的形成和发展，产生了深刻的影响，从而逐渐摆脱了盲目状态，使我国击剑运动在训练方法、手段上积累了宝贵经验。20世纪70年代至80年代，我国又多次邀请苏联、意大利、法国、德国、匈牙利等国家的专家、教练员来华讲学，同时派出运动队到击剑强国去学习、比赛。在这一时期我国击剑界对击剑规律有了初步的认识和理解，基本掌握了击剑训练方法、手段，特别是对个别的操作有了更深的认识，创立了自己的风格，涌现出以栾菊杰为代表的世界级选手，创造了中国击剑的辉煌。

（2）勇于探索，开拓创新

进入20世纪90年代，以栾菊杰为代表的一代老运动员的退役和以叶冲、肖爱华为代表的新生力量的崛起，标志着中国击剑运动进入了新的时期。在这期间中国击剑运动在管理制度、训练方法等方面进行了不断改进与完善，在这过程中积累了一些值得参考的经验，集中归纳主要有以下五点。

第一，长期进行系统的强化集中训练。坚持以长期集中为主的国家队训练体制，保证了系统训练，减少了干扰因素。长期以国家队为主的训练形式，在总体上得到了绝大多数单位的支持和肯定。各地不仅抽出优秀的教练员和运动员到国家队训练，还有一些单位主动提出输送运动员到国家队代训，使他们得到良好训练气氛的熏陶，并能与强手交流。强手相对集中，教练人才和科技力量及财力、物力方面的重点投入，使国家队的体制不断完善，为"三从一大"原则和"两严"方针的贯彻实施提供了条件。

第二，初步把握训练规律。击剑运动必须掌握好攻、防的全面技术，重点是积极主动，以攻为主。这一训练主导思想的确立，促进了我国击剑技术的进步。教练员们还逐步摸索出击剑对抗过程中的一些规律，并形成了易记易读的制胜要点，如"快速、准确、巧妙、距离、时机"等。训练中强调在全面掌握技术的基础上，突出个人特长的针对性训练方法。

第三，以小周期训练法进行训练。我国击剑项目的主要国际赛事，是奥运会、亚运会和世界锦标赛。每年还有多次世界杯系列赛。国内除锦标赛、冠军赛外，还增加了调赛、A级赛和杯赛等辅助性比赛。因此，击剑队实行了以国际、国内大赛为阶段的小周期训练法，平时训练主要针对世界大赛。教练员和运动员要做到大的训练方向清楚，小的训练目标明确，比赛时以实战状况检验阶段训练的效果，从中发现不足，确定下一阶段要解决的主要问题。

第四，采用公开课教学形式，提高训练质量。公开课通常是请击剑协会有关业务处领导、体育学院教授、成绩良好的地方队的高级教练员等专家组成临时考评组，由国家队各剑种主教练拟出公开课教案，并现场就每堂公开课所要解决的问题进行演练、讲解，课后由考评组进行分析、评价。公开课既是训练运动员，更是考核教练员。通过公开课，对教练员所设计的训练方案及操作方法进行分析解剖，提出问题和改进建议。同时，教练员们还可以了解其他剑种教练员的新思想、好手段，彼此互相学习、借鉴，经验共享。考评组专家们的意见更有利于启发教练员的思路，形成研究气氛，助先进剑种更进一步，促后进剑种迎头赶上。

第五，以积分制作为选拔标准。自从制定了以各类不同性质的比赛成绩折分计算积分的选拔标准以后，击剑项目不再因每次出访组队的人选问题困惑。国家队和省、市队普遍认同现行的积分方法，并不断用积分位置来衡量自己的进步程度，调动了大家刻苦训练、踊跃参赛、顽强拼搏的积极性，增加了选拔队员的科学性，减少了人为因素。

（3）更新观念、提高认识

1997年年底，国家体育总局项目管理中心体制改革后，为击剑项目的发展提供了新的契机。在1997年至2017年这二十年的时间里，中国击剑队取得了辉煌的成绩，并实现了历史性突破。在继承与发扬过去成功经验的基础上，对击剑项目发展规律进行了不断的认识、研究、提高，并达成了共识，取得了宝贵的经验，集中起来主要有以下几点：

第一，更新思想，提高认识水平。训练指导思想很关键，只有形成科学的训练思想和认知，才能够制定正确的训练策略，提高训练效率，达到预期的训练效果。如果训练过程中没有清晰明确的指导思想，就无法制定科学的训练体系。以往训练指导思想虽有提及，但是没有得到系统发展，对训练规律的认识不够深入、清晰，这也影响到我国击剑运动的发展，在较长一段时间内都处于停滞状态。后来我国研究学者逐渐关注训练指导思想，意识到在击剑运动中训练指导思想的重要性，通过大量的研究和实践论证，对击剑运动的训练指导思想进行优化和完善，提出要主动出击，以自我为中心，全面发展的同时，着重发挥自身优势，落实体能的强化管理，不怕吃苦，迎难而上。训练指导思想逐渐形成体系，有助于项目的快速发展。从世锦赛和奥运会上中国击剑队取得的辉煌成绩就足以证明这一点。认识水平的提高，也带来训练水平的整体提高。过去认为击剑是一个技能主导类项目，所以体能与心理能力等训练一度被忽略，训练的量化指标与控制没被充分重视。在明确指导思想后，体能与心理能力等训练得到了充分的重视，训练各项指标的量化与控制得到了加强。在参加重大比赛时，运动员不但没有出现抽筋现象，而且精神面貌也得到明显改善，比赛时表现得比以往更加自信。

第二，加强管理，规范行事。这一时期注重加强击剑项目的整体规划，确定发展方向，明确任务目标，建章立制，规范管理，几年来先后出台了诸如积分办法，竞赛管理办法，裁判员管理办法，运动员管理办法，教练员、运动员、裁判员注册管理办法，器材的管理使用办法等，进一步规范了项目的管理，也规范了行政职能。按章办事，按程序办事，公开、公正地办事，使击剑项目的发展基本健康有序，净化击剑界的风气，在奥运会与世界重大赛事选拔上，按公开、公正、公平的原则制定选拔办法并进行选拔，得到了大家的理解和支持。各种管理办法和条例的制定，使击剑运动逐步走向依法办事、规范行事的道路。努力创造公平、公正的工作环境，取到了良好的效果。

第三，确定重点，以点带面。努力突出重点，集中优势，选择突破口，并以此带动其他剑种，是中国击剑的一条成功经验。根据各剑种不同时期的实际发展情况，将部分剑种列为重点剑种，集中有限的人力、物力、财力给予重点投入和保障。特别是在出访次数和人次上都加大了力度，确保重点剑种参加国际比赛的机会，使运动员得到充分的锻炼，在世锦赛和奥运会上取得辉煌的成绩。

第四，抓好核心，做好示范。抓国家队的管理就等于抓住了项目的龙头、核心。国家队建立了完整的内部管理制度，对教练员和运动员的训练、比赛，以及生活提出了明确的要求，严格国家队的管理，对各省市击剑队起到了示范作用。首先，抓国家队的团结问题。国家队的教练员、运动员都来自不同的省市，在训练和比赛中不免带有地方色彩，如果队内不团结就会影响训练效果和比赛成绩。针对这一问题，中心领导对国家队进行了大胆的教育和整改，并取得了良好的效果，使国家队达到了空前的团结。其次，抓训练作风、比赛作风问题。击剑是一个技能主导类格斗对抗性项目，技战术固然重要，但战斗作风、士气和斗志同样重要，往往在关键时刻可弥补技战术的不足，这在过去的比赛中给我们积累了经验。通过作风建设，我国运动员在奥运会赛场上表现出的高昂斗志、奋勇拼杀的精神，大无畏的气概，都给观众留下了深刻印象，受到了广泛好评。这告诉我们，培养一名运动员不但要在技术上精益求精，更重要的是培养他们自强不息的奋斗精神和勇敢顽强的战斗作风。最后，抓教练员的学习研讨。教练员经常出国，了解国际上的信息和动态，因此要求教练员在抓好国家队训练的同时，认真总结经验，做好创新手段上的带头人，对自身训练的经验与体会要及时总结，并利用全国比赛和各种会议进行交流，启发大家思考，带动全国击剑运动整体训练水平的提高。

第五，培养人才，提高能力。多年来击剑协会对教练员、运动员、裁判员队伍的建设常抓不懈。在国家队组成和训练中，还兼顾二线队伍的建设，注重队伍年龄的衔接，二线青年选手则采取集中和分散相结合方式，加大后备人才的培养力度。同时还多次派年轻教练员赴国外参加培训，提高教练员的业务能力，以此来适应击剑运动发展的需要。目前我国已有50多名国际级裁判，100多名国家级裁判，裁判队伍更加年轻化，每年都有多名裁判员参加国际比赛的执法工作，竞赛骨干及重点裁判员已进入奥运会、世锦赛、世青赛技术委员会行列。努力提高裁判员的综合素质和能力，加强对竞赛裁判队伍的规范与管理，努力创造公平、公正的竞赛环境，使裁判队伍发生了质的变化，为项目的可持续发展奠定了基础。

第六，扩大交往，积极合作。积极地"走出去，请进来"，扩大与世界击剑先进水平国家的交流与交往，是中国近二十年来击剑水平整体提高的一个重要因素。中国击剑协会与国际剑联及各会员国保持着良好的合作关系。各剑种每年平均参加10多次国际比赛，同时邀请高水平外教来华指导，邀请外国运动员与我国运动员共同训练。2006年我国首次聘请法国人鲍埃尔来华执教，带领男、女佩剑队参加了北京奥运会并取得了优秀的成绩。作为一名世界知名教练员，鲍埃尔从训练方案的制订、参赛计划的安排、击剑文化的传播等方面带给了我们全新的认识，值得我们国内的教练员及击剑从业人员学习和借鉴。

第七，改变方式，提高质量。经过多年努力，我国已基本形成了适合我国国情的竞赛体系，各项制度日趋规范并基本与国际接轨，使竞赛真正起到了杠杆作用，促进了运动训练，同时平衡了地区发展。在此基础上，努力探索新的竞赛办法，改变竞赛经费使用办法。对重点项目采取特殊的竞赛规程，增加比赛轮次、场次和剑数，为参赛选手提供更多的锻炼机会。

2. 取得的成就

（1）从整体上提高了竞技水平

新中国成立之后，我国开始实施竞技体育举国体制，这为我国竞技体育的快速发展创造了良好的条件。为了让我国运动员在奥运会中取得更优异的成绩，专门针对此设计了一种特殊的发展制度和运行模式，这就是竞技体育举国制度。在社会主义发展初级阶段，竞技体育的水平高低与我国对竞技体育资源的配置情况有很大的关联，而竞技体育举国制度的实施，把社会发展过程中的优质资源逐渐倾斜到竞技体育领域中，很大程度上提高了我国竞技体育水平，我国在世界性体育竞技赛事中获奖的次数越来越多，国际综合竞争实力显著增强。

击剑运动是我国竞技体育的重要构成部分，在发展过程中，也使用了举国体制发展模式，在社会生产力水平不断提高的背景下，更多的资金、人才等资源涌入击剑运动项目，培养了一批优秀的击剑运动员，这些运动员活跃在世界击剑竞技赛事中，为国家争夺荣誉。

（2）训练指导思想的明确

训练指导思想的重要性不言而喻，需要使用科学的理论作为指导，选择合适的方法和战术，确保训练活动遵循科学训练规律，从而达到预期的训练效果。不同的训练活动有不同的训练规律，只有根据不同运动项目的内在训练规律，选择合适的指导理论和训练策略，才能够取得训练上的成功。如果缺少理论上的指导，可能会在实践操作的过程中遇到很大的困难，理论指导和实践操作两者相辅相成，相互协调发展。训练指导思想就是从科学的角度上来总结项目训练规律，在训练规律把握的基础上，选择合适的训练策略，以此来大大提高训练质量。我国在运动员训练上有明确的指导思想，不仅有利于运动员的训练活动，而且对整个运动项目的发展起到了很好的推动作用。

（3）落实项目规范管理，遵守法律规定

想要更好地规范击剑运动的稳定有序发展，国家体育总局联合其他相关部门制定了一系列的法律法规，在击剑项目发展的过程中，要严格遵守法律规定，推动击剑运动的规范发展，并提供重要的法律保障。当前关于击剑项目规范发展的条例有《教练员管理条例》《运动员管理条例》《裁判员管理条例》等，在这些文件中，对运动员注册、赛事转运、教练员培养等内容都进行了规定，这也为击剑项目的规范化管理提供了法律依据。击剑中心在我国成立，确立了各级领导委员会，主要采取的是主教练负责制度，对各个职位人员的职责进行确定，有明确的管理层次。为了更好地落实对国家队的管理，主要采取集中训练体制，充分发挥激励机制的作用，挖掘教练员的内在能动性，合理调整训练方法。为教练员交流学习提供机会，注重良好竞争机制的优化。中国击剑协会早在1973年就已经成立，确立了层级不同的训练领导小组，落实责任承担机制，制定了公开透明的选拔制度，选拔优秀的运动员参与大型击剑赛事活动，引导运动员朝着正确的方向发展。把教练员积累的实战经验分享给运动员，调整好心态，能够正确对待训练和竞赛，同时优化硬件设施，完善保障机制。

（4）提高科技服务水平，保障工作落实到位

近几年发展过程中，击剑科技事业呈现良好的发展态势，更多的资金、人才、设施等资源投入击剑项目中，关于奥运攻关以及科技服务的课题不断增加，这些都为击剑项目的发展提供了重要的科技力量，有助于竞技体育水平的提升。现代体育运动的发展需要顺应时代发展的趋势，科学技术的应用可以帮助运动项目得到更好的发展。我国击剑项目科研工作有序开展，对科研工作的资金、人才等资源的投入也有所增加，逐渐形成竞技体育科技服务体系，主要包含的内容有：

第一，运动员科学选材体系得到不断完善，借助现代化信息管理系统，对运动员后备人才资源进行有效监控管理，注重评价系统的完善，提高运动员筛选工作的科学性。

第二，运动员科学监控系统，主要用来检测运动员机能，尤其是对运动员的训练情况进行监控，可以实现运动技术图像的高效处理，把分析结果及时反馈给教练员，为训练战术的调整提供依据。

第三，运动员体能恢复和营养补充系统，运动员的饮食和普通人的饮食会有较大的区别，不同的体育项目运动员的饮食也会有较大的差异，根据该系统，可以针对不同类型的体育项目，为运动员提供合理的饮食菜单，确保运动员的营养均衡，可以支撑强度较大的训练。

第四，运动员心理训练与咨询服务系统，运动员面对大型的竞技比赛往往会有较大的心理压力，如果存在心理问题没有得到及时处理，可能会影响运动员的赛场发挥情况，而借助该系统，可以根据运动员心理素质情况，制定不同的心理训练方案，满足不同运动员的需求，形成强大的比赛心理，更好地调整心态，全身心地投入比赛中，从而取得优异的成绩。

第五，运动员伤病防治与医疗服务系统，可以借助此系统了解运动员受伤的严重程度，为其提供医疗服务，尤其是对运动员伤后康复训练有很大的帮助。

第六，运动竞赛科技服务系统，可以规范竞赛组织的发展，不断完善竞赛设施，提高现代化发展水平。

（5）竞赛方式发生变化，积极承办国际赛事

竞赛制度得到优化，以此来保障竞赛质量，通过各种类型赛事的承办，为运动员训练和实践创造机会。从赛制上看，主要集中在奥运会、亚运会、世界锦标赛，这些赛事规模较大，参加比赛的人数较多，来自不同的国家，在大型赛事中，不仅可以增加我国运动员的竞技比赛经验，还可以对其抗压能力进行锻炼，实现自我心理状态的调节，达到运动员训练的目的。近些年，我国举办的赛事逐渐向国际赛事的标准靠近，通过赛制的改革，来为击剑项目的发展创造条件，注重教练员综合能力的提升，也有利于击剑项目的推广，不仅作为一种竞技体育项目，而且在日常体育锻炼中也可以使用到。除了国际赛事，还举办一些辅助性赛事，采取开放报名的方式，为更多的运动员提供比赛的机会，增加比赛经验，对赛事规则有一个更加全面的了解，适当地增加比赛难度，为科学训练指导思想作用的发挥创造条件。越来越多的击剑比赛吸引不同社会主体参与其中，这有利于击剑项目的推广，社会化发展水平得以提升。

近些年，中国积极承办一些规模较大的国际性赛事。运动项目的发展不能仅局限于一个国家，实际上与整个世界都有非常密切的联系。我国运动员想要提高竞技实力，就需要抓住机会与国外运动员交流，找到自己的优势和不足，为训练活动的开展找到正确的方向。当前阶段，我国通过赛事承办，进一步实现了国际和国内赛事的良好衔接，能够理解赛事和运动员训练之间的关系，从整体上提高了竞赛效益水平。注意竞赛组织方式的调整，能够吸引更多的群众参与其中。我国每年都会举办不同级别的赛事，为运动员提供竞赛的机会，只有真正参与到比

赛中，才能够获取更多的实战经验，对运动员而言是宝贵的财富，在成功中积累经验，在失败中总结教训。关于击剑运动的赛事有很多，比如全运会、城运会、世界杯赛、亚运会等，我国承办世界杯男女花剑大奖赛已经有20多个年头，近几年承办的击剑运动赛事增加，为我国击剑运动员参加高水平的竞赛创造了机会。

第二章　高校击剑教学

第一节　中国高校击剑运动项目发展

击剑运动正式纳入我国高等教育至今已有近70年，击剑运动也逐渐成为我国高等教育结构体系的组成部分。随着国民经济的快速增长，社会大众的精神文化水平得到显著的提升，击剑运动与高校教育的相互结合与现代高校教育的初衷和理念保持高度的一致，和教育教学的最终目的达成统一，能够帮助大学生通过参与击剑运动塑造良好的品质，提高个人的自我保护能力。现如今，社会快速发展，我们对击剑这项运动的内容和意义有了深入的理解和认知，击剑运动内在的价值被深度挖掘和充分利用，有助于高等教育事业的健康发展。作为大学生，可以在练习击剑项目的过程中提高自己的身体素质，还能陶冶情操，塑造健全完善的人格。

一、高校开展击剑项目的现状分析

击剑运动与高校体育的融合已成定势，要想切实推进高校体育和击剑运动的深度结合，离不开高校各方的支持与辅助。从教学层面来讲，需要根据实际情况和需求来设计教学内容，抓住击剑教学的重心和精髓，突出课程教学的趣味性和灵活性，吸引更多的大学生参与其中。也就是说，高校击剑运动课程开展的最终情况取决于高校教师设计的教学课程和教学内容，二者之间密不可分，缺一不可。作为高校体育教师，在设计筛选课程知识的过程中应该充分考虑学生的兴趣和爱好,在潜移默化中引导学生积极参与击剑教学课程。此外,在设计教学内容时还应该强调理论与实践的深度结合,既要关注理论的长期发展,也要重视学生击剑运动教学成果的实践检验。

(一)击剑项目的理论性教学

高校击剑项目的开设需要重视理论方面的教学,究其原因主要是因为理论教学是推动现代化击剑运动健康发展的基础和前提。击剑运动的兴起最早可追溯到西方国家,随着该项运动的传播与发展,国内的击剑项目也逐渐萌芽,在长期发展的过程中获得理想的成绩。不过,从理论研究上来讲,国内击剑运动的发展和击剑强国相比还存在巨大的差距,主要集中体现在理论研究与探讨方面。不得不说,虽然国内的击剑项目得到了快速的发展,但目前来讲尚未大范围普及,缺乏足够的群众基础,不利于我国击剑项目的广泛传播与长效发展。就现阶段来讲,我国击剑项目的发展已经明确了基本的目标和方向,与竞技体育有着密切的关联,但具体的理论研究还是暴露了一些问题。结合调查研究情况进行分析可以发现,学校和教师们对击剑项目的理论教学与研究重视不够,仅仅在日常实践课程开展的过程中融入一部分理论教学内容,理论教学活动的展开大多围绕教师的经验和知识来进行,就目前来讲还没有建立系统完善的理论教学知识体系。

从理论研究的层面来讲,高校击剑项目相关的理论内容相对缺失,很多高校并未就击剑项目展开理论方面的研究与探索,所以大部分高校目前尚未构建完善的击剑理论教学体系,一定程度上阻碍了高校击剑项目的长效发展。由于击剑理论教学的研究成果相对匮乏,导致学生在参与击剑运动教学与学习时会遇到各种各样的问题,"重技术而轻理论"的情况普遍存在。由此可见,今后的击剑理论教学需强调对以往经验的汇总与归纳,从中总结规律和特征,依托理论研究与教学实践来推动高校击剑运动教学的稳定发展,既要关注理论研究与教学,也要重视实践的检验。

(二)击剑项目的实践性教学

击剑项目对技术性有着很高的要求和标准,一些专业的运动员退役以后大多会到高校担任教师,他们在实践能力方面具有很大的优势,不过大都缺乏科学的教学理论和方法。根据调查结果进行分析可知,目前国内击剑项目应用广泛的教学方法有三类:一类是分解教学方法;一类是完整教学方法;还有一类是循环教学方法。这些教学方式在国内击剑教学领域发挥了重要的教学指导作用,为教师的理论教学与实践教学提供了科学的指导，可帮助教师有效提高击剑运动整体的教学水平，有助于学生实践能力的显著提升。

（三）高校击剑项目教师基本情况

高校击剑项目的教学成果会受到高校教师态度和思想的直观影响，教师对击剑项目教学的关注度越高或投入越大，击剑项目的教学水平越高，还能促进国内击剑运动文化氛围的创设与营造。根据相关调查结果进行分析可知，把击剑运动当成公共体育课程的教师占总数的80%，在他们看来，击剑教学课程只是一门基础性的体育课程，和传统民族文化似乎并不存在密切的关联。也就是说，大部分教师对击剑运动和高校教育之间的关联和影响未有深入的了解和认知，仅仅把它当作普通的体育课程。作为当代的高校教师，需要转变传统的思想和观念，对击剑项目的内涵和意义具有清晰的认知，通过开展击剑项目来推动传统民族文化的传承与发展，具有重要的研究价值和现实意义。

大部分高校击剑运动教师的年龄都不大，以年轻人居多，基本是退役不久的运动员，不可否认他们的实践能力有较大的优势，但教学理论与科研方面相对较弱。一些教师仍旧沿用传统的教学方法和教学理念，并未结合目前的行业和专业发展趋势提出目的性较强的教学方案，看似可以有效地完成教学任务，但最终呈现出来的教学成果往往不尽如人意，与预期仍旧存在较大的差距。也就是说，我国的高校击剑项目教师需要发挥自身在实践方面的优势，同时也要强调理论的研究与科研的探索，只有这样才能有效提高击剑运动项目的教学质量。

二、高校击剑运动课程中学生的情况

（一）大学生击剑运动的基础情况

教学目标的设定需考虑学生目前的学习情况和学习需求，只有这样才能真正做到因材施教。学生的学习进度和学习能力可作为教师选择教学方法的参考依据，教学目标的设定不宜过高，否则会对学生学习的积极性造成打击；教学目标的设置也不能太低，否则会影响最终呈现出来的教学成果，不利于学生对击剑运动产生兴趣。击剑项目在国内算不上一门普及度高的体育课程，缺乏深厚的理论基础，数据显示国内没有接触过击剑运动的大学生占总数的70%。

（二）大学生学习击剑的原因

学生之所以愿意主动学习某些东西，大多具有明确的目的性，在明确目的以后就会迸发更大的力量,这种现象在击剑运动教学与学习领域普遍存在。就当前而言,学生之所以会参与击剑运动的教学活动,主要是为了锻炼身体,并在这个过程中培养个人的自我防卫能力。站在高校教师的立场来讲,需要依据学生的实际情况和学习需求来制订科学的教学计划,在保证教学任务顺利达成的同时,激发学生对学习击剑运动的积极性,促使学生从中获得良好的文化修养体验。

三、促进高校击剑运动发展的对策

(一)加强教练队伍建设

大多数击剑教练都进行过理论知识的专业学习,且在实战经验方面有较大的优势,这些可以作为培养学生击剑技巧的资源,对大学生击剑运动教学有着非常重要的指导作用。不得不说,现阶段高校专业击剑项目的开展存在一些显而易见的问题,比如教练资源的相对缺失。要想解决这一问题,应注重教练队伍的建设与发展,对教练员的教学能力和综合素质提出严格的要求和标准。此外,还要结合具体的教学需求招聘一些拥有较强教学能力的专业击剑人才,以已经退役的优秀击剑运动员作为主要对象,特殊情况下可不考虑学历水平,组建一支高质量、高水平的专业高校教师队伍。同时,还应该对体育教师的技能培训给予更多的关注和重视,结合实际情况制订一系列的培训计划,定期组织召开与击剑教学相关的研讨会,通过这些方法来进一步增强兼职教师自身的击剑教学能力,满足基本的击剑项目教学要求。

(二)优化击剑教材内容

击剑运动处于长期稳定发展的态势之中,需及时更新教学方法,转变传统的教学理念,组织专业的体育教师负责击剑运动教学教材的编写与编撰,规范击剑运动项目的教学内容,针对现有的知识理论体系进行优化与完善。教材内容的规划与筛选,可借鉴击剑水平发达国家的经验和方法,在实践教学中不断更新,与时俱进,促进学生的个性化发展和全面发展。此外,还需要围绕学生的学习需求,丰富击剑教材的内容和形式,帮助教师和学生高效率完成日常训练,保证良好的训练效果。

(三)健全击剑赛事体系

击剑赛事体系需要尽快得到健全与完善,只有这样才能推动击剑项目的稳定发展，赛事的举办有利于击剑项目的宣传与推广，扩大击剑这一项运动的影响范围，吸引大学生积极参与其中，为我国击剑运动的发展补充新鲜的血液。各高校需建立长期的战略合作关系，共同组建覆盖范围广泛的现代化竞赛体系，提高赛事的影响力和知名度，培养优秀的击剑运动员，为击剑项目与高校教育的深度融合创造机会和空间。

总而言之，当代大学生对击剑运动的热情日益高涨，纷纷自发参与其中。国内的一些体育院校先后开设击剑专业，即便如此，我国高校击剑运动的发展还是暴露了一些问题，比如教练资源的相对短缺、教学质量相对较低、基础设施建设力度不足以及竞赛体系尚未健全等。在今后的发展中，需要针对目前存在的问题的成因进行综合的分析，提出针对性的解决方案和应对措施，为我国高校击剑运动项目的长效发展奠定基础。

第二节　高校击剑专业特色课程建设

在新时期发展背景下，我国明确提出要建设体育强国，并将其提升到国家战略高度，这给我国体育事业发展带来了良好的机遇。开展全面健身活动有着重要的现实意义，尤其是休闲体育理念的推广和传播，让人们越来越关注休闲体育的发展，人们休闲活动的方式也越来越多样化，不仅能够增强国民的身体素质，还能形成积极向上的生活心态，追求更高质量的生活。击剑运动不仅有激烈的对抗，而且能够培养击剑人员的高尚品质，灵活掌握各种击剑动作要领，给观众带来精彩的对决画面，也能够磨炼个人的意志。击剑运动虽然是一项新型的体育运动，但是有良好的发展前景，人们对击剑运动的喜爱程度在不断增加。但是，高等院校关于击剑课程的设置还不够全面，只有少部分高校设置了击剑课程，需要对此引起重视。

一、击剑课程的功能及开发意义

（一）击剑课程功能

击剑课程核心功能的内涵体现在不同方面，比如，相互尊重、公平竞赛、良好竞争、强健身体、教学育人、休闲娱乐。击剑运动有着非常久远的发展历史，蕴含着深厚的人文背景，可以作为体育项目，也可以设置击剑课程来进行专业教学，有较为丰富的功能定位。击剑运动在传承中国优秀传统文化上也能起到推动作用。不仅如此，还可以提高国民的身体素质，满足国民休闲娱乐的需求。随着社会的发展，击剑课程也在不断创新，能够培养社会发展所需要的专业人才，带动经济发展。

（二）击剑课程开发意义

1. 击剑课程的教育意义

从学校人才培养的角度来分析，休闲体育功能和学校教育特质从本质上看都是为人才培养服务，提高学生的身体健康水平，让学生享受教育的同时，通过体育活动的开展促进学生的全面发展。击剑课程的设置很有必要，由于击剑课程非常具有特点，可以借助击剑运动帮助学生锻炼身体，培养良好的品格，磨炼学生的意志，形成正确的生活态度。

2. 击剑课程的社会意义

击剑运动和其他剑种的运动与人们的休闲生活联系越来越密切，具备良好的教育服务社会的功能与价值。从广义的角度来看，能够让社会大众对体育的重要性有正确的认识，使用休闲击剑的方式推广击剑运动，对击剑项目影响力的扩大有明显的帮助。除此之外，还可以把剑实际蕴藏的文化内涵更好地呈现出来，满足人们精神层面的追求，从而得到更好的发展。

二、击剑课程价值及目标

（一）击剑课程价值

开设击剑课程可以为击剑课程价值的实现创造良好的契机。高校为社会发展培养人才，击剑技术要领的掌握可以满足社会体育事业的发展需求，向社会输出更多专业人才。除此之外，击剑课程的开设可以让大学生群体对击剑运动的来源和发展历程有更加全面的了解，激发学生参与体育运动的兴趣，对剑类运动的推广有很大的帮助，让更多的国民参与到击剑运动项目中来，满足社会发展存在的特殊需求。

（二）击剑课程目标

课程开发体系中包含不同的环节，在前期工作环节中，需要落实好课程的设计和规划工作，设计和规划是否合理，需要衡量是否能够达成预期的课程目标。在设计击剑课程的时候，可以从以下几个方面着手，以此来充分发挥击剑课程的价值。

1. 学校层面目标

高等院校在推广和普及击剑课程上发挥着重要作用，为击剑课程的开设提供了条件。所以，在高等院校发展的过程中，需要重视击剑课程设置的必要性和重要性，确定发展目标，从学校层面对目标进行汇总，主要体现在以下几个方面：

（1）高校教育教学理论和实践协同发展。休闲体育专业课程是一种新型课程，与传统课程有较大的不同，需要重视休闲体育专业的管理，探索科学高效的育人机制，实现教学资源的合理分配使用，为学校特色发展指明正确的方向。

（2）注重能力的培养。不断优化学生的知识框架，为社会实践活动的开展提供机会，更好地落实素质教育，为学生的全面发展创造有利条件，不仅是智力方面的提升，身体素质的提升也很重要。

（3）教学模式和方法的选择应该满足学生个性化发展的需求，能够让学生对自己的情况有一个更加细致的了解，形成正确的思想观念，为优秀文化的传承、创新发展提供机会，关注学生人格的发展，形成良好的道德品质。

（4）形成正确的选课观念。选修课程的设置是为了满足学生的个性化发展需求，不同的学生有着不同的特质和发展需求，合理设置选修课程，可以帮助学生提升综合素养。学生需要形成正确的选课观念，能够从长远的角度规划自己的人生。

（5）提高学校资源的使用效率水平，营造良好的校园文化，为高校建设发展提供内在动力。

（6）通过社团形式来丰富学生的课余文化生活，接触更多新鲜的事物，让学生从中积累经验，社会服务能力水平也可以因此得到提升。

（7）注重精品课程的优化设计，相互合作，提高选修课程的丰富性，可以更好地满足学生的发展需求。

（8）特色休闲击剑课程的设置在不同阶段存在不同的教学重点，要做好课程之间的良好衔接。

2. 社会层面目标

（1）东方和西方文化各有优势，在各国交流日益频繁的过程中，积极弘扬击剑文化。

（2）时代在进步和发展，击剑课程的设置能够满足社会大众精神层面的需求，为社会发展提供专业人才，带动社会经济的发展。

（3）休闲击剑项目的推广和宣传，让国民对休闲击剑有一个更加全面的认识，进一步推广和普及这类休闲活动，丰富国民休闲活动的种类。

（4）击剑课程的设置可以为社会大众开展休闲击剑活动提供重要指导理论，为击剑实践操作提供理论支持。

（5）开发击剑课程还可以不断整合击剑相关的图书、教材等资料，不断完善击剑指导理论体系，更好地为击剑运动的实施提供理论支持，同时也能够为不同形式的击剑运动的开展提供经验参考。

（6）击剑课程的设置可以提高学生的社会服务能力，可以积极履行自身的责任和义务，形成良好的道德品质。

三、击剑课程开发的原则

击剑课程在实际开发的过程中需要遵循一定的原则，只有这样才能够更好地实现教育目标，为击剑人才的培养创造有利条件。需要开发与击剑相关的课程体系以及制定具体的课程实施方案，确保课程体系可以覆盖不同的内容，获得更多的教育教学效益，对课程本身价值的挖掘也比较有利。在实践操作过程中，需要有明确的课程方案，提高击剑课程开发的科学性，能够对课程内容进行规范化管理，着重通过以下四大原则落实：

（一）基础性与超前性原则

高校在人才培养前，需要对社会发展的现状和对人才的具体需求有一个正确了解，接着再着手展开课程的优化设计，确保设计的课程能够培养出符合社会发展需求的专门性人才。击剑休闲是一门新兴事物，尤其是在高校中并没有完全推广和普及，需要关注社会和市场对这类人才的需求情况，遵循课程内在的发展规律，确保课程设计的科学性、周期性。除此之外，课程设置还需要考虑到未来的发展趋势，在人才需求分析的基础上，精准预测需求情况，超前开发课程，满足社会发展要求。

（二）实用性与适用性原则

在击剑课程设计的过程中，还需要遵循实用性和适用性原则。适用性范围更广，并且有非常明确的指向性。实用性则是建立在适用性的基础上，进一步得到开发，确保击剑课程的价值可以得到充分发挥。学校在开设击剑课程的过程中，不仅要从理论知识教学上着手，更需要落实到实际操作技能的教学上，来满足社会需求，让学生在毕业后更好地适应社会。

（三）多元性与灵活性原则

遵循多元性和灵活性原则。社会发展有其自身规律，现代社会对人才提出了更高的要求，不仅对人才具备的知识结构有一定的要求，还对人才其他方面的能力提出了要求，教育课程建设需要学生通过课程教学具备多元化的综合素质，在击剑课程开发时，需要注重课程开发的层次性和多元性，不仅要开设必修课，选修课、活动课等也应齐头并进。

（四）及时评价与适时调整性原则

遵循及时评价和适时调整性原则。击剑课程评价系统的作用应该得到充分发挥，首先，需要落实及时评价，在新课程学习后，及时通过评价来掌握学生学习的情况，发现其中的问题，以便及时做出调整。其次，评价目标应该满足多样性要求，覆盖多层次的内容。再次，引导多个评价主体共同参与其中。最后，评价过程保持完整，评价结果应具备可比性，设置奖惩机制，激发学生参与休闲击剑的兴趣，注重道德素养的提升。

四、击剑课程的设置

（一）击剑课程体系——以南京体育学院休闲体育专业为例

休闲击剑作为南京体育学院休闲体育专业学生的专业必修课，目前属于专业核心课程，修学时间贯穿4个学期，共288学时，16学分，可以说是一门非常重要的专业必修课。同时，进一步配套组建学生社团——南京体育学院繁星击剑社和休闲击剑俱乐部。

（二）具体课程设置内容

课程设置内容参照了美国NRPA/AALR休闲课程认证标准的相关内容，包含了基础认知、专业能力等课程的规定，在此基础之上衍生出一系列其他辅助课程。

（1）休闲击剑文化——历史溯源；东西方文化比较；剑文化比较；典籍通读；古典击剑史；休闲击剑礼仪；休闲击剑文化核心价值观、击剑人道德修养。

（2）休闲击剑规则——场地、器材、规则、术语、手势、裁判法等运动必备知识。

（3）休闲击剑运动技术技能——技术、战术、格斗技巧；多剑种同平台交锋格斗实验及训练方法指导。

（4）休闲击剑健康——健康体适能训练基础；休闲击剑体能训练；整体健康理论；休闲击剑大众健身指导；女子休闲击剑健身塑形指导；少儿休闲击剑指导；东西方剑舞；休闲击剑健身操。

（5）休闲击剑教育——休闲击剑理论与实践；休闲击剑多元智能教育体系理论；休闲击剑文化与校园文化内涵建设；休闲击剑教学指导和教学文件的撰写；青少年休闲击剑教学训练；大众休闲击剑教学训练；休闲击剑网络资源与文献检索。

（6）休闲击剑推广——青少年休闲击剑；休闲击剑赛事组织策划与运作；休闲击剑赛事观赏；休闲击剑市场开发及营销；休闲击剑俱乐部管理；休闲击剑社会指导员；休闲击剑社区推广与大众服务。

（7）快乐击剑——休闲击剑操；休闲击剑舞；休闲击剑游戏；休闲击剑跨剑种对抗；休闲击剑达级段位赛；休闲击剑影视欣赏；休闲击剑摄影；休闲击剑旅游；休闲击剑定格动画制作；休闲击剑电子竞技。

新时代背景下，人民生活富足，对强体健身的休闲体育运动热情高涨。击剑高雅且富有历史内涵，兼具健身、休闲、娱乐等功能，能满足人民对休闲运动的追求。当前击剑运动人才储备不足，应依托高校，借鉴美国 NRPA/AALR 休闲课程的开发与建设范式，开展中国特色击剑人才培养课程，培养专项人才。

第三节　高校击剑新媒体教学

青年群体对新媒体并不陌生，随着互联网的发展，新媒体技术水平明显提高，在很多行业中得到应用，与教育教学活动的融合程度提升。新媒体的应用是在一种区别于传统媒体的全新环境中实现的。

一、新媒体的特点及对传统教育的影响

新媒体和传统媒体存在明显的差异，新媒体的优势比较突出：第一，新媒体采取的形式并不单一，存在多样化特征，有着非常鲜明的形象。在信息传播的过程中，使用立体信息传播媒介，把声音、影像以及文字元素融合起来，以更加鲜明的形象传递给信息接收者。第二，新媒体使用信息技术大大提高了信息传播效

率，可以同时实现对海量信息的提取、传输和处理。第三，新媒体的交互功能更加强大，可以直接与多方进行交互，提高沟通效率。

新媒体技术在实际应用的过程中也给传统教学带来了较大的冲击。击剑的实践操作特征非常突出，在教育教学上的转变也非常明显。新媒体技术的使用促进了击剑传统教育理念的更新和转变，击剑教学模式不再单一，灵活多变，更能契合社会的发展规律。除此之外，还可以很好地激发学生对击剑运动的兴趣。新媒体对传统击剑教学产生的影响体现在以下几个方面：

（一）促进传统击剑教学方式变革

在新媒体应用的环境下，学生的主体地位可以得到保障，学生能够充分发挥自身的优势，积极参与到合作学习活动中。新媒体技术的应用，可以大大提高学习的便利性，直接使用学习平台就可以获取击剑相关的知识和操作技能，实现优质教学资源的高效整合，不再以教练员为中心，学生可以根据自身学习能力和需求来筛选合适的教学资源，从而满足学习需求。教练员在新时期需要更新思想，积极承担社会发展的责任，注重学生创新精神的培养，实现科技成果的高效转化。

（二）优化课堂效率，提升教学质量

新媒体的合理有效使用可以大大提高课程教学的效率，更好地达成教学目标。利用新媒体技术，以更加直观的方式把击剑技巧呈现在学生眼前，尤其是复杂的知识点，可以借助新媒体打破传统教学的局限，使用碎片化时间，做到随时随地学习。教练员还能够发挥现代技术的优势，来开发和整合多样化的优质击剑课件，满足不同年级学生的学习需求，教练员的教学任务量明显减轻，还可以利用信息工具对授课信息进行实时推送。

（三）深化教学服务，拓展教学空间

当前发展阶段，我国网络基础设施在不断完善，我们应该抓住这个良好的机遇，为特色新媒体击剑网络课程体系的构建创造条件。在具体教育教学活动中，引导击剑教练和学员参与其中，集思广益，提出合理的课程规划方案，对击剑课程的网络教育资源进行有效整合。通过击剑网络教学数据库的构建，划分不同的资源类型，存储在特定的网址，学员如果有需要就可以登录到特定网址中访问这些学习资料，非常便利，对教学空间的扩大也起到促进作用。

（四）有效提升学员的竞技水平

新媒体的使用对学员竞技水平的提高有促进作用。新媒体区别于传统媒体，处于不断创新变化的环境中，积极与先进的科学技术融合，可以帮助我们更好地认识事物内在发展规律，把握这些规律，促进社会发展。新媒体发展背景下，击剑教学的交互性特征更加显著，竞技体育教学的专业水平得以提高，传统的教育教学模式发生了较大的改变，以学员自身为主体的教学活动有序开展，学员的竞技水平也明显提高。

二、新媒体时代击剑教学改革中的关键环节

新媒体与击剑教学的相互结合是可行的，也是有效的。新媒体可以消除传统击剑教学的弊端和缺陷，通过开放式的教学来增强击剑教学的灵活性和趣味性。以人为本是当代教育建设与发展的核心理念，学生在教学中的主体地位应得到充分凸显，借助先进的新媒体技术来规划教学目标和学习任务，激发学生内在的潜能，促使学生对击剑教学产生强烈的兴趣，为学生自主学习能力的培养与提升创造有利的外部条件，为学生未来的成长和发展打好基础。击剑教学可帮助学员接触并掌握一些基础性的竞技技能，还能促使学生从中完成人格的塑造和健全，形成良好的品德品质，拥有较强的综合体育素养，成为一个对社会有用的人。

（一）优化充实课堂教学内容

随着新媒体时代的到来，击剑运动教学的教学环境得到改善，拥有了丰富的教学资源。新媒体的应用增加了教学的趣味性和灵活性，可有效激发学生的热情和积极性，加快了教育格局的转换与升级。通过播放视频来组织学生进行讨论，形成良好的师生交互关系，增进教师和学生之间的交流和互动。

（二）拓展课堂外教学空间

以往的击剑教学在一定程度上抑制了学员的成长和发展。随着新媒体教学模式的提出，传统教学在时间和空间上的限制被打破，教师与学员之间的互动更加频繁，交流也更加深入。以微课为例，就是新媒体与击剑教学深度融合以后开发出的新型教学模式，可有效满足学员的个性化发展需求，为学员提供专业且多元的教学服务。

（三）提升学员的综合能力

击剑对竞技性有着较高的要求，也对实践性提出了更严格的标准。传统教学

模式无法对学员综合能力的提升带来直接的影响，只有引入先进的新媒体技术和工具，才能有效提升学员的综合能力。

随着新媒体在击剑教学领域的广泛应用，竞技体育的发展迎来新的契机。先进的新媒体技术能够加快击剑教学的智能化发展进程，对学员专业能力的提升以及综合素养的形成有着积极的影响，还能拓宽视野，巩固学习效果，是推动击剑教学事业稳定发展的重要条件。

第四节　高校击剑合作探究模式教学

在社会快速发展的今天，人才的综合素质要求与以往相比在不断提高。高校需要尽快转变传统的教育理念，将课程改革与教育创新提上日程，注重学生团队意识的培养以及人际交往能力的增强，开展一系列的合作探究性学习活动，为学生综合素质与实践能力的进一步提升创造条件，对高校击剑教学的改革与创新意义重大。

一、合作探究教学模式概述

（一）合作探究教学模式的内涵

合作探究教学模式是一种新型的教学方式，具有较强的创新性和探索性，注重教师和学生的合作与交流，通过讨论和互动来解决教学问题，从中培养学生的核心学科素养，了解学生的个体差异，帮助学生提高自身的自主思考能力与合作探究能力，体现学生的主观能动性。合作探究教学模式是一个完整的过程，由教师根据教学目标和任务来创设问题情境，由学生对问题进行综合的讨论与分析，以合作探究的方式获得结论，接受教师的客观评价。

（二）合作探究教学模式的基本特征

合作探究学习活动的开展需要以分组的形式进行，由教师结合既定的教学目标、教学内容以及学生的个性化特点来分组，搭建教学环境和学习情境，突出学生的主体地位，引导学生对问题进行查找、分析、探究与评价。合作探究学习是一种主动性较强的学习方式，有助于学生创新与创造能力的培养，促使学生产生强烈的合作意识，通过与他人合作达成目的。

自主性与学生的思考、学习以及表达有着密切的关联，学生在参与教学活动的过程中形成主观意识，体现自身的主观能动性；沟通指的是教师和学生之间的互动与交流；互助强调师生与生生相互之间的帮助和支持，在提出问题以后结合问题背后的知识和理论进行合作探究，在获得结论后进行共享，起到鼓励和引导的作用。作为教师，在组织展开合作探究学习活动的同时，可以对学生的优点与缺点有更加深入的了解，鼓励学生努力上进；教师可对学生进行指导和启发，激发学生对学习的兴趣；教师凭借自身的人格魅力为学生带来积极的影响，适当给予表扬和激励，为学生提供学习与探究的动力。作为小组成员，在面对难题时可互帮互助，通过团体的力量来解决问题；开放性指的是课堂教学的自由度，开放性的教学氛围能够培养学生的自我表达和自我表现能力；学生为了完成学习任务，在发现问题以后独立进行思考，接触掌握新的知识和技能，从中不断进步，持续发展。由此可见，合作探究教学模式的特点包括四个方面：一是自主；二是沟通；三是互助；四是问题解决和探究。

（三）合作探究教学模式的理论基础

合作探究教学是以包括人本主义理论、建构主义学习理论、动机理论以及认知学习理论等在内的多种科学理论为基础的。

1. 人本主义理论

人本主义理论强调学生在学习中的主动性，它认为学生在学习中要充分发挥主观能动性，利用已经掌握的知识和经验探索、发现、获取知识，而不是被动地接收和积累知识。在教学中，教师要以学生为本，尊重学生的主体地位，给予学生自主选择和发挥的空间，营造活跃的课堂氛围，培养学生自主学习的能力，让学生在充满趣味的互动中收获知识，体会到学习的乐趣和意义。在音乐教育上，人本主义理论还强调学生的个性化发展，主张根据学生的学情和个性爱好等，为学生制定不同的教学方案，保证每位学生的优点和特长都能得到展现和发挥，在传授知识和完成教学目标的同时，引导学生树立正确的价值观。

2. 建构主义学习理论

以下是建构主义学习理论的基本观点：

学生在教师的引导和帮助下完成知识体系的构建。

学习者要积极调动自己已经掌握和积累的知识、经验，将其与外部信息联系起来，发挥这些知识和经验的作用，这才是其意义所在。建构意义不是一蹴而就的，它是一个长期不断积累的过程，学习者需要反复地将新旧知识融合互动。教师在教学过程中，要引导学生利用自己已经掌握的经验技能与他人互动、合作，挖掘学生的潜力。

3. 动机理论

动机理论是心理学的一种学说，主要就是对人的行为和本质进行解释。在合作探究教学中，小组成员在强大动机的促使下，积极地交流探讨，以达成共同的目标，在这一过程中，学生各方面的能力都能得到有效的锻炼。从动机理论的角度来看，小组成员为了达成共同的目标，会相互帮助，积极探讨，这样小组和小组成员就构成了一个共生体。在传统的课堂教学中，对课堂表现积极、成绩优秀的学生，教师通常都会不吝赞美之词，让这些学生成为班级里的焦点。但是动机理论认为，这种行为会打击那些原本很努力但是未得到教师表扬的学生的学习积极性和自信心，长此以往，学生就会失去表达的欲望，甚至对课程产生抵触情绪，进而影响教学的顺利开展以及学生的身心健康和发展。

教师根据小组成员的实际情况为每一位成员分配适合他们的任务，让不同层次的学生都能参与到合作探究中，大家朝着同一个目标努力。这样就能激发学生互动交流的积极性，让他们意识到，自主学习很重要，成员之间的合作交流也同样重要，树立自律和合作意识。合作探究学习能够激发和增强学生的学习动机，增强学生在学习中的自信心和成就感，这样在课堂上，学生就会积极表现，主动参与师生、生生之间的互动。

4. 认知学习理论

认知学习理论强调学生在学习中的主体地位，鼓励学生积极主动地参与到学习的各个环节中，包括主动预习、动手做实验、仔细观察、积极思考等，在一系列的探究过程中发现、理解、掌握知识。

二、合作探究教学模式在击剑教学中应用研究

高校击剑教师首先要正确认识合作探究教学模式，意识到这种模式在教学中发挥的作用，然后将其运用到实际的击剑教学中，激发学生的学习热情，增强学生自主学习与合作学习的意识，不断提高学生的击剑水平，达到理想的教学效果。为了进一步提高击剑教师的教学质量，保证合作探究教学模式在击剑课堂中的顺利开展以及高校教学目标的圆满实现，笔者将从以下三个方面详细分析和研

究合作学习模式的实施策略。

（一）结合教学内容合理设置合作探究模式

击剑课程主要教授两方面的内容：一是比赛规则；二是各种技术动作，包括防守反击、技击、直劈等，为了调动学生的学习热情，达到理想的教学效果，教师首先要对教学内容进行科学合理的选择与制定。因此，在开展合作探究教学时，高校教师就要注意在合理设置教学内容的基础上进行该模式的教学，在制定教学方案时，教师要综合考虑学生之间的差距和教学内容的难度，选择合适的合作模式进行教学。对难度较高的技术动作，教师可以通过合作探究教学，让学生在互相合作和学习的过程中，加深对那些细节动作要领的理解和掌握。比如，利用合作探究教学模式教授学生后接防守反击的动作，首先让学生对基本知识有清晰的认识，在此基础上理解和掌握动作的技巧，这样学生就会跃跃欲试，通过相互合作进行训练，不仅能够提高学生的击剑水平，还能帮助他们树立合作意识[1]。

（二）针对教学效果完善评价机制

目前，合作探究教学模式在我国高校中还未得到广泛推广和普及，相较于传统教学方法，该模式在高校击剑教学中的运用还不够成熟。在实际教学中，理论和实践有时是相悖的。为了解决这一问题，高校教师应该加快教学效果评价机制的建立和健全，针对击剑教学中存在的问题与不足进行深入的分析，适时地对教学思路方法和策略进行调整改进，积极学习和总结先进有效的教学方法，促进合作探究教学应用能力以及教学质量的提高[2]。并且，定期对教学效果进行检查和反思，不断优化、完善评价机制，提高合作教学的实效性。比如，教师可以设置意见反馈邮箱，或者让学生填写调查问卷等，了解实际教学中存在哪些问题以及学生们的意见和建议。同时，鼓励和引导学生亲自探究、实践，解决当下的问题，充分发挥学生的主体地位，扮演好引导者、辅导者的角色，将合作教学的理念融入击剑教学的每一个环节中，增强学生的团队合作意识，提高学生的自主学

---

[1] 许蓉：《击剑文化在高校击剑教学中传播的影响因素及对策研究》，载《武术研究》，2018，3（6）：97-99页。

[2] 朱桂华、肖年乐、陈晓春等：《西南地区高校发展击剑运动面临的机遇与挑战》，载《体育科技》，2016，37（6）：104-105页。

习能力、实践能力和击剑水平,将新课改精神落实到日常教学中,培养出适应时代发展的高质量人才。①

(三) 以学生为本开展多样化合作教学模式

为了提升学生的团队意识,调动学生的积极性与主动性,合作学习模式可以充分关注师生之间、生生之间的沟通交流以及提高学生的自主学习性。所以,在高校击剑教学中合作教学模式的实施方式主要是小组联系和小组竞赛的形式。调动学生的学习兴趣与主观能动性,增强他们的合作能力,通过小组合作的方式,让合作教学的优势浸润到击剑教学中。随着学生合作意识的提升,掌握一些重要技能的同时以小组为单位展开击剑技术练习,小组成员可以通过合作进一步学习防守反击、移刺与技击以及直劈等技术动作,并加以研究,通过学习他人的长处,来弥补自身的缺陷。②教师在这一环节中需密切关注学生的沟通和协作,提升学生的社交能力,待学生积累相应的知识、掌握充足的技能之后,通过小组的方式进行竞赛,以提升他们的团队意识,调动学生击剑的积极性,让他们知晓团队的关键作用,帮助其树立良好的体育精神。只有如此才能与教育改革的相关要求相匹配,适应全球一体化的发展,并在激烈的竞争中站稳脚跟,为社会培养出实践动手能力强、具有良好综合素质的人。③

当前,高校由以往传道授业解惑的院校逐步向人才培训基地转变,既关注学生的知识积累,也关注学生各项能力和综合素质的提升。所以,为了快速适应课程革新和社会发展的要求,合作教学既重视培养学生的团队合作意识,还考虑到人际交往能力的培养,这对高校击剑教学创新具有十分关键的影响。各个高校在改进击剑教学模式时,需关注小组合作学习,与教学内容有机融合,科学设计合作模式,根据理论和实践相结合的具体成效,对评价机制进行改进。同时,从学生出发实施多样性合作教学模式,在高校击剑教学中合理应用合作教学形式,为社会输送大量的高素质人才,并促进高校击剑教学稳定、有序发展。

---

① 朱秦洁:《基于普通高校开展击剑运动与可持续发展的分析》,载《知识经济》,2015(17):146页。

② 吴宗喜:《高校击剑俱乐部教学模式的探索——以中国药科大学为例》,载《体育科技文献通报》,2014,22(6):104-105页。

③ 秦巍峰:《对我国高校击剑运动发展现状的研究》,载《北京体育大学学报》,2005(3):421-422,425页。

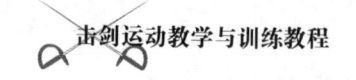

第五节　击剑教学中引导体验教学模式

击剑运动是基于技能的格斗类对抗性体育项目之一，要求运动员在比赛中，借助交锋节奏和距离的变化，把握最佳时机，并且基于运动员手脚协调用力和步伐的频繁移动，从而击中对方，获得更高的分数。

一、引导体验教学的基本理论

（一）基本内容

引导体验式教学是将学生作为立足点的学习模式，在教学实践中借助模仿、观察与训练来掌握相关知识内容，通过教师的指引让学生迅速沉浸在学习情景中，学生通过体验和理解获得更多知识。引导体验教学的重点在于学生的学习体验，旨在落实学生的学习主体地位。所以，教师在应用引导体验式教学模式时，需合理应用教学资源激发学生的学习积极性，满足学生的个性化要求，指引他们通过不断学习获得满意的学习体验。

（二）主要价值

引导体验式教学实践，其指导思想是建构主义，前提和基础是体验式学习理论。在击剑教学活动中渗透应用引导体验教学模式，对击剑学习者竞争意识的提升、创新能力的增强以及击剑学习积极性的调动有积极作用。引导体验式教学模式的优点主要包括：生动形象、简洁和直观，根据学生的个性特点与具体需求，明确适宜的教学内容，充分提升学生的参与度，改善教学效果。传统的教学模式主要讲授的是理论知识，没有全面调动学生的学习热情与兴趣，且学生的创新意识和实践能力也差强人意。引导体验式教学模式，有助于学生把技能和知识有机融合，从而不断吸收知识，对三维教学目标进行整合。

二、击剑教学中引导体验教学模式的重要意义

（一）有利于提高学生身体素质

击剑运动在运动员的反应水平和身体素质上具有非常严格的要求。学生对击剑运动的参与兴趣不高，是因为学生的反应能力和身体素质较差，不能适应击剑运动的相关要求。在教学活动中贯彻渗透体验引导教学模式，较之传统的击剑教学模式，对学生身体素质的提升有良好帮助。教师借助体验式教学模式，在教学

中创设有关教学内容的游戏，充分调动学生的参与热情和兴趣，全面提升学生的参与度。通过体验引导式教学方式，教师可以创设出分层教学的训练模式，以提升学生的训练强度和密度，对学生的速度素质和力量素质进行不断优化。

（二）有利于培养学生学习信心

通过实验调研发现，击剑教学的引导体验模式，对增强学生的学习信心和合作意识有帮助。第一，在击剑项目中，学生提高自信集中体现在：有充足的战胜对方的自信、对获得优异成绩具有相应的客观期望。在击剑教学中通过引导体验教学模式，可以为学生学习构建自信提供可靠支撑，并充分掌握相应的技战术。在教学过程中渗透引导体验教学模式，教师以小组为单位划分学生，引导成绩优异的学生积极帮助那些学习水平较低的学生，从而为小组成员一同提升奠定基础，构建学习的良性循环，满足各个层级学生的具体要求。第二，使用引导体验式教学模式，对提升学生的创新意识，团队合作能力，强化生生、师生之间的合作互动具有良好的促进作用。

（三）有利于提升击剑教学质量

将引导体验式教学渗透在击剑教学活动中，教师对教学路径和教学方式进行拓展，丰富教学的内容，创设有吸引力和突出实践性的教学课堂，以充分展现学生击剑技能的提升和知识的掌握。第一，在击剑教学中，教师可以设置有关学习的游戏，学生以小组的形式借助游戏合作进行分析与体验，在学习中学生带着相关问题听教师讲解，让教学内容更显针对性。通过游戏，学生和教师之间的互动增加了，可以了解、学习更多击剑动作的要领。第二，引导体验式教学模式对教学目标统领教学内容非常有利，可以为学生熟练掌握击剑动作、压缩击剑教学的时间提供良好助力。在教学中，教师通过有效的训练活动，不断优化学生的位移能力，帮助其在比赛中获得主动权。

三、击剑教学中引导体验教学模式的实施路径

（一）教学目标设计

将引导体验教学模式贯穿于击剑教学中，教学目标的设置中有设计内容和设计基础。第一，教师设置教学目标，需根据学生的具体状况来展开，要兼顾学生的学习需求和爱好等。击剑运动要求学习者拥有良好的协调能力和灵活性，并具备勇攀高峰、敢于挑战的精神。所以，在设置教学目标前，教师需充分了解学

生，明确其身体素质和具体要求，为各层级的学生设计良好、可行的教学计划。第二，在设置击剑教学目标时，需围绕教育和人的理念来展开，将基本的击剑教学目标设置为提升学生的体育核心素养，在这之中涉及品德发展目标、运动目标、健康目标。运动目标大致为：学生要明确击剑运动的主要进攻以及防守方式，并在比赛过程中有效应用，全面展现自身的反应力和灵敏性。健康目标大致为：学生要知晓击剑相关礼仪，并对训练的时间进行科学设置，为心理与生理的健康发展提供有效保障。体育道德目标主要关注的是让学生具有尊重对手的道德品质、提升学生的自信、让学生树立勇于拼搏的精神。

（二）教学模式构建

在击剑教学中创建引导体验教学模式。第一，教师需引导学生进行合理热身，让其迅速沉浸到击剑学习的状态中。教师可以组织有关击剑教学的游戏，借助游戏激发学生的学习热情和兴趣，让学生的肌肉和精神状态达到同步。第二，教师需根据小组形式来划分学生，并在每一组设立一个组长，小组成员通过组织的引导观看、了解击剑视频内容。在完成自主学习后，各个小组选出一位学生代表，来展示自己小组的成果。第三，学生完成自主学习活动之后，教师需讲解并示范击剑动作，教师指引学生掌握重要的动作技巧，让学生进一步理解认知知识内容，然后展开小组训练。第四，教师按照学生具体的训练状态，确定分层教学的框架。分层展开训练活动，将学生分为提高层、基础层、选拔层。各个层次的学生应用适宜的教学模式和练习手段，目标是充分提升击剑水平。第五，教师应合理组织与身体素质有关的课练活动，面向教学中缺乏相应强度的学生，组织肌肉训练活动。为保障学生的练习与基本要求相吻合，教师可以再安排学生进行放松训练，同时，评估学生的学习成果。首先是小组长展开测评，然后是教师评价。

（三）教学评价设计

将引导体验式教学渗透到击剑教学中，教学评价活动是不可或缺的一个关键环节。教师主要评价学生的学习效果，主要依据是《体育与健康》学习目标，选择的教学评价方式存在一定差别，比如，分析、记录和整理等。教师的教学评价标准是将学生击剑运动的积极性、主动性和成绩有机融合，并将结果性评价和过程性评价融为一体，目的是对学生的体育核心素养进行提升。在引导体验式教学模式中，将学生的健康行为、运动能力以及体育品质等方面的提升作为主要评估标准，并与学生的合作精神、情感投入以及创新精神等相融合进行全面分析。比如，教师可以把学生分为各个小组，一组四位同学，设置小组长，通过组长的带领进行互评。

根据上文的分析可知，在引导体验式教学的相关理论基础上来研究，在击剑教学中通过实施引导体验式教学，对击剑教学效率的提升、学生综合素养以及身体素养的优化具有良好帮助。在教学实践中，教师需构建有利于训练强度与密度强化的方式，进行分层实战训练，为学生击剑技术和身体素质的提升夯筑基石。此外，在击剑教学交流过程中，还可以借助引导体验教学模式，设置与学生自身发展相匹配的学习目标，让他们通过不断的学习获得良好的体验，增强自信，提高自主学习能力。

第三章　高校击剑训练课教学

第一节　高校击剑训练课个别教学

个别课的教学可以满足学员的个性化发展需求，同时也是一种训练手段，在击剑教学中经常使用到。个别课的实施对教练员提出了更高的要求，技术要领要熟练，否则会直接影响战术素养。个别课的教学要把握时机，明确具体的技术思路，有教学前瞻性眼光，充分发挥自身的作用，为个别课程作用的发挥创造有利条件。

一、击剑个别课的特点

（1）个别课教学成果和教练员专业教学水平有直接关系。教练员会对某个运动员提供专门训练，也会根据个别成员的学习情况和需求，给出专业指导意见，可以在训练中发现学员存在的问题，针对性地调整训练方案。

（2）训练所需的各种条件会反复出现。击剑运动员的对手不是固定的，面对不同的对手，会选择不同的战术，这就意味着教练员要训练运动员，能够在高压的竞技环境中，应对不同的对手，灵活地使用不同的击剑技能。但是在个别课教学中，教练员可以扮演不同类型的对手，与学员对战，帮助学员掌握各种击剑对抗技巧。

（3）设定不同的训练任务。个别课的设置，可以帮助学员获取更多的击剑对抗技巧，灵活地使用不同的击剑技术，对不同的对手选择不同的战术，提高综合实力。

（4）对教练员要求高。个别课要求教练员具有良好的思想作风和专项战术知识。由于个别课教练员要亲自上阵，运动负荷大，工作艰苦繁重，因此还必须具备良好的身体素质。

（5）是由其他练习形式过渡到实战的桥梁。

二、击剑个别课的要求

为了实现个别课的任务，上课的教练员、学员必须按照一定要求进行教学和训练。教练员是主要执行者，这里主要谈对教练员的要求。

（1）教练员必须以高度的事业心和认真负责的态度、完整严谨的计划，精心组织每次个别课。严格按计划执行，切勿随意改变计划。在个别课上，教练员要消耗很大体力和精力，没有高度的事业心、责任感很难保证个别课的质量。

（2）个别课集中了教练员的思想作风、理论知识、对技战术的理解和实际掌握情况以及组织才能。因此，每个教练员要不断学习、掌握基础理论、专项理论知识，提高专项技战术能力和对击剑运动规律的认识，了解国内外技战术发展趋势，不断完善自己的个别课。

（3）个别课要贯彻循序渐进的原则，要有系统性，要根据不同学员的特点，因材施教，合理地安排内容难易程度和运动负荷。不要故步自封，避免以经验取代理论，只有虚心学习和抱以科学态度，才能不断提高个别课水平。

（4）提高讲解示范和操作能力。以准确、规范的示范和讲解以及合理的操作技巧（包括技术的规范、速度、节奏、距离、力量等的变化），引导学员完成要求练习的内容。

（5）保持一定的身体素质，以充沛的体力保证个别课的质量。

三、个别课的形式

（一）纯技术训练的个别课

纯技术训练的个别课主要是学习击剑的各种身形步法动作，比较适用刚开始学习击剑的学员。这种课程主要是对技术动作进行演示，让学员掌握各个步法和身形操作的要求，学员在重复动作操作的过程中，可能会觉得枯燥，教练员可以帮助学员注意脚下动作和手上动作的配合，做到手脚并用，协调一致。

（二）技战术组合训练的个别课

技战术组合训练个别课主要适用有一定水平的专业运动员，在教学内容上，不仅有进攻技术，还有防御、强攻等技术的教学。不仅仅体现在手上动作的训练上，脚下动作的训练也很关键。这类课程往往有较大的训练强度，学员应该具备较强的承压能力，特殊情况下可能超过比赛时的强度，但对学员专业素质的训练有很大的帮助。学员会根据教练员位置的移动变化快速做出反应，通过击打动作获得分数，信号和实战的融合，可以训练学员的反应能力。

（三）纠正错误改进动作训练的个别课

这种课程往往会把运动员在比赛场中失分的技术动作作为教学案例进行讲解，目的是纠正错误的动作与手法，帮助学员克服困难，不再犯类似的错误。教练员需要分析学员的动作，并详细讲解，告知哪部分动作出现错误导致失分，让学员反思自己是否存在同样的问题，通过调整来规避错误。

（四）针对性训练的个别课

这种课程通常在比赛前比较常见，教练员模仿比赛对手的动作，与学员进行对抗训练，让学员了解对手的击剑战术，帮助学员找到应对方法，取得比赛的胜利。

四、不同阶段时期个别课的安排

在训练时期，个别课的教学时间控制在40分钟左右，主要集中在特长技术和战术动作的训练上，教练员还会教授一些新动作并指出学员的不足。

准备期阶段开展的个别课程时间在30分钟内，教学内容有明显的目的性，针对学员的训练情况提出一些要求。

赛前个别课时间在20分钟左右，主要是强化特长技术和战术的使用，指出学员动作上的问题，并帮忙纠正。与此同时，还需要帮助学员减轻心理压力，以积极的心态面对比赛。个别课教学应该灵活多变，每次课程不同，教学内容应具有挑战性，可以集中学员的注意力。

击剑教练员个别课操作的教学能力会影响到学员的赛场发挥，教练员需要更新思想和技术动作要领，提高专业教学水平，不断积累经验，根据学员的个性特点，选择不同的训练方法。

第二节　高校击剑专项训练课"两协同一结合"混合式实践教学模式

一、混合式教学的势在必行

为进一步提高人才培养质量以及发挥体育学科和体育行业的优势，构建和创新"线上线下—校内校外"联合培养实践教学新模式将成为高校教学改革的必然选择。

《全民健身计划（2016—2020年）》提出："要开展全民健身活动，提供丰富多彩的活动供给。大力发展健身跑、健身走、骑行、登山、徒步、游泳、球类、广场舞等群众喜闻乐见的运动项目，积极培育帆船、击剑、赛车、马术、极限运动、航空等具有消费引领特征的时尚休闲运动项目，扶持推广武术、太极拳、健身气功等民族民俗民间传统和乡村农味农趣运动项目。"为响应政策号召，南昌航空大学将击剑作为学院特色项目进行建设，通过线上教学的实践和对课程未来发展的思考，为体育学院在实践教学环节探索出一条创新发展之路。南昌航空大学击剑专项训练课程在线下教学的基础上，结合疫情防控期间的线上教学实践，逐步摸索出了击剑教练员"两协同（校内校外协同、课堂内外协同）一结合（结合专项）"的实践教学创新培养模式。

二、击剑专项训练课"两协同一结合"混合式实践教学设计

在疫情防控期间，线上教学引发了教师对专项训练教学的思考。教师普遍认为，要想充分发挥学生专业能力，不仅要有运动技能的教学，还要针对不同学生，利用体育专业的理论知识对其进行训练的设计与指导。学生在实践中不仅能充实自身的专业知识，还能增强自己的服务意识，提高自学能力。在专项教学训练中，针对教学能力培养的情境教学则是翻转课堂的体现。教师给出命题后，引导学生尝试进行不同方式的教学，队员之间相互代课，把自己的教学思路和想法展现出来，并且进行自我评价与相互评价，作为平时的考核结果。

南昌航空大学通过对击剑课程建立过程的梳理，结合社会实践反馈后进行不断调整修改，经过初步设想建立了具有高校优势的击剑教练员培养课程体系"两协同（校内校外协同、课堂内外协同）一结合（结合专项）"的实践教学创新模式。

"两协同一结合"混合式实践教学是指结合专项（击剑），进行校内外和课堂内外协同培养的实践教学创新模式。校内外协同是指利用假期进行俱乐部集训提高队员击剑技战术能力；课堂内外协同是指课堂内让学生互相带训，课堂外让学生在俱乐部以助教的身份代课，使学生的教学能力在具体情境中得到提高。对学生的毕业实习，可在他们进入俱乐部之前提出俱乐部设定的问题，让他们在实习结束时完成对问题的解答，由此提出"带着问题，在俱乐部实习中解决问题"全新专项化的实践教学培养模式。

三、击剑专项训练课"两协同一结合"混合式实践教学内容

（一）击剑专项课线上教学内容

在课程内容中设置六个模块（表3-1）的学习内容，其中理论部分的内容需要学生自学并完成线上的考核；实践部分要确保学生能够在进行实战比赛之后，在线上观看相关实战录像，并结合课堂教学的内容，掌握裁判基本的判罚标准。

表3-1 击剑专项训练课混合式实践教学设计

模块名称	模块内容	学生学习内容	教学方式
击剑文化（理论）	（1）击剑发展历史与演变 （2）击剑规则掌握 （3）击剑礼仪与文化	（1）了解击剑起源发展 （2）在体验课中能够很好地介绍击剑运动和礼仪文化知识	线上自主学习
剑种学习训练（花剑、重剑、佩剑）	（1）击剑基本姿势、基础步伐 （2）击剑进攻/防守技术 （3）进攻防守技术组合 （4）带训技巧能力的训练	（1）动作规范 （2）技术动作讲解清晰，带训能够给出预设条件 （3）形成自己的击剑进攻防守体系 （4）训练方法内化，能够相互带训	线下教学、合作探究、翻转课堂
比赛能力（技能实践提高）	（1）各剑种个人赛的考评 （2）各剑种团队的比赛考核	（1）参加全国俱乐部联赛及全国大学生锦标赛 （2）参加假期校外俱乐部集训	线下教学、校内外协同
竞赛规则（裁判实践）	（1）裁判规则学习 （2）裁判实践练习	（1）比赛中裁判的正确判罚 （2）击剑比赛的裁判实践	线上/线下教学、翻转课堂
教练教学能力	（1）击剑技术示范、讲解 （2）教练能力技巧的掌握	（1）掌握设定情景技术要求的带训能力 （2）提高互带能力	线下教学、探究翻转课堂
俱乐部教学实践	（1）体验课的教学 （2）私教课的教学 （3）大课的教学	（1）顺利完成代课任务 （2）有自己理解的代课目标	课堂内外协同

（二）击剑专项训练教学特点

击剑属于技能类的一对一格斗和装备器械比较特殊的攻防格斗技击竞技运动，依据个人个性不同，技战术体系也不尽相同，是一项极具个性的运动。因此，在剑种学习中教师要安排有预定条件的技战术训练，要求学生形成自己的进攻战术打法，要求学生能够相互带训，相互探讨。实战比赛是对个人技术掌握的反馈，学生在实战训练中的讨论与分析有助于其比赛思维的形成与完善。

（三）学校内外协同、课堂内外协同的"两相协同"培养

教师可安排没有专业击剑教练员的击剑专项队员到俱乐部进行为期两个月的假期集训。队员在集训期间不仅能得到俱乐部专业教练员的指导，在训练之余也能在俱乐部协助代课教学。学校应对击剑队员进行校内外和课堂内外协同培养。学校应利用假期集训提高队员击剑技战术及比赛成绩，并在课程内容中设置一定学时的俱乐部实践教学内容，结合本专项进行协同培养，提高学校运动队的整体水平。在课程建设发展过程中，借助社会俱乐部的实践，校内校外协同训练培养击剑专项的学员，这种方式不仅可以提高课程教学质量，还对学校击剑队在国内大学生击剑锦标赛的比赛成绩有很大助力。

以每年中国大学生击剑锦标赛为一个周期，进行专项剑种的设置，比赛结束之后的学期就开始教练代课训练。

四、"两协同一结合"混合式实践教学考核评价体系

根据击剑运动项目比赛的特征，结合国内击剑队的训练经验，学校需要加强队员的体能训练。专项训练四个学期的考核内容不仅有体能训练考核，还有基本的技术考核和教学实践能力考核。在专项训练第四学期的结课考核中，除了教学实践能力的考核，我们还加入了对专业理论知识的考核，见表3-2。

表3-2 击剑专项训练课混合式实践教学考核体系

	考核内容	占比	考核方式
专项训练1	体能	30%	跳绳
	基本技术	50%	弓步刺靶
	基本步法	20%	步法快速移动
专项训练2	体能	30%	跳绳+步法
	实战教学比赛	50%	比赛积分+裁判判罚
	带训	20%	带训能力+书面作业

续表

	考核内容	占比	考核方式
专项训练3	体能	30%	跳绳+三千米
	基本技术教学	50%	体验课教学+教学设计
	裁判执裁考核	20%	独立执裁+书面作业
专项训练4	教学实践能力	30%	抽题考核（基本技术教学设计）
	俱乐部教学	30%	俱乐部教学考核+教学反思
	结课考核	40%	结课试卷考核

专项训练1是对体能和基本技术掌握的程度进行考核。

专项训练2是对技战术体系形成和比赛能力进行考核，其中对比赛的思考以作业和总结的形式完成。

专项训练3是对基本技术教学能力进行三次考核，一次体验课的教学考核，其中包括对考核内容的教学过程设计书面作业，加入裁判能力考核，更注重教学能力的训练和个人评价总结的能力。

专项训练4是在最后一学期对专项学习的总结。考核教练员的教学能力不仅要体现如何教，还应有体育专业思维的综合体现，因此，理论试卷的考核是必要的。俱乐部或者培训机构代课能力的考核是专项训练实践教学的创新点，目前还在调整中。

综上所述，高校击剑专项训练课"两协同一结合"混合式实践教学模式的创新依据课程建设要求，紧跟当前教育理念，以能力素质培养为导向，专注于学生体育核心素养的培养。高校应重塑课程内容，将击剑基础技能知识运用于实战，建设教学考核评价体系，有效提升教学效率。

第三节 项群训练理论在击剑教学训练中的价值及运用

新的历史时期，中国竞技体育得到了长足的发展，并且在相关专家学者的深入研究下，得到了进一步完善，在各个领域，得到了非常系统的运用。纵观我国击剑比赛的整体现状，相比于发达国家，专业培训水平还相对滞后。特别是击剑教学工作，还在很多方面有提升的空间。为此，需要相关管理人员借鉴先进的训练模式和击剑理念。同时，还需要从同类竞技比赛中，如拳击、柔道、摔跤等相同类属项群的比赛中，借鉴优秀的比赛经验和训练方法，以期能够真正提高我国击剑成绩。击剑教学训练应与先进的理论方法相结合，以更好地发展击剑运动。与此同时，也能从同类属的其余项目中运用击剑中的理论科学、击剑技巧，促进彼此的共同提高。

一、项群训练理论概述

相对传统的训练方法理论，竞技体育理论主要涵盖以下两个方面的内容：一般训练理论和专项训练理论。这两种理论的适用条件和范围都是相对固定的。而随着竞技体育的不断发展和完善，固定体系有着明显的缺陷性，与时代发展很难适应。如通常情况下的一般训练，具备全部竞技体育的一般规律，但对有明确特点的运动则很难适应。为了协调以上问题，我国一些相关专家和学者在深入分析以上问题的基础上，提出了体育竞技的主要因素、竞技运动结构以及竞技比赛成绩的评定方式三个分类标准，以这三个标准为基础的竞技体育分类聚合为项群，其中涉及的基本训练模式为项群训练理论。截至目前，项群训练理论得到了长足的发展，并在日常训练中得到了广泛运用，同时取得了显著的效果。

二、击剑运动的项群归属及项目特点

击剑运动的项群分类可以分为以下几类：根据竞技能力的决定主导因素划分为格斗技战主导类对抗项群；击剑运动也可以依据运动结构而划分为多元化变异组合动作结构项群；击剑运动按照比赛成绩进行项群分类，则归纳为命中类攻防项群。击剑比赛需要运动员具备灵活的技战术、优雅的攻防技术，且对击剑运动员自身的精神品质、心理素质、身体协调性具有较高的要求，以便比赛中运动员能够表现出敏捷的动作反应。

击剑运动项目表现为一对一形式的运动员根据持剑击中对方运动员有效身体部位而得分，并且要保证自身避免被对方运动员击中的攻防模式竞技项目。击剑运动员的攻防特征以手上用剑行为、脚步频率、身体协调性为基础，继而获取特定的点数作为成绩评定依据。击剑比赛形式则具备如下几种特征，运动员单手持剑攻防化、双轨制比赛成绩评定、无差别团体竞赛、主客观裁判判罚共存、竞技运动完整性和单元化、器材服装自由选择化。击剑比赛的技术则具有技术实时有效性、击剑动作简洁快速、节奏变化快速、技术动作的预见性；击剑比赛的战术特点则为如下：攻防转换快速、战术策略贯穿始终、动作时机、击剑方位把握恰当、控制好攻防双方的距离、击剑节奏的组合以及控制反控制之间的转换节奏。[①]

[①] 穆文浩、李大新：《冬奥会项目多维度项群构建及我国重点项群选择》，《曲阜师范大学学报（自然科学版）》，2019年，第3期，第97-103页。

对击剑运动员来说，击剑运动也具备明显的体能特征、技战术特征、心理智能特征。体能特征表现为击剑运动员具备修长的四肢、较高的身高，考虑到击剑比赛注重攻防转换，因此，体型优势十分明显。同样，击剑得分通过不断的移动、节奏的变化而实现，这就需要击剑队员具备优秀的身体素质，较快的速度、极好的耐力，能够对击剑比赛中出现的各种未料因素进行及时反应，快速处理；对技战术能力而言，其作为击剑运动员取胜的关键要素，是击剑运动员必备的品质，对运动员成绩的提升极其重要，击剑运动员需要掌握一定的战术，才能够将自身的综合实力发挥得淋漓尽致。在击剑比赛中，运动员手上的技术动作需要严格配合脚步节奏的变化，如果缺乏一定的协调柔韧性，整体动作就会变得十分僵硬，这就很难将事前战术的安排发挥出来。击剑比赛中战术的安排因人而异，要根据不同运动员的自身实力采取先发制人、借力、引诱、游击战等战术思想；除此之外，心理智能也是必不可缺的特征，在实际比赛当中，现场裁判的判罚会对运动员心理情绪造成极大的波动，继而导致战术发挥失误、运动员心理崩溃等状况。为此，在平时的击剑模拟训练中，管理人员需要重视加强运动员的心理情绪训练，做到不被外界干扰，确保正常水平的发挥，运动员只有在情绪稳定的情况下才能对对手的技术特点进行科学、准确的判断。[1]

三、项群训练理论在击剑教学训练中的价值

为了能有效整合击剑教学和项群训练理论，教师不仅要对项群训练理论的核心思想进行充分学习和了解，同时还要对应用这一理论的必要性进行分析。在思想上高度认可项群训练理论，并在击剑教学训练中充分发挥项群训练理论的价值。

（一）项群训练理论能够对击剑人才进行培养

竞技体育发展到21世纪，各项运动的水平已经达到前所未有的高度，因此选拔有击剑天赋的青少年是取得成功的第一步，也是最重要的一步。由于在相同的项群中运动员的竞技能力与运动成绩的决定因素类似，因此选材内容和标准也有很多相同之处。特别是在体能类的耐力性项群和速度力量性项群中，这种相同的因素就更多。因此，体校在招收击剑运动员的时候，可以将同一项群不同项目

---

[1] 穆文浩、李大新：《项群理论视域下中国冬奥会奖牌分布及重点项目选择分析》，《哈尔滨体育学院学报》，2019年，第4期，第35-40页。

的选材内容和标准作统一规定,以最能体现这些项目共性的内容和标准作为选拔或考试的内容,这样选材范围更广、兼容性更大,同时还简化了考试的门类和内容,减少了考试的工作量和时间。因此,为了进一步加大人才培养力度,需要相关管理人员能充分利用项群理论,从拳击、武术等相同类属项群的比赛中,吸收和借鉴优秀的比赛经验和训练方法,培养更多优秀的击剑人才,以更好地发展击剑运动。与此同时,也可以把击剑项目的优秀理论和技巧传递给其他同项群的不同项目,这样可以促进彼此提高。

(二)充分利用项群内的各种方法为击剑教学服务

在击剑套路教学、训练的过程中可能遇到很多的困难,如果能合理运用同项群中其他项目的教学、训练方法作为辅助的教学、训练方法,可以在整个教学、训练过程中丰富教学内容,激发学生的学习兴趣,合理地利用时间、场地、器材等。在复杂的套路教学过程中可以将多种项目的训练方法综合地运用到击剑教学当中,如将武术的套路教学充分利用,为击剑套路教学服务[1]。

四、项群训练理论在击剑教学训练中的可行性分析

(一)击剑发展战略制订

项群训练理论对任何地区发展竞技运动战略都有着明显的促进作用,许多国家制订击剑发展战略时,都给予了高度重视,项群训练理论的应用有助于战略制订者充分借鉴同类属格斗对抗主导类项群中的其余竞技项目,继而能从整体宏观角度对击剑运动的技战术发展现状、特点等进行准确判断,也可以从地域学、训练学、体育学等多角度对击剑运动教学进行优化提升,寻找不同竞技运动之间的水平差异,以便确定击剑运动与其余运动之间的教学差距,转变击剑运动的存在劣势,为决策者提供更好的决策服务理论依据。

(二)运动训练方法

任何一个竞技运动项目的发展过程,都不可能处于完全闭锁式的状态,在与外界信息的交流中,很自然地会从其他项目中吸收对自己适用的理论、技术与方法;同时,也不断把自己科学的理论、精湛的技巧及有效方法传输给其他项目,这种信息的交流主要发生在同项群内不同的项目之间。

---

[1] 熊焰:《项群训练理论发展若干问题思考》,载《中国体育教练员》,2019(11):8-10,18页。

击剑项目可以借鉴同项群其他项目的训练内容、训练方法和战术安排,完善教学训练过程。就技术训练而言,要在平时加强运动员的基本功训练,提升训练强度,定向培养,重点突破;从实战出发来安排训练手段和形式,逐步掌握难度技术,在实战中综合运用技术、战术、体能、智能。战术训练则主要包括进攻、防守和反攻战术训练,它主要通过假想敌训练、配对训练及实战训练等方法,提高运动员的战术能力。在技能偏低时主要通过配对训练,以固定的动作为主,加强对动作的直观理解与身体的本体感觉。身体训练则要大力提高身体素质水平,加大专项身体训练的比例,进行大强度训练,重点发展绝对力量和专项速度、耐力,防止"速度障碍"的出现。

(三) 人才选拔

近年来,击剑运动的人才选拔受到了国家有关部门的重点关注。但中国的击剑运动员队伍面临着后续人才难以跟上的情况,为此,可从同类属项群中选取一些具备击剑资质的队员进行充分训练,同样也可以加大资金投入,重视年轻队员的培养工作。

总而言之,项群训练理论的应用对提升击剑教学工作的意义十分重大,项群训练理论为击剑运动的战略部署提供了理论支撑,为此,管理人员与击剑队员都要充分学习同类属项群相关训练理论,继而提升击剑比赛成绩,促进中国的击剑运动发展。

五、项群训练理论在击剑教学训练中的具体运用

(一) 制定科学的击剑发展战略

对任何地区的竞技运动发展战略而言,项群训练理论都能发挥显著的促进作用。新形势下,在对击剑发展战略进行制定时,不同的国家都给予高度重视。战略制定者通过有效应用项群训练理论,能够充分借鉴同类属格斗对抗主导类项群中的其余竞技项目。继而能从宏观角度,准确判断击剑运动的技战术发展现状、特点,同时还能立足于多角度,如体育学、训练学和地域学等,提升击剑运动的教学效果。通过寻找不同竞技运动之间的水平差异,发现击剑运动与其他运动之间的教学差距,由此为击剑运动存在的劣势进行积极转变,提供科学的依据,更好地为决策者提供服务。

(二) 完善运动训练方法

击剑运动可以在现有训练方法的基础上，借鉴同一项目组其他项目的训练内容、方法和战术安排，以改进教学和训练过程。[①]在击剑教学过程中，既可以应用自身的专业教学、训练方法，也可以采用相同项群中其他相似的运动项目的练习方法，将其合理地应用到击剑教学套路教学过程中，来提高完成击剑套路的动作质量、节奏和表现手法[②]。

（三）加大人才培养力度

在选材和基础训练环节中可利用项群训练，来培养人才。主管部门可以将一些具备击剑资质的队员从同类属项群中选取出来，并进行充分训练。同时，加大资金投入，高度重视年轻队员的培养工作。构建完备的击剑运动教育体系，协调教育部门制定完善的政策，建立学校、企业、社会组织联合培养击剑运动人才的体系，加强击剑运动项目的学科建设和专业人才培养，完善击剑人才培养、流动配置、激励保障机制。

制定初级教练员培训的标准，加快培训面向大众的初级教练员人才，建立基本素质和能力都有保证的初级教练员队伍；建立完善逐层递进的教练员与裁判员人才培养体系，持续输送各个层级的专业击剑运动人才；积极开展与国外击剑组织在人才培养上的合作，拓宽击剑运动退役运动员的发展空间，建立击剑退役运动员向击剑企业、击剑运动俱乐部、自主创业等岗位的转岗就业渠道。鼓励击剑退役运动员挖掘自身资源价值，投身体育产业创新、创业，充分发挥各类运动员创业基金的作用，促进运动员资源与产业对接。

我国体育教学研究的一大创举，就是项群训练理论。作为桥梁和纽带，它有机地连接了一般训练理论与专项训练理论，并更好地延伸了一般理论，在此基础上，拓展了专项训练理论。看似简单的"分层"，实际上是有自身的规律和依据存在的。因此，在目前的击剑训练教学中，应构建完善的教学体系。在击剑训练教学中有效地运用项群训练，从理论上对体育教育的范围进行拓展，并且能从实践上促进学生基本体育素养的提升，以真正实现体育课程的价值，对学生掌握体育技能，提高心理素质水平意义重大。基于此，管理人员与击剑队员应充分学习

---

① 江岚：《项群训练理论对击剑教学训练的影响和作用分析》，载《科技与创新》，2019：125-126页。

② 陈丹：《项群训练理论与运动员转项成才》，载《中国体育教练员》，2018（14）：9-11、28页。

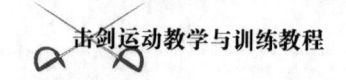

同类属项群相关训练理论，促进击剑比赛成绩的不断提高，为更好地发展中国击剑运动做出应有的贡献。

第四章 击剑科学化训练

第一节 运动训练科学化的含义与内容

一、运动训练科学化的含义

科学训练,首先是相对于"非科学训练"而言的。非科学训练包括反科学训练和伪科学训练。反科学训练是指虽运用正常体育手段,但违背体育的规律,达不到训练效果,甚至给运动员造成危害的训练。反科学训练往往是无意识进行的,它产生于偏见或错误的经验。伪科学训练是指采用非正常体育手段的训练(如使用违禁药物等),它虽可以取得一定的运动成绩,但所造成的伦理问题、法律问题是十分严重的,因为它见效快,又披着"科学训练"的外衣,因此,具有巨大的欺骗性。

科学训练,其次是相对于"经验训练"而言的。狭义的科学训练常常是指训练过程中应具备创新、定量化、去证伪、克重复等科学研究的特征。科学研究的这些特征是对经验的一种否定。然而,事实上在运动训练领域"经验"是不可否定的,经验中包含了教练员的知识积累和智慧。实证化的训练和经验的训练在很长一段时间里要并存下去,甚至经验还要占据主导地位。训练科学还是一门新兴科学,当今的训练科学化也只是一个探索过程,还仅仅是一种理想的境界而已。训练科学化的本质是不断加大训练过程的智慧投入,提高其对运动项目特性和规律的认识与把握,了解教练员在竞技体育中的地位和作用,以及对运动员成长与培养的影响。

运动训练科学化是指运用科学理论、方法及先进技术组织实施并有效控制运动训练全过程，进而实现理想目标的动态进程。

二、运动训练科学化的内容

运动训练科学化的内容包括：科学选材、科学诊断、理想的训练目标及目标模型、科学的训练计划、有效地组织与控制训练活动、科学地组织竞赛、训练信息化、高效能的恢复与营养系统、良好的训练环境和高效率的训练管理等。

（一）科学选材

运动员选材对运动训练系统的创建与维护至关重要，是必不可少的组成部分之一。任何一个竞技体育强国，都会针对运动员选材等相关问题展开深入的研究和探索，确保运动员选材能够给运动员训练质量的提高带来积极的影响。选材需遵循两个基本原则：一是科学诊断；二是科学预测。运动员选材的常见研究方法为多因素分析法，通过这一方法来获得最优的选择，参考遗传率等因素来明确具体的关键指标，形成科学合理的定量化模式，在此基础上开发设计出与运动员选材相关的计算机软件。运动员选材包含三个重要的阶段：一是运动员选材的初选阶段；二是运动员选材的专选阶段；三是运动员选材的精选阶段。这三个阶段相互关联，相互促进，以初选阶段最为重要。

（二）科学诊断

诊断被当成是开展训练活动的起始点，如果可以进行科学的诊断，就能依据诊断结果来确定训练目标，提出针对性的训练计划。诊断涉及运动员竞技能力的各个方面，比如：对运动员身体形态的诊断、对运动员身体技能的诊断、对运动员整体素质的诊断、对运动员心理状况的诊断、对运动员运动技术的诊断以及对运动员战术能力的诊断等。诊断不能仅仅依靠教练员和运动员的主观臆断和推测，应借助先进的现代科学技术以及设备仪器来进行科学的诊断，从而得到准确的诊断结果。

（三）理想的训练目标及其模型的建立

随着对运动员各个方面进行科学诊断与科学预测，教练员应依据诊断结果来建立科学的训练模型，确定合理的训练目标。从训练目标的层面来讲，需根据运动员的实际情况来确立，不能超出运动员的能力以外。目标设定得太高，运动员即便付出艰苦的努力也很难完成；目标设定得过低，就无法达到训练的效果。目标的确定通常具有一定的预测性，需要以科学预测的方法和技术来设置目标，对运动员的目标完成情况进行综合的分析与预测。在建立目标结构模型以后，需要在总目标的基础上进行拆分，转化为多个子目标，运动员在努力训练的过程中逐步完成各个子目标，最终达成总目标。

（四）科学地制订训练计划

训练计划指的是对运动员今后训练活动开展所制订的理论方面的实施方案，代表着运动员身体状态的转变。

随着时代的进步与发展，现代训练内容体系逐步取代传统的体系。以前的训练内容包含技术训练、身体素质训练以及战术训练，对运动员身体和心理素质的培养有着积极的效用。在现代训练内容体系建立后，训练内容得到一定程度的丰富，在保留传统三项训练内容的基础上又增加了三项新的训练内容，即针对运动员智力的训练、心理能力的训练以及运动作风的训练。不得不说，现代训练摒弃了传统的"体力为主型"的风格和模式，逐渐朝着"体力与智力结合型"的方向发展，基本构建出完善健全的综合训练内容体系，涉及运动员的身体、智力、技术以及心理等各个方面。

此外，训练需同时兼具计划性与系统性。一方面，训练计划的制订需要考虑实际情况，遵循实事求是、脚踏实地的基本原则，这样才能提高训练的质量；另一方面，训练离不开评教与评学活动的支撑与辅助，评教、评学活动有助于教练员和运动员对整体的训练流程和结果有深入的了解，依据成绩来找出问题，并及时提出有效的解决方案。

（五）有效地组织和控制训练活动

科学的训练计划必须通过有效地组织实施才能产生具体的成果。训练过程的组织和控制能否成功则取决于教练员的训练水平和指导艺术。

训练中的控制过程实际上就是一个纠正偏差、改正错误的过程，它包括获取反馈信息、对照"监督检查模型"进行对比分析等，使训练得以朝着预定的方向进行。

（六）科学地组织竞赛

开展竞赛的目的是检验训练的效果，保证运动员在参加比赛之前调整身体状态，从而完成训练目标。此外，比赛是一种不同形式的训练手段和方法，能够让运动员维持良好的竞技状态。现代训练模式与传统训练模式相比，有着明显的特别之处，即比赛更加频繁。竞赛能够让运动员增强自身对比赛的适应能力，在实践中积累经验，在实战中不断进步，起到科学化训练的效果和作用。总的来讲，科学地组织竞赛有助于提高运动员的训练质量。

（七）训练信息化

随着社会的信息化发展，当代运动训练的科学化已成定式，也赋予了现代运动训练新的特征，即训练信息化。科学化训练对教练员提出了新的要求，比如：保持积极、认真的态度；搜集整合与训练相关的资料、信息；引入国外的最新技战术；使用科学的训练手段和方法；关注国外运动员的运动成绩；对世界运动员各个项目的最高水平有深入的了解；研究竞争对手的情况；预测运动训练的发展趋势；准确把握击剑运动的核心；开发新战术等。

（八）高效能的恢复

恢复对运动训练来讲至关重要，恢复和负荷是两个关乎运动训练成果的关键因素。如果不存在负荷，那么就不会感到疲劳，也就不存训练的意义；如果没有恢复，再去谈论提高就失去了基本的价值。运动员在参加竞赛的过程中，无论是精神还是心理方面都要接受专业的治疗，只有身体和心理得到恢复才能在训练中不断提高。恢复系统的建立，对运动训练的科学化发展有着重要的作用和功能。

（九）良好的训练比赛环境

运动训练系统经常受到来自周围环境的各种因素的影响。它包括社会环境、生活环境、生态环境及比赛环境。运动训练科学化的实现，不仅要考虑到运动训练自身的客观规律，还要解决好周围环境对运动训练系统的影响。

环境的影响有两个方面：一是消极的"干扰"；二是积极的"促进"。训练科学化的一个重要内容就是通过各种途径，消除各种干扰因素的不良影响，充分发挥及利用积极因素的良好影响。现代训练中的"模拟训练""针对性训练"等就是一些具体的方法。

排除环境因素的不良影响，训练结果很大程度上取决于运动员本身在训练和比赛中自我控制的能力。应通过训练，提高运动员在复杂的环境中控制技战术的能力及控制思想、作风、道德的能力。

（十）高效率的训练管理

运动训练的科学管理是运动训练科学化的组织保证。其内容包括运动训练人才管理、组织管理、经费管理和训练竞赛的管理。

运动队的科学化训练是提高运动技术水平和运动成绩的基本途径，科学化训练应放到运动队经常性管理工作的中心位置上。提高训练质量和创新训练方法是科学化训练的核心所在。击剑是体力与智力相结合的运动项目，基础理论知识十分重要。只有牢牢地掌握它，才能创造出更多的新技术、新教法。因此，掌握好基础理论和专项理论知识是十分重要的。

有创新则兴，无创新则衰。创新是运动员在比赛中出奇制胜的法宝，是事物发展的动力。如何转变观念，大胆创新，敢于自我否认，是我们在思想领域亟待解决的问题。为此，我们要用现代科学技术方法论的思想来指导训练。技战术训练的方法和手段是固有的，但方法的运用、手段的组合是可以改变的，科学的训练方法手段具有科学性并会带来较大训练结果的差异性。应在传统训练方法和手段的基础上，注重研究，创造出适应我国运动员的有效方法和手段组合。

第二节　教练员胜任力特征

教练员对体育事业的健康发展非常重要，是不可或缺的人才资源，对运动员的训练成果有着决定性的影响，也是运动场上的主导人物。如果一名运动员能够接受专业教练员的指导和训练，那么对运动员自身身体素质和心理素质的提升是有很大帮助的。竞技体育想要获得好的成绩，离不开优秀师资队伍的支撑与保障，只有配备一流的教练员队伍才能提高运动员在国际赛事上摘金夺银的概率，才能为国家培养训练出一批高水平的运动员。作为一名优秀的教练员，需要具备较强的胜任力，既要对运动训练的重心有准确的把握，也要熟悉比赛的规律和走势，只有做到这几点才能提高运动训练的水平和效率。

一、教练员基本能力

（一）掌握知识

作为教练员，需要掌握丰富的专业知识，熟悉比赛的规律和特点，否则就不是一名合格的教练员。教练员需涉猎多个学科的理论知识，对训练学的知识有一定的了解，对人体生理学和心理学的知识有较强的把握，还要掌握一些教育学、心理学的基础知识，以及在长期指导训练中积累的实践知识等。教练员需要与时俱进，结合时代的发展和技术的创新丰富自身的知识储备，与竞技体育的发展趋势和方向保持高度的一致。也就是说，教练员所要掌握的知识应满足一些基本的特点和原则，比如知识的综合性、实践性，同时还需要具备一定的发展性。回顾竞技体育的发展历史并进行分析就能发现，竞技体育的科学训练逐渐表现出新的特征，即分化与综合化。随着这一趋势的愈加明显，教练员应注重自身能力的提升和思想的转变。站在教练员的立场来讲，需接触并掌握一些专业化的纵向知识，同时还要强调知识的横向延伸。

教练员如果觉得自己掌握的知识不够，就要通过不同的渠道和路径来获取新知识，有的是专业内的知识，还有的是其他专业或学科的知识，只有接触涉猎各学科的理论知识，才能了解新思想，才能在本领域做出更好的成绩。作为一名合格的教练员，需要学习更多与本专业领域相关的知识，只有这样才能制订科学的训练计划，才能体现训练的创造性和创新性。教练员在指导运动员训练的过程中，会不断积累经验，或是从他人的训练情况中有所启发，产生一些新的想法和思路，并形成完整的理论和观点。结合实际的运动训练实践成果进行分析可以发现，教练员的知识储备来自训练实践，也会受到现代科学发展的直观影响。除此之外，教练员在训练实践中逐步建立完善的知识体系，得出新的思路，视野和眼界也都持续开阔，对训练指导效率和水平的提升有着积极的意义。

（二）创新训练

人类社会一直处于不断发展的过程中，科学技术也随着时代的进步持续进行改革。当代竞技体育目前已经建立了完善的知识理论体系，我们掌握的运动技术也在持续创新。之所以能够获得理想的成果，离不开教练员的支持与帮助，只有教练员注重训练的创新与变革，才能在实践中总结经验，获得不错的成绩。根据研究与调查案例可知，教练员是体育创新的主导者，是推动体育竞技快速发展的重要人物。就大多数发达国家来讲，教练员会尝试将先进的科学技术和训练理念引入运动训练中，为体育训练的创新与变革带来了积极的影响，实现了体育运动训练与科学技术的深度融合，挖掘运动员内在的潜能，对运动员成绩的提高产生了正向的影响。试想一下，假设教练员不具备创新与创造的意识，对有关运动训练的信息漠不关心，照搬他人的训练方法和理念，或是仍旧沿用传统的理论观念，那么很难帮助运动员在身体素质和心理素质两个方面有所突破，将致使一些运动员的潜能和天赋没有施展的舞台和空间。如果教练员不具备创新训练的能力，那么运动员的运动技术水平必定会长期处于劣势，在竞技比赛中很难获得理想的成绩。

创新是对以往工作的变革与开创，不是继续沿着前人的脚步去重复循环，而是做出一些前人没有做到的事情。体育创新可描述为在现有体育思想、理念、方法以及技术等各个方面的基础上进行的创新，通过理论与实践的相互融合，找出体育运动发展中存在的新问题，对问题展开深入的探究和调研，从而得出新的结论和成果。体育创新涉及多个方面，有对体育理论思想进行的创新，有对传统体育技战术进行的创新，有对体育运动训练方法进行的创新，也有对体育训练设备或器材等进行的创新。训练方法和手段的创新，能够对最终呈现出来的训练效果带来直观的影响。随着时代的进步以及社会的发展，体育运动训练的方法和手段也在不断创新，希望能够为国家培养训练出一批极具竞争力的运动员，在国际大赛中斩获荣誉。体育运动训练管理方法的创新，可以切实体现管理的作用和功能，有助于体育运动训练的有序开展。

（三）团队合作

团队合作是一种快速达成目的的方法和技术手段，以团队的形式分配任务和工作，通过对工作绩效的统一管理使得在最短的时间内获得成功。不得不说，一个人的力量在大多数情况下都会受到环境因素的制约和影响，能够表现出来的能力和实力相对有限。作为一名教练员，仅凭借个人的能力很难为国家培养出优秀的运动员，只有通过团队合作才能快速达成这一目标，在任何情况下集体的力量都远远大于个人。

针对运动队来讲，团队的组成成员包括多个主体，有负责训练与指导的教练员，有负责综合事务管理与协调的管理者，有运动员，还有为运动员提供各方面保障的后勤团队等。他们各司其职，相互协作，通过良好的协调与配合保障运动员的训练、比赛。每个组成部分都是训练和比赛必不可少的关键环节，扮演着重要的角色。运动队的团队合作体现在各个方面，比如教练员与运动员之间的团结、教练员群体内部的团结以及教练员和运动队内在的团结等，团结能够集聚更大的力量。需要明确的一点是，教练员的团队合作对教练员自身提出了新的要求，要时刻铭记自身的角色身份，与运动队其他成员之间建立良好的合作关系，集思广益，吸取先进的经验和意见，以集体的力量来获得成功。在有需要的情况下，教练员应该和外界建立密切的合作，督促运动员按时参加训练，鼓励运动员不断突破，营造和谐融洽的团队氛围，产生较强的团队凝聚力。

（四）有效沟通

袁伟民在《我的执教之道》中明确指出，"教练员和运动员之间应该建立深厚的感情基础，相互理解、相互尊重，创设和谐、团结的团队氛围"。这就说明，教练员和运动员之间需要相互包容、相互信任以及目标一致，只有这样才能保证预期的训练效果，对运动员成绩的提高有着积极的影响。如果教练员和运动员之间的关系足够和谐，对运动员自身的性格塑造和能力提升，都有正向的作用。

教练员和运动员都是组成运动队的关键部分，扮演着不同的身份角色，从客观层面来讲二者之间有着特殊的"心理距离"，导致队内的关系和氛围变得十分微妙。站在教练员的立场来讲，需要注意自身与运动员之间的心理距离，鼓励运动员努力参加训练，对运动员的日常训练和运动进行监督和指导，帮助运动员缓解训练的心理压力，建立良性的合作关系。教练员和运动员之间需进行深入的交流和互动，在不超过心理距离的情况下，做到相互尊重、相互协作、相互支持以及相互包容，这对团队凝聚力的提升有着积极的影响。此外，教练员和运动员之间的信息传递与接收需保证速度和效率，这样可以有效提高训练水平。

心理沟通对双方关系的缓和与巩固有着积极的影响，教练员和运动员之间就心理和行为达成高度的统一，无论是观点、看法还是意见或情感都可以相互包容、相互理解，在这些方面保持相同的倾向。一旦教练员和运动员之间形成良好的合作关系，就很难出现对立的情绪，出现的矛盾或冲突也会越来越少。从相反的角度来讲，假设教练员和运动员之间并未就情感和行为达成一致，导致二者的心理间距不断扩大，就会出现各种各样的负面情绪，进而转化为无法控制的矛盾。站在教练员的立场来讲，需要对运动员表达尊重、认可以及关怀，对运动员的心理需要有深刻的了解，通过良性的互动和沟通来建立和谐的合作关系，有效提升训练的质量和效率。

（五）树立权威

教练员相当于运动员的老师，对运动员的行为和举止有着深刻的影响，也体现出一定的权威性，关于教练员的权威体系，可总结归纳为五个方面：一是合法性的权威，可描述为组织授予教练员基本的权力，负责管理运动员的日常训练和其他事宜，运动员在没有特殊原因的情况下需要服从管理；二是强制性的权威，可描述为组织赋予教练员的权力，在参加比赛或训练的过程中教练员扮演了组织代表的身份角色，教练员提出的要求在一定程度上就是组织的要求，作为运动员应该接受和服从；三是报酬性权威，如果教练员对运动员提出了一些正常合规的要求，运动员应该接受，否则教练员可通过一系列的方法和手段来剥夺运动员的报酬权利；四是典范性的权威，可描述为教练员在指导教授运动员的过程中呈现的个人魅力和感染力，对运动员的行为举止产生了深刻的影响，运动员会把教练员当成学习的榜样和追逐的目标；五是专家性权威，教练员掌握着丰富的专业知识和技能，无论是运动技术还是训练都远远超出常人，在这些领域拥有一定的威望，让运动员们心服口服。作为一名合格的教练员，应该针对自身拥有的权威和权利进行科学的运用，根据实际情况来体现相应的权威，对运动员产生积极、正向的影响，确保训练和比赛任务的有序进行。

（六）关注细节

细节对成败的影响非常之大，这一观点对运动训练同样适用。人们常说的"细中见精、小中见大"，指的就是让我们注重细节。回顾体育的发展历史就能发现，细节对体育人物的成功有着至关重要的影响，决定胜败的往往都是小事和细节。细节代表着运动员在比赛中的执行力，只有强调细节、关注细节、控制细节才能消除影响比赛的负面因素，才能帮助运动员获得更好的成绩。

大部分体育项目经过多年的发展基本趋于成熟，无论是技战术还是运动员的训练方法不存在明显的区别。要想在相对平等的水平上继续提高，就要重视训练的细节，只有精益求精才能有所突破。从本质上来讲，细节指的就是运动员和教练员对待比赛或训练的态度，如果他们重视细节，就会对问题进行深入的探究和思考，找出最优的解决办法，对教练员和运动员提出严格的要求和标准。

（七）敏锐洞察

洞察力指的是人们对事物内外关系的认知能力，通过对事物的观察、分析与评价来找出问题，了解问题的成因，并提出针对性的解决方案。洞察力的前提条件是观察力，只有对事物的发展情况和变化规律进行反复的观察与分析，才能产生较强的洞察力。作为教练员，需具备一定的洞察力，快速找出运动员训练存在的问题，依据问题分析结果来解决问题，保证运动员能够在最短的时间内适应训练和比赛。教练员对运动员各个方面的敏锐洞察，可以挖掘运动员内在的潜力，了解运动员目前的身体状态和训练情况，抓住重点，为比赛做好充分的准备。也就是说，如果教练员形成了较强的敏锐洞察力，那么运动员的训练效果就能得到显著的提升，从而获得更多的比赛机会，有更大的展现平台。

（八）解决问题

解决问题指的是能够有效解决问题的方法、途径以及问题解决的效果等。作为一名合格的教练员，应具备较强的问题发现能力和问题解决能力，这也是教练员的基本素质之一。教练员在指导运动员训练时，应及时找出问题，分析问题，并提出解决问题的方法和策略，避免问题对运动员的日常训练和比赛造成负面的影响。在发现问题以后，需要对问题的类型进行识别，分析问题形成的根本原因，提出不同的解决方案，通过对比与评价找出最优的问题解决方法，并付诸行动。

（九）分析思考

对问题进行分析和思考，有助于我们在总结中不断进步。一名优秀的教练员，往往具备较强的自主思考能力和自主分析能力。由于教练员负责运动员的日常训练和管理工作，在实践中必定会遇到各种各样的问题，通过对问题的思考会让教练员从中有所收获，不断发展。假设教练员只关注经验的积累忽视问题的思考与分析，很难在实践中有所进步。也就是说，思考对教练员个人能力的提升有着至关重要的作用。合格的教练员会自发对问题进行思考和分析，总结经验，吸取教训，提出最优的解决方法，有效提高运动训练的效率和整体水平。

二、把握运动训练的一般规律与特殊规律

运动训练过程中存在着一般性规律，无论哪个项目，都必须服从这些规律。从这个意义上讲，击剑教练员掌握一定的训练学理论是必要的。同时，各剑种还有自己的特殊规律，遵循、利用这些特殊规律是非常重要的。规律在很多情况下表现为趋势。

（一）个体化趋势

这种趋势在击剑单兵作战项目中表现得特别明显，是由运动训练的固有特点所规定的。从理论研究角度看，由追求运动员群体各种数值的算术平均值转而更

加注重优秀运动员个体的典型分析。从运动训练实践来看，差别对待原则已被视为一切训练活动的基础，必须贯彻到训练的每一个环节。

深入、细致、全面地了解运动员的个性及其动态变化情况，是贯彻差别对待原则的前提。

（二）重视训练与赛后的恢复

传统训练理论认为，负荷是训练的主要组成部分。而现代训练理论则认为，恢复与负荷具有同等重要的地位，没有负荷则没有训练；没有疲劳，就没有恢复，也就同样没有训练。因此，为了保证运动员的恢复，教练员可做以下三方面的工作：

（1）合理安排运动负荷。这是教练员可进行的主要工作，也是保证合理负荷，避免过度疲劳的训练学意义上的恢复手段。

（2）协助医务监督人员运用医学心理学手段进行恢复。

（3）加强管理，运动员的恢复与其合理的日常作息习惯密切相关。在这个方面，教练员的科学管理起着很大作用。

（三）处理好科学训练与训练经验的关系

科学训练并不是对训练经验的否定，相反，训练经验是不可轻视的。在长期训练实践中积累起来的经验，本身就具有不同程度的科学性。在经验这座宝库里蕴藏着不可估量的价值。因而，绝不能因强调科学训练而否定训练经验。实践证明，并非训练竞赛过程中的所有环节都能自觉运用科学原理和方法进行控制。靠经验进行调控，在相当长的历史时期内，仍是不可缺少的。例如，比赛双方心理活动的判别、临场指挥的技巧、技战术训练的负荷安排等都需要经验的积累。实践经验不足，往往会给训练比赛带来众多困难。即便理论知识较丰富的硕士生、博士生，最初对带队训练也会感到无所适从。

教练员应当重视、珍惜和借鉴别人的成功经验，并对其进行科学的总结，使其上升为理论，成为指导训练比赛的指南。

（四）把握好训练系统性

训练系统性是指在训练全过程中，训练内容的选择和安排、运动负荷的安排以及方法手段的采用，都应根据其内在联系，循序渐进地提高，并不间断地进行。训练经济性是指用尽可能少的投入，达到特定的训练目标。当运动员具备一定的实力后，教练员需抓住机会、创造条件，及时地让运动员"冒尖"。有时，一个机会的抓住与否，将会影响运动员的一生。在促使运动员"冒尖"的过程中，教练员需注意以下几点：

（1）敢于承担风险。运动员往往要经历无数次失败才能成才。这些失败又往往会给教练员的各个方面带来影响，因此要敢于承担责任，敢冒风险。

（2）实施"保护性"训练。在高峰线上下的运动员最易产生急躁情绪，此时，教练员应十分慎重，对运动员实施"保护性"训练，力戒因急于求成而导致的伤病。

（3）及时突破"高原"。所谓"高原"现象，是指运动员的竞技能力和运动成绩达到一定水平后，产生的停滞不前的状况。此时，应找准产生"高原"的确切原因，选择好突破口，精心调配训练措施，力求早日突破"高原"。

（4）善于把握机遇。当某种偶然性的出现利于某个运动员或运动队时，我们便称这个运动员或运动队获得了机遇。能否捕获和有效利用这种机遇，是能否获得良好比赛成绩的一个重要方面。特定条件下，在高水平且实力相当的比赛中，一次机遇的成功利用与否，往往可能成为决定比赛胜负的关键，也可能成为运动员"冒尖"的契机。

竞技运动中的机遇，具有突发性、易逝性与不可重复性的特点。这种机遇大致可分为直接型和间接型两种。直接型是指机遇的出现对运动员或运动队获取优异运动成绩有直接影响。此类机遇，往往出现在一场具体的比赛中。间接型是指机遇的出现对运动员或运动队获取优异运动成绩有间接影响。这种机遇既可出现在一次运动会上（如甲、乙两队的胜负意外地决定了丙队的名次），还可出现在运动会前（如某运动员或运动队由于各种原因突然不参加比赛，为其他运动员或运动队获得优异名次提供了有利机会）及比赛的分组情况等。

把握机遇，可分为认识机遇和利用机遇两个环节。认识机遇，需要敏锐的洞察力、辩证的思维、敏捷的判断和果断的决策，此外，尤其需要丰富的专项运动经验。利用机遇，最根本的是具备较强的竞技能力。没有一定的实力做后盾，是谈不上利用机遇的。

三、科学制订与实施训练计划

训练计划是对未来的训练过程预先做出的理论设计，是运动训练过程中的重要决策之一。制订与实施训练计划，是教练员最主要的日常工作，也是教练员必须掌握的基本功。

（一）制订训练计划的主要依据

训练目标的建立可以激发训练主体的责任感和进取精神，是制订训练计划的主要依据，也是评定训练效果的主要标准。

训练目标的建立由运动成绩指标、竞技能力指标和阶段序列指标构成。后者实际上是前两者在训练不同阶段的具体化。训练目标的建立需要考虑以下因素。

1. 起始状态

运动员的起始状态是运动训练过程的出发点，是其状态转移的基础。为实现运动员的状态转移而制订的训练计划必须符合运动员的现实状态，必须是运动员可接受的，又足以导致运动竞技能力产生明显变化的。

2. 竞技潜力

竞技潜力是指运动员进一步提高竞技能力的现实可能性。它表现在遗传效应、发育早熟和晚熟各个方面。遗传效应会表现出更高的先天性竞技能力，早熟的少年其竞技能力的进一步提高会受到局限，而晚熟的少年可能较晚才表现出更高的竞技潜力。制订指标时应结合其运动史进行综合分析，使制订的指标客观真实。

3. 训练条件

同一个运动员在不同训练条件下的结果会有明显的差异。教练员和科研人员的业务水平及事业心对训练成效有时甚至起着决定性作用。稳定的社会环境、有力的社会支持也是训练取得成功的基本条件。

4. 比赛目的

比赛是以争取优胜为直接目的。同时，通过比赛可以检验训练效果，总结经验，促进运动水平的提高。比赛目的是运动员、教练员主体在进行实践活动之前有意识设计的预期结果。只要对比赛有所期望，都是比赛目的的表现。这种意义上的比赛目的因主体需求、实践条件的不同而具有多样性、广泛性和不稳定性。

5. 比赛条件

比赛条件对运动员可能获得什么样的成绩同样有着重要影响。我国运动员参加一些在欧、美国家举办的比赛时，由于地理气候条件的差别，特别是时差、饮食的不适应会对运动成绩有所影响；在世界锦标赛、奥运会上，往往集中了世界高水平选手，制订指标要考虑这一因素。

（二）训练计划的设计

1. 训练计划设计的概念

就运动训练设计而言，可描述为根据训练目标和任务制订的训练计划，包含对训练的研究、对训练流程的设计以及提出怎样的训练方法等内容。训练计划设计具有一定的系统性，既要设计训练活动的形式和流程，也要设计训练的内容，确定具体的训练目标，对训练结果给予评价。

2. 训练计划设计的层次

（1）以系统训练为中心的宏观层次设计

这一训练系统设计相对更加复杂，涉及内容更加丰富，常见的类型和形式包括：周期性的长期训练计划，时间较长；多阶段的长期训练计划，分为不同的训练阶段；全年性的训练计划，以一年为期限等。设计内容涵盖多个方面，有运动员身体状态的测评，有运动员训练任务的分配，有运动员训练目标的调整与优化，有运动员训练阶段任务的安排，有运动员比赛的规划，有运动员负荷变化规律的总结等。

（2）以小周期训练为中心的中观层次设计

小周期的计划设计很有必要，设计内容包含小周期类型的划分、不同周期间的联动与转换、训练任务的安排、训练负荷的评价以及训练计划的制定与执行等。小周期计划可作为训练计划的最小组成部分，对训练效果有着决定性的作用。

（3）以训练课为中心的微观层次设计

微观层次设计的内容包括训练课计划的提出、训练内容的确定以及训练方法的选择等，需要提前设计训练内容，识别负荷的属性和特征，评价负荷的高低。多个训练课计划组成了完整的小周期计划，对训练质量的提高有着积极的影响。

3. 训练计划设计的主要特征

（1）设计的层次化和系统化

运动训练计划设计需遵循从宏观到中观再到微观的基本原则，循序渐进；同时，还要强调纵向和横向训练计划相互之间存在的密切关联，形成统一协调的整体。纵向训练计划可呈现不同的层次结构，让我们了解训练的内容、负荷的大小以及运用的训练方法等。横向训练计划则可以展示各周期之间的关联和影响作用。

（2）训练目的明确

运动训练计划设计的目的非常明确，就是为了评估运动员的训练状态，发现具体的问题。运动员的训练状态直接影响训练目标的确立，也为训练计划设计的提出与调整提供了重要的参考依据，指明了今后的训练方向。

（3）训练目标适宜

运动训练目标的设置不能过高也不能过低，过高会导致运动员的目标完成效果得不到保障，过低则会影响训练的效果。也就是说，训练目标的设计需参考运动员的身体状态、训练状态、比赛层次以及比赛环境。训练目标的设计需具备一定的操作性和观察性，通过子目标的完成来提高总目标的达成效率。

（4）确保训练设计的方向

训练计划的设计存在一定的方向性特征，需围绕既定的训练目标来设置。训练计划是否可以有效执行，取决于训练运行的方法、训练运行的模式、训练的内容以及训练的效果等。

（5）考虑训练设计的要素

宏观视角下，训练设计的要素比较复杂，比如训练的时间长短、训练的周期形式、训练的负荷大小以及训练的场所环境等。微观视角下，训练设计的要素涵盖训练负荷的属性、负荷变化的规律、负荷的高低以及间隔时间等。

（6）论证和评价

训练过程往往比较复杂多变，因此需要提前对训练计划设计方案的可行性和有效性进行验证，根据评价结果做出科学合理的调整，确保训练的最终效果，高效达成训练目标。

4.训练计划设计的基本步骤

（1）运动员训练状态诊断

围绕运动员的训练需要为中心，对运动员目前的身体情况和训练状态有一定的把握，及时发现训练过程中存在的问题，提出针对性的解决方法，设计目的性较强的训练计划，维持运动员良好的现实状态和训练状态。

（2）运动员训练目标确定

训练目标的设计应根据客观分析结果来定，保证运动员能够通过努力达成目标，且必须是真实、具象的目标。训练目标的确定需要提前对目标进行科学预测，保证目标能够达成。

（3）训练内容分析

训练内容的分析涉及多个方面，比如训练内容的分配情况、训练内容与专项之间的相互关联以及训练内容的多少等。训练内容的设置不能偏离既定的训练目标，二者需建立对应关系。

（4）训练计划制订

训练计划的拟定方法多种多样，可总结为以下三种：①正拟订的训练计划，根据日期顺序来制订训练计划，以多年训练计划等最为常见。②倒拟订的训练计划，根据倒序的手法来制定训练计划，如以赛前训练计划等比较常见。③扩散拟订的训练计划，起于特定的时段逐渐朝着两侧延伸。时段的选择需注重运动员的身体状态和训练状态，既不能超出时间限制，又要增强运动员的竞技能力。

（5）训练负荷的结构、特点、形式、内容的设计

训练负荷设计起到了承上启下的重要作用，是影响训练方向的关键因素，也会对最终的训练效果产生直接的干预。负荷结构的设计应该根据具体的构成因素来完成，了解训练的整体结构，关注训练结构和训练内容的变化情况。此外，还应该考虑运动员的身体情况、专项能力、训练周期以及负荷大小等。负荷形式的设计应该根据影响负荷的因素来选择最优的途径和方法，通常包含多种不同的途径和方法。负荷内容的设计需要考虑既定的训练目标，了解负荷的类型、负荷的大小以及负荷的分配等。

（6）训练方法手段的设计

训练方法手段的设计取决于运动训练计划的设计，二者之间相互影响，相互作用。训练方法手段的设计需体现细节之处，且存在一定的目的性特征。训练目标的达成离不开训练方法的选择与运用，二者之间建立了对应的配套关系。不同的训练方法有着各自的优点和缺点，在实践中需发挥优点，弥补不足。

四、全面掌握和合理运用训练方法

运动训练方法是教练员、运动员为完成训练任务、达到训练目的所采用的所有途径和办法。运动训练方法在运动训练过程中具有极其重要的意义，它是完成训练任务、达到训练目的的必不可少的"桥梁"。训练是否成功，训练效果是否显著，在很大程度上取决于训练方法的先进程度和运用的正确程度。运动训练方法的创新，往往会给运动训练带来巨大影响，从而促进运动水平得到长足的提高。

选择训练方法，需遵循下列一般性要求：

（一）针对性

训练的不同阶段所要达到的目的和所要解决的任务是不同的。因此，选择训练方法应具有较强的"针对性"，即要"有的放矢"。此外，选择训练方法还要考虑运动员的年龄、性别、竞技能力水平、剑种特点、场地器材及气候条件等。

（二）综合性

现代训练方法正从单一性向综合性过渡。其主要表现为以下两个方面：一方面为完成某一训练任务，往往采用多种训练方法进行综合训练；另一方面，训练方法本身就具有综合性，即采用一种训练方法可同时解决几项训练任务，无疑这对提高训练经济性很有帮助，是训练方法发展的方向。

（三）组合性

每个项目都有自己常用的训练方法。这些方法在解决一般性问题时，是行之有效的。近年来，又涌现出一些特殊训练方法，如板块训练法、特长训练法及一些特殊的选材、恢复方法等。此外，教练员亦可创造出独特的训练方法。衡量教练员水平高低的一个重要标志，就是其掌握方法的全面程度和运用的合理程度。其中如何有针对性地、高效地将现有方法进行"组合"，以解决训练问题，是最为关键的环节。

第三节　运动员成长与培养影响因素

影响运动员成长与培养的因素是复杂的，其构成系统具有有限性、动态性和随机性特点。优秀运动员的成长过程有很多共性特征，对运动员的培养也有一定的规律可循。一个项目要保持水平不断提高，必须遵循项目自身的发展规律和人才成长规律。击剑运动员的成长规律只能从优秀击剑运动员的足迹中去寻找。我国奥运击剑选手是击剑界的宝贵财富，为中国击剑事业做出了突出贡献。他们是如何成长起来的？他们的成长遵循什么样的规律？有哪些因素影响他们的成长？了解和掌握其成长规律，有助于加速培养和造就高素质的击剑运动人才，对我国以后培养优秀击剑运动员具有较大的实践指导意义。

一、击剑运动员成长与培养的社会学因素

运动员是组成社会的一部分，他们的成长与发展离不开社会各方面因素的干预和影响。首先国家提出的训练体制对运动员的成长与发展轨迹进行了规范和约束，是培养优秀运动员的核心路径；其次家庭为运动员的成才与发展提供了支持与保障；再次人际关系的优劣会直接影响运动员的心理和情绪变化，假设教练员和运动员之间建立了良好的合作关系，那么运动员的训练质量就能得到显著的提升；最后无论是社会文化还是思想观念都会在不知不觉中影响运动员的发展与进步。社会环境和运动氛围等对运动员成长的影响，也应该引起教练员的重视。

优秀运动员的成长与发展，会受到两方面因素的影响：一是自身素质；二是外部环境。自身素质对运动员的创造能力产生了直观的影响，而外部环境则决定运动员的能力表现成果。

（一）训练体制与人际关系

我国的击剑训练体制对击剑运动员的成长和发展产生了直观的影响，随着时代的进步以及社会的发展，击剑人才的培养模式趋于稳定和成熟，由体校开始，到青年专业队，再到专业体工队，构建了完善且系统的击剑人才三级培养模式。

我们在日常生活中不可避免地会与他人产生交际，这是社会运行与发展的基本规律。人际交往能够帮助我们建立复杂的人际关系，和他人产生各个方面的交集，达成相互之间的情感交流和思想互动。作为运动员，需要和教练员建立和谐的人际关系，否则必定会对自身的情绪和心理状态产生直观的影响，一旦发生矛盾或冲突，就很难保证训练效果和管理水平。

（二）社会文化与观念意识

不管是社会文化还是观念意识，都会一定程度上影响运动员的成长和发展。一名优秀击剑运动员的培养会受到诸多因素的影响，观念意识对运动员的影响程度最大，一旦转化为社会意识流，就会干预运动员的成长轨迹。针对运动员来讲，其所处的社会阶层、自身的潜能以及成才概率，都会成为影响运动员发展和成才的关键因素。

二、击剑运动员成长与培养的运动训练学因素

（一）击剑运动员与训练的关系

击剑运动员的成长路线非常复杂，从最初的选材到中期的训练，从频繁的

参加比赛到获得成绩，只有在国际大赛中斩获荣誉才能称得上是真正的优秀运动员。科学的选材对运动员培养至关重要，是构建竞技体育体系不可或缺的核心要素，只要选好了苗子，成功就接近一半。科学选材需要对运动员的整体情况进行综合的分析与科学的预测，选择那些极具天赋的人才参与训练，通过对这些人才的专业化训练和培养，使其具备较高的综合素质，再加上运动员自己的努力和付出才有概率成长为优秀的运动员。

训练是运动员培养的必经之路，对运动员的竞技能力起到决定性作用。作为一名击剑运动员，其自身竞技能力的培养与提高涉及多个方面，比如运动员的身体素质、运动员的体能、运动员掌握的技能、运动员对战术的领会能力以及运动员的心理素质等，只有通过长期的反复训练才能有显著的提升。也就是说，击剑运动员的成功离不开训练的支撑与辅助。

运动项目多种多样，都存在独特的性质和特征。按照项群理论的说法和观点来划分运动的类型，击剑运动是一种非常强调技能和对抗的竞技项目，拥有复杂多变的动作结构。作为一名击剑运动员，需具备一定的对抗能力，在实战中表现自我的运动技术水平。同时，还要根据比赛情况来对技术动作进行优化与调整，形成复杂的技术组合，让运动员具有更强的竞争力。依据以上特点进行归纳和总结，击剑运动并不特别强调运动员的体能，对技术有着更高的要求和标准。与其他体育项目的运动员相比，击剑运动员所需要的培养和成才时间更长。

（二）击剑奥运选手阶段年限长度特征

击剑运动有着自身的规律，加上该项运动在竞赛中的特点，使得运动员通常在一定的年限内即可实现相应阶段的成长，因此，击剑运动员的整个运动生涯表现出来的阶段性会比较明显，这种阶段性也决定了击剑运动员在不同的年龄阶段会具有不同的特征。想要通过一次性的观察或者测试等程序，就精准地判断出个体运动员的天赋是不现实的。究其原因主要有两点：一是个体运动员的竞技天赋是其不同特性的综合反映，不同年龄阶段以及竞技生涯长短不同的运动员，其个性特征的表现和成熟程度也是不同的；二是个体运动员自身的内在因素以及外在环境因素是不断变化的，并且，随着生活水平的不断提高，其在发育过程中呈现出的自然特点也会存在差异。所以，必须在运动员的各个阶段对其重复进行测试等程序，才能正确判断其在竞技方面的天赋，并以此为基础确定运动员应该参加哪种项目。

在运动员整个训练生涯中的不同阶段中，年限略长的阶段是奥运前的训练，而业余和地方训练的年限相对较短。可以看出，击剑运动员只有在训练条件和氛围俱佳的环境中才有可能实现从专项技能发展到个人竞技巅峰的突破，这一阶段也是判断运动员成绩天赋的最佳时机，而国家队能够为运动员的突破提供其所需的训练条件和氛围。所以，运动员的奥运前训练阶段都是在国家队中度过的，为了使其具备参加奥运会的资格，国家队不但会对其进行较长时间的专项训练，还会安排运动员参加各种高规格的国际竞赛。

统计数据显示，运动员（包括男性和女性运动员）的平均运动年限约为16年。通常我们将运动员加入国家队以后的运动生涯划分为三个阶段：第一阶段是首次好成绩出现阶段，即从加入国家队到第一次参加奥运会，该阶段的年限为4.5年；第二阶段是最佳成绩出现阶段，即从第一次参加奥运会到退出国家队，该阶段的年限为3.6年；第三阶段是保持成绩稳定阶段，即从退出国家队到正式退役，该阶段的年限为2.9年。因此，运动员的成长是一个漫长的过程，且需要付出极大的努力。

三、击剑运动员成长与培养的遗传学因素

简单来说，父母向孩子传递自己的各种性状就是遗传。运动员的运动才能，也可以说是天赋，直接决定了其在运动中是否能取得优异的成绩，虽然一些运动员经过努力也能获得不错的成绩，但是想要获得最佳成绩，除了努力，必须具备天赋。遗传因素对个体的影响，在其幼年时期表现得最为明显，但如果个体的发展跟不上自身年纪的增长，这种影响会逐渐变得不明显。如果运动员在实际的运动中充分发挥自己的先天特征，其在运动上的优势就会逐渐显现出来，进而获得最佳运动成绩，展现自己不俗的运动天赋。因此，充分运用自身先天遗传优势的儿童和少年更容易成才。

遗传度（通常表示为%）是指个体受到遗传因素影响的程度，如果一个人的遗传度大，那么遗传因素在其性状变异中处于主导地位，环境因素几乎不参与变异。如果一个人的遗传度小，或者说其家族倾向不明显，那么在其性状变异中起主导作用的是环境因素。遗传因素决定了人体的重量、身高等大部分形态指标。从生理角度来看，个体形成和发展才能的前提条件之一是神经类型，它能够对个体在某些方面的生理品质和天赋气质进行展现。换言之，个体的神经类型与其才能的形成发展相互关联，个体能否在竞技运动中展现自身实力，获取优异成绩，

在很大程度上取决于这种内在关联。在运动过程中，人体所表现出的各种身体机能的能力，包括速度、力量等，就是身体素质。这种依靠遗传因素获得的身体素质与训练学中的身体素质是不同的。个体想要掌握某种运动技能，取得更加优异的运动成绩，首先需要具备良好的身体素质，身体素质的水平决定了个体运动能力和成绩的高低优劣，同时也影响着运动员运动年限的长短。遗传和后天因素均会影响个体的身体素质。综上，遗传因素影响着人体多个方面的指标，包括身体的素质、机能和形态等。因此，为了保证击剑运动员的成材率，在选材时一定要加强对其遗传因素的关注。

运动员所具有的、能够让自己顺利高效地参与训练及比赛的本领就是竞技能力，它综合体现了运动员的技能、体能、智能以及技术、战术和心理素质。运动员能否承受住训练，能否在比赛中表现出自身的运动才能并取得运动成绩会受其直接影响。竞技能力可以通过先天遗传获得，也可以通过后天努力获得。如果运动员具有较高水平的竞技能力，那么他就能获得优异的成绩。竞技能力中的因素被分为两种：一种为可训练性的，即通过后天的训练可以改善和提高的因素；另一种为先天性的，即由遗传因素决定的因素。如果个体具有较高水平的先天性竞技能力，那么在对其进行正确的运动定项后，通过合理有效的训练，使其充分运用和发展这种先天性条件，其取得优异成绩的概率就会比较高。

众所周知，科学技术是体育竞赛成功与否的关键，唯一不同的是，科学研究的重点会随着体育发展阶段的变化而变化。在低水平的发展阶段，运动员的意志力和科学的训练方法、手段是体育竞赛成功与否的主要决定因素。当今社会，科技水平不断提升，训练方法和手段也在不断升级，运动员之间很难拉开较大的差距。在这种后天训练已经不具备竞技优势的情况下，想要提高运动成绩，就要重视运动员的先天条件。

（一）击剑运动员身高、体重特征

从事的运动项目不同，运动成绩就会受不同因素的影响，即使是相同的项目，如果所处的位置不同，那么对运动员也会有不同的要求。在对击剑运动员进行选材的时候，人们会格外注意运动员的身体形态，因为它可以反映个体部分的先天性条件，直接影响个体能否取得最好成绩。为了保障最好成绩的出现，不同项目的运动员需要具备不同的身体形态特征。对击剑运动员来说，在体形方面，首先要体态匀称，有修长的四肢，体格健壮，充满力量；在专项能力方面，要反应快，移动灵活，具有较强的协调性和爆发力等。判断人体肌肉骨骼发育和肥胖程度的主要指标是身高和体重。将我国奥运选手和世界优秀选手对比后发现，我国运动员的上述指标以及克托莱指数与世界优秀选手不相上下。

（二）左利手现象特征

人们将运动员习惯使用且更容易取得好成绩的手叫作利手，在某些运动项目中，我们可以看到相当一部分运动员都是以左手为利手，这就是所谓的左利手运动优势。当然，这种优势并不是在每种运动项目中都存在。在人们的普遍认知中，具有明显左利手优势的运动项目有击剑、乒乓球、网球等。相关研究表明，左利手的运动员具有更强的空间感、知觉、掌控全局的能力以及更敏捷的动作。在学界，击剑竞技中的左利手运动优势一直都是学者关注的热门课题。通过对击剑运动的研究，博士居·阿兹马哈发现，左利手运动员在竞技比赛中具有更加明显的优势，并且比赛名次的高低与左利手运动员的占比呈正相关。

围绕左利手运动优势，科学家进行了广泛、全面的探究，主要集中在生理学、心理学以及运动学等的机制和特征方面，并取得了显著的理论成果，以下三种观点具有较高的认可度并运用于多个领域：①大脑的结构决定了个体是否具有左利手优势。人的大脑是由分工不同的左、右大脑半球共同构成的，它们分别支配相对的半身活动，前者的功能主要有语言、思维、运算、逻辑以及分析等；后者的功能主要有想象、空间感、音乐感知等。作为神经纤维，胼胝体从横向连接着两个大脑半球，并在两者之间传导各种神经信息。具有左利手优势的个体，其胼胝体相对要发达一些；②在形象思维和空间认知能力方面，左利手个体的水平更高。如果人们倾向某一侧的肢体运动，那么负责该侧运动的脑半球也会受到更多的刺激，进而影响人们的各种能力。左利手的个体习惯使用左手，那么其右半脑就会自然地受到刺激，在思维上也会更加倾向于使用右半脑，因此，左利手会表现出较强的空间认知、想象以及把控全局的能力；③具有左利手优势的个体动作更加敏捷。左利手的活动靠右脑支配，而右脑的功能主要是知觉、空间感知、想象，这就使得个体在运动时能够做出快速、精准的反应。相较于右利手，左利手可以将看到的信息直接由右脑半球传导给左手，进而做出相应的动作，神经传输的路径更短，速度更快，在身体表现上就是更加敏捷的动作。

四、击剑运动员成长与培养的非智力因素

人才能够发展到什么样的高度，最终能否取得成功，取决于两方面的因素：

一是影响其创造力大小的自身素质；二是影响其创造力发挥程度的社会环境。前者属于内在因素，也就是主观因素；后者属于外在因素，也就是客观因素。因此，只有在两方面因素的共同作用下，人才才可能取得成功。

个体击剑运动员想要成为奥运选手，不仅需要具备先天的运动天赋和后天的努力，还需要具备其他方面的因素，围绕这一问题科学家展开了大量的研究。通过研究发现，运动员竞技成绩的决定因素包括先天条件中的身体素质、形态，技术战术以及心理状态和调整。换言之，运动员的体能技能水平和智力与非智力因素的发展共同决定了运动员的成绩。所有智力因素之外的心理因素被统称为非智力因素，它是一个相对的概念，在运动员的运动生涯中占据着重要地位，具体包括五种基本的心理因素：性格、动机、偏好、意志和情感。智力和非智力因素分别负责执行和调整人类活动，其中，在认识客观事物的过程中，前者可以直接参与。

培养运动员的过程漫长且复杂，不仅训练方法和手段要科学合理，还要保证智力和非智力因素得到良好的发展和发挥。在众多的非智力因素中，运动员必须具备的素质之一就包括情感智力。相关研究表明，包括奥运冠军在内的各类运动员，他们的情感智力水平通常较高，具体表现为性格积极开朗，具有较强的自信心和坚定的信念，能够在所属的领域中刻苦钻研，吃苦耐劳，不惧困难，对成功有着强烈的渴望和执着的追求。著名的心理学家戈尔曼指出，在成功方面，情感智力发挥的作用远超"智商"角度上的智力，人们可以根据这一个性特征来判断个体能否取得事业的成功。我国学者也以奥运选手为对象展开了相关研究，并得出了同样的结论，以下是其情感智力的具体表现。

（一）自信心与责任心

个体对自身具有的力量及其实现某一目标能力的确信就是自信心。那么，运动员对自身实力以及完成训练任务实现竞赛目标能力的确信就是运动员的自信心。运动员能否科学选择运动项目、在运动项目中充分发挥主观能动性以及正确对待不利条件，会受到其自信心水平的直接影响。

对所属群体中需要大家共同遵守和承担的活动、行为规范以及训练任务具有的自觉性就是运动员的责任心。运动员想要在竞技比赛中取得优异的成绩，不仅需要对成功具有强烈的渴望、对自身能力有足够的自信以及充分的竞争意识，还需要具备强烈的责任心。如果一名运动员对自己的运动事业有很强的责任心，那么无论面对的是训练或比赛,还是其他的人和事,他都能严格遵守道德规范,认真对待,积极参与,尽最大努力成就自己的运动事业。

对击剑运动员来说,能否成为奥运选手,甚至能否有一个圆满的人生,需要对运动员的品质和素质两个方面进行培养,首先需要具备自信心和责任心,在精神气质方面,需要具备拼搏进取的精神。纵观国内外优秀运动员就会发现,他们都具有不怕吃苦、敢想敢拼的特质。而在竞技体育中占据同样重要地位的非智力因素,集中表现在运动员的刻苦训练和坚强意志。气质和特征是人与人之间相互区别的符号,而那些具有强烈事业心和责任心的人,不论从事哪一领域都能取得较好的成绩,因为他们愿意为事业献身,相信自己能够取得成功并敢于迎难而上。这一特征在热爱自身职业的运动员身上表现得尤为突出,当然,即使是对自己职业无感的运动员,只要他想提高成绩,成为优秀运动员,就必须具备较强的事业心和责任心。

运动员越敬业、使命感越强,那么他的事业成就就越高。人们组织、参加竞技体育,是为了不断突破人类极限,取得优异的成绩,传递和平与爱。虽然身体素质和其他内外因素对运动员很重要,但如果缺乏使命感和敬业精神,那么这些素质和能力就不能得到正确的利用和发展。竞技运动能够达到目前的水平,凝聚了各个方面的努力,运动员首先需要具备良好的先天条件,在此基础上经过长期的、科学的训练,才能不断提高技术技能,最终取得好的名次。这一过程漫长枯燥,充满艰辛,能够支撑运动员走到最后的一定是其对成功的强烈渴望、对事业的使命感和责任心,在崇高理想和坚定信念的支配下,一个人才能不畏艰险,克服重重困难,走向竞技舞台的顶端。

(二)自我调节

个体基于对自我的正确认识和评价,根据训练或者比赛等情况的变化,通过对自身优势的充分发挥,及时调整和控制那些阻碍自己达成目标的因素,并且对这种调整和控制进行灵活的把握,以促进自己在训练或者比赛中取得满意的结果,这就是自我调节。

在不同的训练或者比赛阶段中,运动员会出现不同的情感,时而激动,时而紧张,时而焦虑,时而自信,为了达到理想的训练效果或者取得优异的比赛成绩,运动员必须学会调节自己的情绪。运动员的情感智力可以通过其调节自身情绪的能力反映出来。击剑运动的特点决定了击剑运动员必须具备较高的情绪调节能力，该能力决定了运动员能否正常发挥原有的击剑技术水平。对高水平的运动员来说，能否取胜主要取决于自身的情绪调节能力，而不是技术技能等其他因素。因此，奥运选手首先要认识到情绪对自身的影响，然后掌握调节情绪的方法，当出现各种负面情绪时，学会理性地调节，不断提高自控力，使自己面对困难能够不退缩、不放弃，面对成绩能够不骄傲、不自满。在训练和比赛中，始终保持稳定积极的情绪和良好的思想道德素养，无论在任何时候，都能够正确认识和评价自己，明确信念，坚定理想，致力于我国击剑运动事业的发展。

（三）坚强毅力

毅力是指运动员长期不懈地保持充沛体力，坚韧顽强、不屈不挠地克服困难，排除干扰，坚持完成训练和比赛任务的一种意志品质。

在训练过程中，奥运选手不仅有着高涨的训练热情，还要有克服各种困难，坚持到底的意志。由于竞技体育是一种不断挑战人类自身极限的运动。这一特点决定了运动员的训练是一个艰巨、漫长、枯燥的过程。奥运选手在训练和比赛中不可能一帆风顺，总会遇到各种各样的困难和挑战，有时要承受常人难以忍受的痛苦。例如，我国前女子花剑队运动员栾菊杰，在1978年世界青年击剑锦标赛女子花剑个人赛与苏联扎加列娃的比赛中，由于剑条折断，断剑刺进了栾菊杰左臂内侧肌肉。在持剑手臂严重受伤的情况下，栾菊杰坚持比赛，奋力拼搏，战胜强手，最终夺得亚军。栾菊杰表现出的不屈不挠的精神、坚韧顽强的毅力，令人赞叹不已，赢得了国内外运动员的敬佩。栾菊杰的表现和成绩不仅在击剑界引起了反响，而且在整个中国体育界引起轰动，国家体委做出了《关于体育战线学习栾菊杰同志的决定》，号召体育战线的全体同志向栾菊杰同志学习。由此可见，毅力对奥运选手训练和比赛有着巨大的作用，也是奥运选手应具备的重要心理素质之一。

（四）自我激励

情感智力在奥运选手的成长中起的作用是至关重要的，尤其是面对训练、比赛中的各种挫折和挑战时，运动员需要通过自我激励，鼓励自己勇于拼搏，锐意进取。面对失败时，要不气馁、不放弃，通过自我激励，挖掘自身优势，激发奋斗的热情，以长远的眼光看待自己的发展，培养开朗豁达的性格和创新意识，形成强大的内驱力，推动自己不断向前。面对成功时，要不骄不躁，通过自我激励，树立更远大的目标和理想，督促自己坚持不懈，继续努力。

（五）自我实现

奥运选手应该将职业发展的总目标分割成一个个小目标，然后通过自己的努力和坚持，即自我实现去达成这些目标。奥运选手情感智力的重要表现之一就是其自我实现的动力，具体表现为能够正确认识和树立现实以及理想中的自我，通过自身的能力和努力，将现实与理想中自我的实现相互融合，进一步提高对理想自我的要求，使自己面对日复一日的艰苦训练时，能够坚持不懈、无怨无悔。并且确立正确的价值取向，不断强化自己的意志品质。在自我实现中，奥运选手的自信心和成就感将不断增强，通过对一个个新目标的追求，达到更高层次的自我实现和突破。

第五章　击剑运动项目专项特征

竞技比赛的形式取决于运动项目本身，所以，不同的项目对优异成绩的追求也是不同的。即使是同一项目，比如击剑，由于剑的种类不同，比赛的要求也会不同。由此看来，竞技体育中的项目并不存在统一的规律，不同的项目有不同的要求和标准，这也正是项目特性的基础。我们通常所说的项目规律，实际上就是运动员为了更加快速有效地实现训练或者比赛目标，而对所属项目特有的特点以及训练规律进行了解和掌握，从而对训练的总体方向进行明确和把控。但是世间万物皆有联系，不可能孤立存在，击剑也不例外，虽然不同的剑种有各自的特点和独立性，但它们在构成击剑规律和特性的因素上又具有很多相似点，唯一不同的是因素的内容。所以，我们在研究那些对各个剑种成绩均发挥作用的规律和特性时，可以从相似的角度切入。

第一节　花剑专项特征

花剑是一种长剑，由剑柄、剑身和护手盘组成，用于击剑运动。花剑总重应低于500克，全长不超过110厘米。剑身为钢制，长度不超过90厘米，横截面为长方形。由于它的弯曲度是规定好的，因此，它的硬度和软度也就被限定了。剑柄长度不得超过20厘米，以保证更好地握在手里。花剑拥有悠久的历史，它的出现可以追溯到16世纪，最初是用来训练和学习技巧。

一、花剑发展的历程回顾

（一）花剑发展历程概述

竞技体育总是以最终的结果来评价成功和失败，虽然奥运会提倡重在参与，但是在比赛场上追求更快、更高、更强，对运动员和教练员来说是更为现实的问题。比赛就是要力争战胜对手，所以需要不断研究比赛中的制胜因素。首先来回顾20世纪70年代至今，那些在世界赛场上站上颁奖台的运动员们，看看他们成功的背后能够给我们带来哪些有益的启示。

在世界花剑的历史上，主要是意大利、苏联、德国和法国等国家获得了大部分的世界锦标赛和奥运会的金牌，其他国家可能是在某些时段出现一个顶尖选手或者一批优秀运动员并取得了很好的成绩，如20世纪90年代的古巴男子花剑队和乌克兰男子花剑选手格鲁比范基，都曾风光一时，但是在整体上很难撼动意、俄、德、法等国家在花剑项目上的统治地位。

中国男花在老三剑客时代，依靠鲜明的个人技战术打法和强大的团队实力，取得了较好的比赛成绩，多次获得奖牌，但是因为种种外界客观因素未能最终登顶。2004年雅典奥运会后，中国男花的表现更为突出，夺取奖牌的人数和次数均有大幅度提升，厚积薄发，最终在2010年世界锦标赛上夺得男花团体冠军，2011年又蝉联男花团体冠军。更具有划时代意义的是我国选手雷声在2012年伦敦奥运会上夺得男花个人冠军。相比中国男花的强势，中国女花目前任重道远，虽然中国女花属于中国击剑的领跑者，在20世纪由栾菊杰打破了欧洲人的垄断，在世界大赛上多次获得奖牌，并在1984年洛杉矶奥运会上夺得金牌；王会凤在1992年巴塞罗那奥运会上也夺得个人银牌，但在进入21世纪后的10多年中，中国女花在世界大赛的奖牌榜上还是空白，比起韩国女花在世界大赛中的1金2银3铜的成绩，中国女花目前确实需要急起直追了。

那么这些花剑强国究竟有什么独到之处呢？是他们都依仗着同一种先进的技战术打法，还是他们掌握了别人不知道的制胜因素呢？让我们回顾一下他们的表现。

（二）其他花剑发展

花剑的基本技术是教练员和运动员通过大量的实践总结出来的相对合理且规范的技术。每个有一定训练年限的运动员在正常情况下都可以完成，从个别课中也很难看出基本技术水平的高低，但是通过在比赛场上不同时机、不同距离、不同速度、不同节奏的灵活组合运用，就会带有各自的个性风格并形成不同的流派打法，具体描述如下：

1. 法国

推崇的是技术细腻，动作规范，像教科书一样的古典风格。典型代表如帕特瑞斯-勒胡特列尔在2000年悉尼夏奥会男子花剑团体比赛中获得金牌。他们在对抗强度极大的比赛中能始终保持像上课时一样的优美规范的技术动作，表现出了击剑运动的特有美感，确实令人叹服。

2. 意大利

是与意大利民族个性豪放、富有冒险精神相吻合的积极进取的比赛风格。典型代表如1986年世界锦标赛男花个人冠军博莱拉；1988年汉城奥运会男花个人冠军切利奥尼；1992年巴塞罗那奥运会女花个人冠军特利里尼。意大利历史上当然也不乏技术细腻、天赋卓绝的奇才，男子花剑在近几年表现突出，如2009年世界锦标赛男花个人、团体双料冠军，多次年终世界排名第一的巴尔蒂尼；女子花剑有获得世界冠军如探囊取物般的韦扎利，除了一大串世界锦标赛和世界杯赛冠军，竟然蝉联了2000年、2004年、2008年三届奥运会的女子花剑个人冠军。

3. 德国

讲求实效的自由派，不讲究动作规范，只求简练实效。德国人的基本技术虽然历来被讲究传统规范的法国人不屑，但是打法硬朗的德国人在击剑历史上也同样占有不可忽视的地位。典型代表如1984年洛杉矶奥运会男花个人亚军贝尔，由于身高约2米，在近战中他会采用教科书上并未书写的技术动作，如抬起手臂绕过自己的脖子后面击中对手；已经四次获得世界锦标赛男花个人冠军的乔皮奇；2008年北京奥运会夺得男花个人冠军的克莱布林克，都属于自成一派的自由战士。在男花这个领域，也许你并不欣赏德国人的技术，但是永远也不要忽视德国人的存在。

（三）花剑技术的发展与击剑规则

花剑技术的发展与击剑器材的研发和击剑规则的不断修改有着密不可分的联系。在普通剑时代，花剑的攻击和防守行动均较为简单，因为是否击中对手需凭借主裁判和四名角裁判的肉眼观察来做出判断，只有将剑明显刺中对手的有效部位并产生弓形方为有效击中，所以普通剑的花剑技术与后来的电动花剑的技术相比可以说是一点儿也不"花"，而是表现出与重剑技术极为接近的朴实风格。击剑规则中从开始制定沿用至今的一条是：花剑的正确进攻是运动员伸出手臂，剑尖连续威胁对方的有效部位。可以说这条规则的制定带有明显的普通剑的时代特征，虽然现代电动花剑技术的发展早已使这条规则显得十分不切实际，但是运动员和裁判员仍然依据自身对花剑优先裁判权的理解进行比赛，并在不断地适应和磨合中走到了今天。

花剑的技术动作虽然与重剑技术动作极为接近，在规则上与重剑相比却有着极为不同的规定，最重要的差别就是：在双方运动员相互击中的情况下，规定只有获得优先裁判权的一方得分。而重剑是否得分的依据就是看是否先于对手40—50毫秒击中对手。由于在花剑中引入了优先裁判权的概念，所以对花剑产生交锋后的胜负判断也较为复杂，是否能够获得优先裁判权，与速度、力量、耐力、灵敏这些身体素质并没有直接的因果关系。举例来说，一个运动员的被动反攻，即使速度再快、力量大到能把剑刺断也是没有意义的，因为是对手先发动进攻并击中了有效部位；一个运动员发动的主动进攻既快又准还狠，再加上猛，但是可能被对手一个轻巧的半路截击而将优先裁判权拱手相让。所以花剑比赛的核心是围绕争夺优先裁判权进行的，谁能够在交锋中争夺到更多的优先裁判权，谁就掌握了比赛的主动权和控制权，想依靠对手的失误采用被动反攻或延续进攻的行动虽然可能在局部得益，但从整体来看必然导致失败。

二、当今花剑的比赛特征

当今花剑比赛的技、战术特征表现如下：

（1）男子花剑的比赛交锋比女子更为积极主动一些，在两局内解决战斗的比例较高，女子往往会到第三局才分出胜负。裁判器参数修改后对运动员花剑技战术造成很大影响，以致从前大量发生的无意作战的场次明显减少。

（2）产生击中的实质性交锋绝大多数是简单交锋（在一个回合中分出胜负的比例高达83.46%）。虽然在实质性交锋之前的准备行动有很多试探、武器接触、步伐调节等，但是进入中距离的决定性攻击技术往往是快速、简练、实用的技术动作，好处是准确性高、自身漏洞少，双方比拼的是对攻击时机的捕捉能力和交锋实力。

（3）高水平运动员的主动得分能力较强，主动进攻、防守还击、反还击、及时反攻这些有主动权的得分占总得分的84.21%，依靠对方失误得分（被动反攻、延续进攻）的比例只有15.79%。这一点也是符合花剑比赛特点的，主动得分能力是随着运动员综合实力的提升逐步上升的。

三、花剑技术的发展

花剑技术从普通剑到电动花剑，是一个从摸索、适应、创新、发展到基本稳定的过程。在普通剑时代，基本没有交叉刺和甩剑刺，进攻基本以直刺、转移刺、击打刺、击打转移刺为主。进入电动花剑时代，是否击中对手已经不是由裁判员的肉眼来判断，而是由裁判器根据运动员剑头上的弹簧被500克以上的外力压下后产生的电路切断和接通的不同状态来决定。在这种情况下，运动员无须考虑是否需要在击中对手身体后让剑在对手身上停留以产生弓形，给裁判员产生击中的视觉印象，运动员这时需要考虑的是如何让剑尖更快地到达对手的有效部位并能达到超过500克的压力。在不断尝试和摸索中，以肘关节为轴心，手臂和剑身为半径的运行方式的交叉刺和甩剑刺应运而生，由于在交叉刺和甩剑刺这种动作中，剑尖的运行速度大大超过了直刺、转移刺这种以纵向运行方式表现出来的技术动作的速度，运动员充分利用了以弹簧钢为材质的剑条的弹性，攻击部位也从正面的胸部、腹部扩展到肩部、背部、腰部等普通剑技术难以完成攻击动作的有效部位。由于攻击动作速度快、攻击点变化多，使花剑的防守变得相对困难了，比赛中双方都是力争主动，努力给对手施加足够的压力，简单进攻和复杂进攻的配合使得攻击的成功率大为提高，频繁的交锋使得比赛节奏十分紧凑，比赛中经常出现充满想象力且令人匪夷所思的高难度动作，只能借助于裁判器信号才能判断是否产生了有效的击中。当然，击剑是不存在"一招鲜，吃遍天"的，任何动作都有相应的手段来制约，在场上比的不是谁会的动作多，而是谁的动作用得好。击剑基本技术发展至今已相当成熟，不太可能在基本技术方面突然出现一种别人无法掌握或者包打天下一招制敌的独门绝技，动作大家都会做，比的就是在强对抗下有效完成动作的能力。击剑如此，任何直接对抗的运动项目都是如此。

由于电动花剑技术的发展已经到了与传统的普通花剑技术相距甚远的地步，夸张一些说，某些选手已经只会甩，不会刺了。而且运动员的技术动作和教练员的交锋分析与击剑规则条款所要求的根本无法统一。最主要的矛盾就是电动花剑攻击技术已经演变成类似鞭打的动作，剑尖运行的轨迹不但不可能"连续威胁对方有效部位"，实际上在完成交叉甩剑过程中，剑尖的走向可以说是指天、指地、指左、指右甚至已经指后了，这种多变的攻击技术使防守方难以应对，效果极佳，实际上已经使传统的普通花剑技术落伍了。比赛中花剑的交锋也变得十分

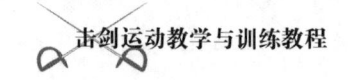

频繁激烈，有着较强的观赏性。

为了使击剑规则能够与运动员的实战技术统一起来，国际剑联长期以来努力试图通过裁判员在临场判决中对交叉甩剑这种技术加以限制，但是效果甚微。国际剑联以法国传统派为首的领导者终于决定采取一个器材方面的重大改革，试图使花剑技术尽可能地重新恢复或接近传统花剑的技术。雅典奥运会之后，自2004年10月开始，花剑裁判器参数中的敏感度由1—5毫秒改为13—15毫秒，互中时间由700—800毫秒改为275—325毫秒，裁判器花剑参数的修改，直接导致的结果是：在实行新规则的开始阶段，大批优秀运动员的主要得分手段被抑制，原先快速交叉甩剑的进攻很难亮灯了，主动进攻一方频频被对手的简单反攻击中而失分，原先实力占优的运动员经常输给不起眼的二流选手。其中受新规则影响最大的是意大利和德国这种以主动压迫式攻击为主要打法的运动员，如德国男花选手韦伯塞尔，一下从一线高手沦落为平庸选手。从新规则中获益的一批选手则属于以时机和技巧为主的灵巧型选手。中、日、韩三国的花剑选手在新规则实行后，比赛成绩呈大面积的稳定上升趋势，已经可以与欧洲选手分庭抗礼了。意大利、德国对国际剑联的这次重大规则改动，进行了顽强的抗争。

由此可见，击剑技术的发展和进步，与击剑器材和击剑规则的制定与修改密不可分，必须及时适应，找到相应的对策，走在对手前面，这样才能获得更高的获胜概率。中国乒乓球队在国际乒联不断调整器材和竞赛规则的情况下，总是能够与时俱进，快速地找到应对的良策，使自己立于不败之地，给我们树立了良好的学习榜样。

四、花剑比赛制胜因素的探索

击剑比赛中的获胜因素有很多，花剑和重剑、佩剑相比，有共同之处，也有自身的剑种特点。花剑运动员也许在身高、力量方面不如重剑运动员，也许在快速移动的绝对速度方面不如佩剑运动员，但是优秀的花剑运动员也有他们共同的制胜因素，主要包括以下几点：

（一）综合因素

1.时机因素

简称一个字："巧"。花剑比赛当然需要速度、力量、灵敏、耐力这些基本身体素质作为基础，但是决定比赛胜负的更重要的因素是双方运动员智力的较量，这也是那些身体条件并不出色的运动员的立身之本。身高、力量、速度比外形毫不起眼的韦扎利、巴尔蒂尼有明显优势的运动员比比皆是，却在和他们的对抗中屡屡败下阵来就充分证明了这一点。花剑是强调优先裁判权的剑种，运动员采取的击剑行动是否合理，体现运动员时机感是否出色是关键。通俗地说，就是什么时候应该发动进攻，什么时候应该武器防守，什么时候应该采用反攻抑制对手的复杂进攻等，都应该是运动员通过对场上形势做出分析判断后采取的有意识的行动，而不是臆想、猜测或本能式的反应行动。如果上场不管"三七二十一"，提着剑就往上冲，自以为这样就体现了"以攻为主、以我为主、积极主动"，其结果可能遭到早有准备的对手的迎头痛击。打仗讲究的是出其不意、攻其不备，击剑进攻时机的选择也是如此，应该选择对手对你的进攻最缺乏准备时机时发动快速的决定性进攻。那么运动员的时机感从何而来呢？首先当然是天赋，在同样的训练环境中，天赋较高的运动员会很快找到合适的时机并采取制胜行动，而某些身体素质出众但击剑意识较差的运动员往往有劲无处使，总是无功而返。当然，教练员如果只是消极等待天才运动员的突然降临，也就失去了研究击剑训练和比赛制胜因素及规律的意义。通过后天的正确引导和训练，教练员可以挖掘出运动员潜在的能力，使运动员在时机感方面得到提高。

2. 心理因素

这是迈上最高台阶的最后一步也是最难掌控的一步，不知道有多少天赋优异且通过刻苦训练并具备了良好技战术能力和无数比赛经验的运动员，倒在了这最接近成功的最后一个台阶之上。由于它存在于运动员的思想内部，所以更显得难以掌控。2008年北京奥运会女子佩剑团体决赛，中国队在开局和中局大比分领先的情况下被对手翻盘，最终痛失金牌，心理状态失控是导致失败的决定性因素。由于比赛场上运动员的行动是由运动员自身做出的决定体现的，外界的因素已经很难起到作用，当运动员在外界和自身的巨大压力下心理崩溃的时候，纵使像鲍埃尔这样的世界级教头也显得无能为力。

3. 距离因素

正所谓"失之毫厘，差之千里"，在竞技比赛中，击剑运动员要能够准确判断双方之间的距离。如果运动员对距离判断失误，这里的距离是指自己的剑尖与对方有效部位之间的距离，那么即使进攻时机和动作俱佳，也不能得分，反而让自己变主动为被动，鼓舞对方士气，给对方制造得分点。

（二）主导因素

1. 交锋能力

在以往的比赛中，运动员经常能够"一剑"定胜负，双方不需要过多的周旋和交锋，而现代花剑技术则对运动员提出了更高的要求。在交锋之前，运动员在行动上首先需要做远距离准备，接着双方中的一方或者两方向对方接近，使自身处于中近距离，在这一范围内击中对方即可得分。在双方的交锋过程中，一轮轮的进攻、防守、反击，会出现各种快速交锋行为，比如进攻、防守、还击、反还击以及抽剑刺等，如果其中一方被击中，本轮交锋结束；如果双方均未击中对方，即可撤离至安全距离，为下一轮交锋做准备，找准时机再次发起进攻。花剑运动员的技术水平可以通过其在中近距离中的表现，具体就是能否保持主动地位反映出来。如果武器交锋水平不足，那么在比赛中就会被对方牵着鼻子走。你防不住对方的进攻，即使侥幸防住也不能进行有效还击，因为对方比你更擅长反还击；当你想要变被动为主动时，由于缺乏细致的观察和对时机的准确把握，导致你的进攻注定是匆忙无效的。如果运动员能够掌握武器交锋的主动权，那么他在进攻和防守之间就能做到游刃有余，自如地把控比赛节奏，赢得比赛的概率自然也就更高。

2. 控制剑尖的能力

简称一个字："准"。时机好，距离合适，又掌握了主动权，但是剑尖控制能力不行，不能有效击中对手的有效部位，就像足球场上面对空门却放了"冲天炮"一样。花剑的有效部位小，攻击要求以刺为主，在激烈的交锋过程中能够保持对剑尖的精确控制能力，是体现花剑运动员技术实力的一个重要指标。

3. 战术因素

简称一个字："变"。每个运动员比赛开始时一般总是围绕着一两套自己最擅长的基本战术来进行的，也就是自己进攻时最拿手什么就打什么，对手进攻时，自己什么防守最可靠就打什么。运动员在场上的对手不是一个按照事先编制好的程序机械执行指令的机器人，对手必然会想方设法给你制造各种麻烦和障碍，不会让你舒舒服服按部就班地执行你的战术。你的某一个特长动作再娴熟，也必然有另一招可以抑制和化解它。如果在临场比赛中缺乏变化意识和能力，也许开局在对手还不熟悉或适应战术打法的时候你可能占据上风，但随着对手技战术和场上形势的变化，到中局以后你就会感到越来越不顺手，逐渐落入下风并输掉比赛。

五、花剑未来发展趋势

（一）未来竞争格局

击剑作为欧洲的传统优势项目，针对击剑训练竞赛的理论研究系统性和深入性、击剑人口所占有的优势、高水平教练员的素养、大量的高级别比赛等有利因素，使欧洲会继续保持一定的整体优势。亚洲选手由于整体训练水平和比赛水平的提高以及得益于击剑规则修改后有利于技巧型选手的技战术发挥，将进一步动摇欧洲的优势，有望取得更好的成绩。

（二）技战术发展趋势

击剑项目的本质就是对抗格斗，花剑在经过一段时间对新规则改动造成的动荡后的摸索、适应和实践，又逐步恢复到交锋频繁、快速、多变、对抗激烈的比赛状态。发展趋势就是谁在对抗中的能力更强，谁就能取得更好的比赛成绩，能力不是指某一项具体指标的能力，而是指各项指标的综合能力。

（三）未来规则的变化

击剑项目是欧洲的传统体育项目，从历史渊源看，往往是王公贵族和骑士练习和擅长，故有"贵族项目"之称。从1896年第1届奥运会开始，击剑就被列为正式比赛项目。但是与其他很多群众基础雄厚的体育项目相比，击剑始终是一个小众体育项目，也会受到国际奥委会对奥运会压缩规模、减少项目的举措的困扰。为了改变这种状况，国际剑联每年都会在保持基本框架不动的情况下对击剑规则进行修订，力图扩大击剑项目的影响，击剑规则很多条款的修改是为了使击剑比赛更精彩、更具观赏性，以此来推动击剑运动的不断发展壮大，如简化击剑比赛的组织编排；让比赛在红、黄、蓝、绿四色的彩色剑道上进行；在佩剑和花剑比赛中引入了无线装置；运动员的比赛服后背印有姓名和国籍，使用透明面罩等；而一些处罚条款的不断修改和录像回放系统的引入，使比赛更为公平；使用马拉金刚剑和保护服采用防弹服材质的要求使运动员的人身安全更有保障。未来的规则仍然会朝着这个方向不断修改变化，这也是击剑规则不断修改的原因和动力。

（四）选材和训练方法的变化

击剑项目的选材有其特殊性，很多专项的内在指标必须通过一段时间的专项训练才能逐渐显示出来，如时机感、距离感、剑感等，只能依靠教练员自己的执教经验，通过观察运动员在击剑训练过程中各方面的表现后作出判断并给予综合评价。从目前的科技发展水平看，在可以预见到的未来里是无法对一个原始材料做出是否具备击剑天赋的测试和评价的。当然，随着现代科技的进步，还是有一些测试手段和方法可以协助教练员进行击剑运动的选材工作，如运动员的简单反应速度和复杂反应速度、肌肉类型、神经系统类型、身体的恢复能力等，教练员有必要在科研人员的协助下借助相关仪器进行测量，以帮助自己对运动员的发展前景做出更准确的判断。

击剑的训练方法也必须在原有的基础上不断创新发展。当然专项训练的手段已经相当成熟，如个别课、个人练习、双人练习、条件实战、教学比赛等。随着时代的发展，有越来越多新的训练方法和手段介入击剑训练，如身体训练中的核心力量训练、运动员受伤后的有针对性的康复训练、各种生理生化指标的监控、录像回放系统结合技术分析等，这些在以往的传统训练方法中比较罕见的概念和手段方法，都将帮助提高运动员的训练水平，以达到奥运夺冠的最终目的。

六、我国花剑未来发展的对策和建议

（一）技战术方面

击剑运动是个人性对抗项目，带有鲜明的个人色彩，所以技战术方面应该在全面掌握基本技术的基础上，教练员根据每个运动员的具体个性和身体条件，帮助运动员找到最适合自己的技战术打法。总结归纳起来就是：因人而异，扬长避短。既有最拿手的特长得分手段，也有全面扎实的基本技术。按照"水桶效应"的理论，一个水桶最多能装多少水是由最短的一块木板决定的，如果一名运动员某一方面存在明显的漏洞和缺陷，是不可能达到最高水平的，因为对手必然会采用针对性战术来攻击你的弱点。中国运动员与欧洲运动员相比，在身高、力量方面并不占据优势，但是在身体的灵巧性和思维的敏捷性方面有着自己的优势和特点，中国击剑近年来的进步和发展也验证了我们在花剑方面的训练理念和手段方法是基本正确的，应该沿着这条正确的道路继续前进。

（二）训练方面

随着训练理念的不断更新，应该将运动员通过训练达到最高竞技运动水平的过程视为一个系统工程，国家队或高水平运动队在条件允许的情况下要建设一支以主教练为主导的复合型团队，这个团队应包括主教练、体能教练、科研人员、心理医师、医疗康复医师、后勤保障人员、管理干部等。

（三）教练员方面

教练员应该与时俱进，摒弃击剑界长久以来师傅带徒弟的刻板模式，对外界的信息要保持足够的敏锐度，吸收其他剑种包括其他运动项目的各种新的训练方法和手段，通过思考和鉴别后为我所用，教练员要不断地学习、研究项目规律和训练方法，勇于开拓创新，开创新思路、新方法，不断地提高运动员的训练水平和比赛水平。教练员要正确处理好与运动员的关系，给运动员足够的思维和行动空间。教练员再聪明，为运动员的方方面面想得再具体全面，也无法代替运动员在临场的观察、判断及执行。教练员在运动员心目中的威信不是靠外部的强制来树立的，而是在带领运动员不断进步提高中自然而然地建立起来的。如果说在运动员的初级阶段教练员说："你不要问为什么，只要按我说的做就行了"是可行的，但是在运动员中高级阶段，教练员必须深化对项目规律的认识，针对运动员的各自特点和条件，实行不同的训练方法和手段。教练员之间要打破老死不相往来的陈规陋习，相互之间多交流、多探讨，以达到相互借鉴、相互学习、取长补短、共同提高的目的。教练员和运动员必须相互尊重，通过不断地深入沟通达成共识，再在实践中不断摸索、总结、提高，只有这样才能使训练和比赛顺利进行。

（四）选材方面

花剑运动员的选材是否成功，是决定运动员最终能否达到较高竞技水平的前提条件。各个级别的教练员在选材时要特别注意对运动员的长远发展前景有一个尽可能准确的评价和判断，对青少年选材最容易犯的错误就是急功近利，应先看身高，再测各项基本身体素质，还要看是否是左手等容易通过量化的数据指标做出评价判断。当然那些发育较早、身体素质突出的青少年运动员通过一定时间的初级训练是较为容易见到成效的。但是随着训练年限的增长，对花剑运动员思维方面的要求越来越高，那些缺乏击剑天赋和思维深度的运动员必然会遭遇发展中的瓶颈，即使自身再刻苦努力，也很难达到较高的水平。因此，我们应该采取的对策是：循序渐进。先培养花剑运动员对击剑的兴趣，不要过分地追求暂时的比赛成绩，那些外部身体条件并不出色但是具备击剑天赋的运动员会在训练和比赛中逐渐显示出强力的后劲并最终脱颖而出。当然，既有击剑天赋又具备良好的外部条件的选手是最理想的选材对象，但是天才总是可遇不可求的，作为教练员必须要有足够的思想准备。中高级的教练员可以通过比赛观察、判断、了解运动员的技战术运用能力，要将重点放在运动员是否具备良好的心理素质方面，这是决定这名运动员是否能达到最高层次的关键所在。如果在一场生死战前需要在两名运动员之间做出抉择，应该选择在技战术某些方面不够全面，但心理素质过硬、在最关键的比赛和处理关键剑时能够稳定发挥，敢于搏杀的运动员，放弃虽然在各个方面都很优秀但是在关键时刻总是容易因心理波动导致发挥失常的运动员。

（五）竞赛方面

比赛是检验训练水平的形式，是促进训练水平提高的强力杠杆。从青少年比赛到成年组比赛，从小型比赛到国际大赛，从比赛规则的制定到比赛的组织实施，应该统筹考虑，统一安排。低水平的业余比赛可以促进青少年运动员更好地体会击剑的快乐，不宜过分强调金牌。青少年比赛年龄审核方面要严厉打击弄虚作假的行为，以促进选材工作的正常进行。随着中国击剑水平的提高和国家对竞技体育的大力支持，中国击剑运动员参加国外的高水平比赛的次数已经可以保证。在这种情况下，高水平运动员在参加国际国内比赛的次数和参赛级别方面要有所取舍，并不是所有比赛都要参加。运动员的竞技水平不可能始终处于一个水平，要努力将运动员的最佳竞技状态调整到在最重要的比赛中出现，这需要教练员、运动员和管理工作者共同努力，根据每个运动员的具体情况做出最合理的抉择。

第二节　重剑专项特征

重剑是击剑器械之一，它的起源可追溯到19世纪末的重剑决斗。重剑重量不超过770克，全长不超过110厘米。剑身为钢制，横截面为三棱形，长度不超过90厘米。护手盘呈圆形，长度与深度都比花剑要长。剑柄长度不超过20厘米，以保证更好地握在手里。如花剑一样，重剑也是一种长剑，要用剑尖来击中对手。但与花剑不同的是，在比赛中没有优先权的相关规定，先击中对方者即可得分。重剑是击剑器械中最重的一种。

一、重剑发展的历程回顾

（一）重剑规则的重大修改

长期以来，击剑竞赛规则中重剑篇技术性环节的修改较少，因为重剑规则这方面内容篇幅本就不多，没有花剑、佩剑关于"击中的有效性和优先权"章节及"一系列交锋的准则"等诸多限定、限制条款。自20世纪80年代至今，重剑规则的修改主要集中在比赛场地、时间、赛制和剑数等方面。

1. 比赛场地

重剑场地长度由18米改为14米（通用场地长度），1989年删除"警告线及取消"内容，改为警告区，双脚退出端线即判对手得分。

2. 比赛时间

小组循环赛、团体赛每场比赛时间由最初6分钟/场，到1989年改为4分钟/场，再到2002年改为3分钟/场。淘汰赛由最初10分钟/场改为目前3分钟×3局。

3. 比赛赛制

个人赛由多轮循环赛加双败淘汰赛改为单轮循环赛加直接淘汰赛；团体赛由4人16场（5剑/场）改为3人9场（总计45剑）。国内从1995年开始实行3人制团体赛。

4. 比赛剑数

重剑淘汰赛剑数从1990年由10剑（女重8剑）改为3局（5剑/局）2胜制，从1994年开始实行3局15剑至今。1995年重剑取消双败，改为比赛双方增加1分钟决出胜负（决一剑）。

5. 增设消极比赛处罚

该条款执行始于2002年（葡萄牙世界锦标赛），规定运动员消极比赛时，裁判员可以回收剩余时间，打满最后1分钟决出胜负。2007年后取消黑牌处罚，明确消极比赛的定义和详细处理条款。

以上修改及增加（处罚消极比赛）的条款，虽然没有直接导致重剑的技战术发生重大改变，但可以肯定的是，这些修改在不同时期从多个侧面对重剑的发展，对比赛对抗强度、竞争难度的增加，对技战术、距离、时机、心理等制胜因素提出更高要求。

（二）重剑规则决定专项特征

由于重剑技术规则的种种规定，使得重剑技战术受制于各种技术的自由运用，这也是该项目的重要特征。基于对规则的不同认知，形成了不同的技术风格，但不论是哪种风格的技术，其目的都在于制胜。在内部因素的相互制约下，重剑技战术表现出了复杂的比赛限制与反限制之间的关系，虽然从表面上看，两者就是简单的对抗关系，但选手每一步的意图又让人捉摸不透。

1. 重剑的自由与受限

（1）重剑技术运用更自由

从技术角度来看，在花剑、重剑和佩剑中，受限最少的是重剑。在重剑的部分技术规则中，对有效击中的规定既没有限制部位，也没有限制优先权。只要击中，不论技术动作是否规范，是否处于进攻和主动，都可以得分。如果双方同时击中对方，双方均可得分。

较少的限制意味着较大的自由度。根据需要，重剑运动员可以自由选择进攻技术，包括直接、转移刺、压剑等；自由选择进攻部位，包括手脚、躯干等；自由选择进攻方法，包括补剑刺、弓步等。同时，可以灵活运用各种防御技术，包括反攻、防守还击等，在重剑比赛中，防御运用的频率较高，尤其是反攻，其使用频率和得分占比远高于花剑和佩剑。按照技术形态，可以将反攻分为后退、上步、下蹲等多种类型。总而言之，在技术动作的选择和运用上，重剑比其他剑种拥有更大的自由度。

重剑具有较大的攻击纵深和较广的攻击范围，因此，刺点多成为重剑的另一个专项特性。这一特性使得重剑呈现出多样化的技术与战术、节奏与时机以及距离。比如，重剑独有的腿、脚刺点衍生出了刺脚技术；该技术可在进攻和防御时灵活使用，也就相应产生了反攻刺脚技术和防守还击刺脚技术；为了创造转变第二意图战术的时机，运动员可以根据距离和节奏采取不同意图的攻击脚，引发对方做出预期中的应对行为等。通过连接不同的技战术形成多样化的战术组合，比如连续进攻战术、进攻转防御战术等。有的运动员擅长进攻，有的运动员擅长防反，他们基于对规则的不同理解，形成了不同风格的技术和流派，各个流派共同发展，百花齐放，以上就是重剑技术运用自由的具体表现。

（2）重剑技术运用更受限制

重剑的技术规则还明确规定，裁判器所显示的信号是判定有效击中的标准。

其中，互中要求双方必须在40—50毫秒内相互击中对方，此时裁判器两侧的信号会同时显示。单方得分要求双方刺中的时间间隔在50毫秒以上，此时，率先完成击中的运动员所在一侧的裁判器会显示信号。该规定，从时间上严格限制了有效集中的精确度，因此，在关键交锋中，运动员都比较积极主动，争取率先击中对手，这也体现了重剑的另一特性——竞速。

裁判器严格限制了有效击中的时间，不论是进攻还是防御，速度快的一方才能得分，并且重剑技战术会受制于不同技术的自由运用。为了限制对方，主动的一方可以自由选择进攻技术，另一方为了反限制，也可以自由选择对抗技术。任何技术都有破解的方法，因此进攻技术和防御技术相互制约。比如，通过复杂转移进攻可以破解对方的防守，但如果对方采取简单的抢攻或者反攻，进攻就会失败；而简单的防守和对抗刺可以有效控制对方的抢攻和反攻；交叉甩剑刺或者复杂转移进攻又可破解简单防守。所以说，重剑的各种技术动作是一环扣一环的，动作之间相互制约，所有技术都会受到一定技术的限制，同时也能破解相应的技术，动作的密度水平较高。

2. 重剑的技术风格殊途同归

相较于花剑和佩剑，重剑中各个风格的技术之间存在较大的差异，这主要是因为重剑规则对优先权和击中时间有着严格的规定。从20世纪80年代至今，在男子重剑世锦赛和奥运会中，法国和俄罗斯各有8人获冠军，其男子重剑水平并列世界第一，同时，两支国家强队也代表了不同的技术风格。

由于对规则以及技术的理解和理念不同，法国和俄罗斯形成了不同的技术特点，两者自成一派，不相上下。法国的技术特点是剑身较长，剑路较短，讲究直出直入，不提倡横向动作，以求通过距离和时间的缩短获取竞速优势。而俄罗斯的技术特点是以武器接触见长，通过接触对方的剑，比如挂甩、击打等，对对方的剑路进行破坏和封闭，也就是在控制对方剑路的基础上进行攻击，因此，攻击的力度更强，技术变化也更加多样。简单来说，前者擅长通过点线的结合进行直接攻击；后者擅长通过空间的控制进行多方位的攻击。前者以主动攻击见长，注重动作的位置，喜欢简单的交锋；后者以有效防反见长，注重动作的变化，喜欢相对复杂的交锋。在打法上，这两种技术风格是相互辩证的，它们相互制约和对立，深刻地影响着重剑的发展，两者的关系与乒乓球早期发展中的快攻—弧圈和速度—旋转这两对相互矛盾、相互促进的关系非常相似。虽然技术特点差异明显，但两者与重剑的规则和规律均相符，并能为我所用，使我方的击中速度快于对方，这是不争的事实。

3. 重剑的限制与反限制错综复杂

在重剑比赛中，为了达到限制和反限制的目的，双方选手会展开不同层次和方位的交锋与对抗，这种交锋与对抗呈现出以下三个特点：

（1）针对性

由于重剑选手的技术风格以及打法和战术的不同，在交锋中会出现各种各样的情况，再加上各种技术动作相互制约，运动员通常都会受制于一种或几种技术。这就要求运动员在以我为主的同时，还要针对对方的实际情况，结合比赛的具体情形和需求，对其技战术反应作出准确分析，灵活选择反制技术和措施，调整战术目标，进行及时有效的应对。

（2）复杂性

在重剑比赛中，通过简单的技术动作即可得分，但决定性交锋动作的发出往往是比较复杂的，具体就是需要针对对方的行为进行复杂的判断、决策和行动，才能选择正确的交锋时机和动作。将简单的战术，比如防守、进攻、抢攻等进行组合或者变化，就会变成复杂的战术，比如进攻转防守等；而简单的得分动作，又是经过真假攻配合等复杂的过程，引发对方做出预期的判断或者行为才制造出得分时机的。由于不同的技术风格之间、技术动作之间是相互制约的关系，所以在重剑比赛中，运动员要综合考虑对方以及场上各种因素，来运用和发挥自身技术，这就是限制与反限制之间复杂性的集中体现。

（3）综合性

在交锋的过程中，双方的对抗会受到各个环节因素的影响，想要取胜，技术和步法一定要配合好，除了这些直观因素，还有一些隐性的因素，比如运动员的战术、心理等，也决定着交锋的结果。在各种因素的共同作用下，双方会不断调整对抗策略，转变限制与反限制的措施，利用相应的规则达到制约对方的目的。在这一过程中，运动员要从全局出发，综合考虑各方因素，通过缜密的思考，在战术战略上做出正确的选择。所以，想要在交锋中取得胜利，重剑运动员的综合竞争力必须过硬。

花剑以防守为主，佩剑以追攻见长，而重剑没有固定的技术风格和打法，它强调动作的变化，在速度、打法和攻防的选择上具有多样性，双方的外在竞争和内在较量都很激烈，因此，比赛结果经常出乎意料。在今后的研究中，需要从更深的层次去探讨影响重剑胜负的因素以及这些因素之间的关系。

二、当今重剑比赛的特征

（一）技术运用特征

高水平比赛运用哪类技术比较多，比较有效，每次比赛可能有所不同。北京奥运会男重个人前8名比赛的运动员有效交锋得分技术运用统计结果显示，攻防技术运用基本平衡，符合矛盾一般规律，进攻成功率高，证明技术是矛盾的主要方面。

（二）战术运用特征

1. 基本战术特征

北京奥运会上优秀运动员普遍是以我为主，凭借个人擅长的、以技术风格为特征的系列技战术与对手较量。法国选手多次进入决赛，最主要得益于其鲜明的、自成一体和一以贯之的基本战术。法国技战术风格打法独特，令人印象深刻，其他风格的运动员也是同样，都是将以我所练、以我所长、以我为主纳入交锋和克敌制胜的基本战术。

2. 针对性战术特征

北京奥运会上，男重个人冠军塔利亚里奥尔（意大利）临场战术灵活，针对性变化表现突出，半决赛以15∶12战胜阿巴约（西班牙），决赛以15∶9战胜让内（法国），两场比赛都是运用针对性战术的经典战例。意大利选手擅长甩刺，半决赛几乎整场都在运用，转移甩、挂剑甩得分七剑；决赛则完全不同，甩刺运用明显减少，决定性交锋改为以简单刺为主，八剑直冲直抢得分。根据场上不同情况，对西班牙对手防守较多时运用甩刺，对法国对手转移刺为主时采用直刺两种不同战术，分而制之，表现出极高的技战术素养和针对性变化能力。

3. 全面性战术特征

无论是基本战术还是针对性战术，都要以全面为基础，任何行之有效的战术都离不开其他因素的密切配合。在高水平重剑比赛中，场上战术最后阶段的决定性交锋行动，只有以技术、心理、距离和时机条件为保证，在各方面协同配合的基础上，才能确保顺利实施。所有战术准备和实施就像是一项系统工程，都基本具有这种全面性特征。

4.特殊战术特征

特定形势需要特定战术，是重剑比赛对重剑选手的特殊要求。因为在比赛一开始就在距离较远的开始线上打战术、在比分落后且时间即将用尽时使用类似佩剑较长距离追攻的战术、优先权在对方或己方不同的决一剑（或决一分钟）战术，都是重剑选手比赛中可能面对的特殊战术难题。决策瞬间形成，行动果断打出，在旗鼓相当的关键场次竞争时，特殊战术行动更具偶然性，有可能一击制胜，也可能一着不慎，满盘皆输。

（三）得失分部位特征

虽然重剑规则规定全身都是有效部位，但是在北京奥运会男重个人前8名比赛中，从得分剑数据可以看出参赛选手对攻击目标的倾向性选择，在击中部位上体现重剑特点。

（四）得分时间特征

奥运会男重比赛有效交锋用时长短不一，长到耗时四五十秒才得一分，短到一秒钟就能得分。每局首剑击中发生在20秒之内有6次，占7场比赛（缺黄区1/4决赛）共21局首剑击中总数的近1/3，6次首剑最快得分记录，5次集中在北京奥运会冠军意大利选手参赛的场次里。另外，在统计过程中发现，在1秒击中的4剑中，有3剑发生在意大利选手身上，这些都表明运动员水平越高，交锋越积极，时机也就越多。

（五）得失分空间特征

北京奥运会个人冠军意大利选手和亚军法国选手的打法习惯有所不同，步法配合方式分别属于紧逼交锋和保持与变化距离相结合两种类型，他们在场地利用上有相同之处，也有不同特点。在进入前8名后，各自的3场比赛中，与对手在场地各个区域对抗都有得失分记录，说明有效交锋是全方位的。

两位选手除了得分范围较大，还有两个特点：一是两名运动员最多有效交锋区域都在场地的前场和后场，在场地两端的前、后警告区相对较少，应该是双方在比赛开始后就比较注重空间争夺，不愿轻易放弃场地的原因造成的；二是两人在前、后警告区交锋和场地利用差别较大，意大利运动员前警告区有效交锋多，后警告区少；法国运动员则前少后多。两人在前警告区有效交锋相差10剑，后警告区相差8剑，这种差异可能与意大利选手擅长挂剑甩刺，手上控制剑、交锋能力更强，而法国选手直柄剑风格打法，更多强调时机和距离密切的配合。充分利用场地，紧逼积极交锋或主动调节距离寻机交锋都是正确选择，两人双双进入奥运会个人决赛已经证明这一点。

三、重剑比赛制胜因素的探索

重剑是命中类对抗性项目，同单纯比脑力的棋类和没有直接对抗的体能类项目比较起来，要复杂得多。它不仅需要较高的智能，在场上与对手斗智斗勇，还需要有充沛的专项体能，给全天持续比赛以良好的专项基础保障，更需要熟练地掌握用剑技巧和具有很高的战术素养。可以说，重剑比赛的相关因素多、对抗环节多，各制胜因素直接或间接的配合作用大，既联系密切又相互影响。

（一）综合因素

通过前面描述的专项特征和比赛特征统计分析，充分表明重剑选手在比赛中受到来自规则、自身和对手的多种限制。运动员在狭长的场地上，一对一与对手同场竞技，以击中对手为目的，总是千方百计地争取在各方面控制对手，抑制对手得分技术充分发挥，诱使对手战术意图提前暴露，或者转移对手的注意力，破坏对手的距离感，迅速捕捉并积极创造有利时机，始终将比赛的主动权掌握在自己手中。

田麦久教授在《项群训练理论》里提出，"技术与战术能力是格斗项目运动员竞技能力的主导因素，是制胜的武器，对提高运动成绩起着决定性的作用"。技战术是重剑比赛过程中的最主要内容，对阵双方竞争的集中表现形式，心理、时机、距离等其他因素主要通过技战术表现它们的作用。虽然在某个节点上，这些因素作用会互相转化，但是在重剑制胜综合因素中，时机、心理、距离因素大体上处于配合地位。

1. 时机因素

时机就是机会，属于时间范畴，在重剑比赛中是指因为对手的错误而出现的有利于攻击、刺中对手的瞬间时间段。重剑刺中对手的时机点极其短暂，这是因为规则所规定的裁判器重剑击中信号显示被严格限制。因为重剑有效面积大，攻击点多，步法移动频繁，技战术运用丰富，而且刺中就得分，重剑规则和特点为选手提供了更多攻击、刺中对手的机会。所以，在比赛场上重剑运动员总是可以捕捉到或创造不同时机。

重剑时机多种多样，按性质可分为动作时机和心理时机；按部位可分为手上时机和脚下时机；按技战术可分为动作失误时机、技战术使用习惯时机和动作相互制约规律时机。重剑运动员对时机的类型、范围、特点、规律了解越广泛，认识越深刻，掌握越熟练，比赛时发现及获得机会的可能性就越大，获胜概率也越大。

在时机竞争中，核心与焦点是力求增加对手的错误，减少自己的失误；探出对手的意向，隐藏自己的意图；摸透对手特点、习惯的规律，模糊自己快慢远近的变化；控制对手的剑路、思路，创造自己所需的动作、距离、心理条件。总而言之，运用各种手段，尽可能地降低对手的时机数量，扩大自己的时机范围，为决定性交锋提供更多保证。

2. 心理因素

重剑赛场上的情况和以往的经验影响着运动员的临场思维。对手赫赫有名或默默无名、以往胜负战绩、当前比赛形势、剩余时间多与少、前场端线或后场端线、应对某种风格打法难易程度等，都可能引起选手的心理波动，甚至出现心理状态问题，影响运动员技战术的选择与发挥。

重剑比赛中曾有运动员开始大比分领先最终反而输掉比赛的情况，外在表现为领先后战术处理不当。实际上，有些失利在很大程度上是由心理问题所导致的。问题始于领先后"要赢了"之类的念头，容易造成自身有利条件的本质转换，原本在注意力高度集中时，技战术行动仅比对手快一点，距离、时机变化等环节好一点的状态，转变成各方面都比对手慢半拍，继而失去比赛的控制权，处于一种急躁状态，心理上的一念之差导致比赛满盘皆输。

简要地说，重剑运动员大部分的心理问题是态度问题，态度决定一切。积极的心态产生进取的思想和果断的行动，比赛有信心，交锋主动，敢于运用掌握的技战术动作，甚至会不经意间打出未曾练过的新手段、新方法；消极的心态导致保守的思想和犹豫的行动，比赛没有信心，交锋被动，运用技战术瞻前顾后，应有的技战术水平不能充分发挥。

重剑运动员赛前、赛中会积极调整自己的心理状态，如经常要求自己保持"平常心""重视过程，不重视结果"，表达的是追求一种将注意力焦点集中到技战术使用上而不是进前八或拿冠军等目标上的合适心态，显然有助于比赛获胜。

对大赛和小赛应尽量同等对待，不自卑、不自大，运用自己的特长，将自己最好的技战术动作表现出来；领先或落后尽量同等对待，不放松、不急躁，最终获胜与反败为胜都需要继续得分或争取更多得分。要有各方面胜人一等的志气，追求在技战术上压制对手，在时机上抑制对手，在距离上限制对手，在心理上控制对手（误导对方的战术思维，破坏对手的动作反应，转移对方的注意力焦点等）；要有百折不挠、永不退缩的意志，技不如人就多研究胜负的原因，攻防的规律，进退快慢的道理，输也要输个明白。复杂多变的重剑比赛需要选手保持这些积极良好的心理状态。

3. 距离因素

距离感、距离保持与变化的好坏，是反映重剑运动员竞技水平高低的另一条标准。距离的保持或变化通过不同的脚下技术—步法及步法移动来完成，保持或变化距离是不同战术行动的需要。为完成战术行动，步法移动要满足相持阶段和决定性进攻及防御的不同需求，要避免步法产生明显的运用规律，隐藏步法移动的真实意图及行动方向，破坏对方的距离感，诱使对方对步法和距离产生某种错误判断，为己方决定性攻击创造良好距离条件。

"一个优秀运动员与对手的距离总是近得可以刺到对方，又远得叫对方刺不到。"这是匈牙利击剑权威选手拉兹洛·杜诺雷尼有关距离因素的直白而富有哲理的见解，是一种理想状态，是距离因素在重剑竞技中所能表现的最高境界。毫无疑问，谁在距离方面能够调动控制对手，谁就能获得有效交锋的先机。

时机、心理、距离因素在比赛时掌握的好坏，控制与反控制能力的大小，与技战术行动配合水平高低，直接影响交锋、战局和最终结果。局部因素制约整体水平，从这个意义上讲，包括主导因素在内的综合因素就像木桶理论的一条条木板，哪条短都会导致总体能力的降低，使比赛难以取得优异成绩。

（二）主导因素

1. 重剑技术因素

重剑规则决定了重剑刺点、攻击纵深、线路的多样化，形成了重剑技术和技术风格的多元化。众多种类的重剑技术不仅为变幻莫测的重剑战术提供了丰富的手段，也使原本头脑之中的心理因素、属于瞬间时间概念的时机因素、相对无法量化的距离因素都变得清晰可见。没有技术作为载体，其他因素也就无从谈起，技术在重剑比赛各制胜因素中与战术共同起着决定性作用。

重剑比赛技术因素，就是运动员使用包括操纵手中的剑来完成的移动、刺出、刺中目标点的各种动作。重剑技术动作繁多，方式、方法、要求各有不同。有攻防进退之分，有风格特点之异，有种类掌握多寡、熟练程度高低之别，有速度、力度、幅度的规范，有运用剑身弹性（甩剑刺）的技巧，有量变到质变的熟练规律，有简单或复杂的运用特征。技术因素总的要求是：预兆小、刺出快、剑尖准、爆发力强、重心平稳、移动迅速、手段丰富、配合协调、进退自如、攻防兼备。

特长技术是指个人绝招，表现为某些动作环节的技巧性更强，实用性更高。"技术风格"对技术有所取舍，规范有所不同，是深刻理解重剑规则、规律的完整体现，能充分满足战术打法的基本需求。从理论上讲，越多的技术手段可以提供越丰富的战术变化，但是，拥有突出的个人特长，同时具有鲜明技术风格的技战术体系才是优秀重剑运动员真正的需求。

2. 重剑战术因素

技术越多，所能排列组合出的战术就越多，重剑技术繁多，战术数不胜数。从总体上分，重剑战术体系包括基本战术、针对性战术和特殊战术。基本战术是个体战术，以我为主，相对稳定，但人与人之间有所不同；针对性战术并不固定，根据不同形势和不同对手而进行选择决策，带有随机应变的特点；特殊战术是每个人都可能遇到的特殊局面所采取的特殊应对方法，但特殊局面对选手来说，出现频率没有规律。在战术表现方面，如果运动员比赛时只有基本战术而没有针对性战术是不够灵活、战术应变能力差的表现；只有针对性战术而没有基本战术，或者基本战术不清晰则说明战术素养不高，战术准备不足；缺少特殊战术方法手段，则说明战术系统不全面、有缺陷，比赛的偶然性加大，获胜概率更小。

重剑选手的战术能力除了受技术水平限制，还取决于战术意识的强弱，形成并实施战术行动始于选手们的战术意识，战术意识是深入观察对手细节、正确估计自己、准确"阅读比赛"、精确判断时机与距离、迅速分析利弊因素，甚至能预测将要发生的变化等综合分析归纳能力。良好的战术意识使优秀重剑选手临场能透过现象看本质，去伪存真，发现对手假动作后面的真正战术目的，并能提前准备、迅速选择、针对行动。能化繁为简，在复杂条件里打出有效的简单变化，也能强加于人，迫使对手被动应对以完成第二意图。每个新情况的出现，都能立刻加以利用。

战术意识与时机感、距离感和剑感一样，很大程度上是先天的才能，但是这种能力通过训练竞赛可以不断加强。具有丰富战术想象力的重剑运动员可以随时随地根据场上交锋情况，及时调整更有利、更有效的方法。没有这种意识和想象力的选手，即使拥有规范的技术、出色的身材，交锋起来也总是"棋差一着"，始终被对手调动控制，不可能成为优胜者。

（三）各因素之间的本质联系

1. 技术与战术的关系

众所周知，技术是战术的手段，战术是运用技术的方法，二者联系非常密切。基本技术、特长技术、技术风格共同反映并构成战术因素，战术因素对技术因素提出更高要求并促进其发展。另外，比赛中技术完全被赋予战术意义，技术与战术如影随形，常被看作是同一概念相提并论，统称为技战术，内在联系的密切程度在这一点上也可见一斑。

技术是战术的基础，直刺是基础技术，是连重剑初学者都会使用的最简单动作。可是在最高级别赛事——北京奥运会男重个人冠亚军决赛里，金牌获得者意大利选手竟然运用简单的直刺冲刺和直刺抢攻战术击中（包括互中）对手8剑。就技术与战术的关系而言，最简单的技术也能成为最有效的战术。同时，重剑很多复杂局面、复杂因素、复杂战术都是由一个个简单技术构成的，所以，在技战术的准备与较量中，要重视基础，具备化复杂为简单的能力，因为有时候最基本的动作也是最主要的得分手段。

重剑选手如果技术全面，战术选择变化则多；如果全面兼有特长，战术行动成效则大。特长与其他技术合理搭配，形成特长技战术系统，特长效果更明显，也更有生命力，可充分发挥其作用。反之，缺少战术组合，会使绝招失灵，交锋失利，比赛失败。

当今，高水平选手的优势不只表现在突出特长上，已经发展为特长技战术系统（如意大利选手甩攻、甩防、甩反与直刺组合）。重剑技术动作都有结构上或使用上的局限，特长也不例外，都会受到其他动作制约。特长技术必须有另外的反制技术加以战术性配合，组成以特长技术为核心的技战术系统，变已知为未知，使对方无法掌握特长使用规律，达到技战术行动的最佳效果。

虽然因为对重剑规则、交锋规律解读不同，产生了不同的理念和技术规范，形成截然不同的重剑技术风格，但是，它们都有一整套各具特色的攻防技术系列，不仅为各自带有鲜明风格烙印的战术提供技术动作基础保证，而且使重剑战术更加丰富多彩，战术较量更加复杂难料。重剑战术中没有优先权限制的攻与防已经矛盾重重，加入技术风格因素使重剑战术更加复杂多变。反过来，战术上的激烈对抗又对重剑运动员的战术应对、变化能力提出更高的要求，包括技术能力和各种技术风格。

2. 技战术与距离的关系

距离是由步法移动决定的，而步法属于重剑技术脚下部分，技战术与距离关系紧密无间。重剑运动员不论在训练还是在比赛中，都重视步法移动能力和手脚配合问题，追求步法平稳连贯协调，并且能够迅速自如地跨越各种不同的距离。

重剑完整的技战术行动包括挑引和决定性交锋两部分。挑引时，上步较小（"浅"）；决定性交锋时，步法深度大，而且因攻防区分有进退变化。"浅"是配合侦察试探，为制订战术方案提出根据；深是决定性攻击，力保得分。"浅"与深、进与退在交锋中经常交替发生和改变，距离变化必须准确合理，手脚必须高度协调一致。

距离与时间速度互为条件，在相同运动员速度不变的情况下，距离与时间成正比，双方相距越远，完成动作所需时间越长。显然，重剑选手选择进攻时，不会在较远的距离上发动：一是由于攻击用时长，与裁判器时间限定不符，较难首先击中对手；二是对手有较长时间调整距离，选择防御限制手段。防御对手进攻时对距离条件要求恰恰相反。虽然重剑交锋距离没有量化标准，但是，优秀重剑选手都能根据规则、规律，凭借经验和距离感觉，准确判断自己与对手之间的各种距离。

重剑选手在赛场上所面临的距离因素是矛盾和辩证的，距离的远与近处于频繁的动态变化之中，距离的竞争对抗扑朔迷离，非常激烈。交锋双方都在力求进攻时尽可能接近对手，防御时尽可能拉远，距离竞争的关键点和核心是"近或远"。双方根据各自技战术需求保持或变化距离，都在为制订、完成战术方案千方百计地寻求有利的距离条件。

3. 技战术与时机的关系

重剑比赛从开始到结束，得分时机时刻存在。但是重剑时机具有不确定性，过分谨慎会失掉一些机会，而敢于进攻机会就多得多。把握时机有时需要勇敢甚至是冒险精神，即使技战术水平明显低于对手，也能出奇制胜，虽然一般水平的运动员对这种时机数量的把握少于高水平对手，但获胜的偶然情况在重剑比赛中时有发生。

重剑比赛中，时机是相对的，选手在交锋中捕捉到的良好时机，并不能百分之百保证击中得分，因为从交锋成功率角度来看，时机只是成功可能性较高的好机会。从针对某个决定性交锋动作来看，如对手运用大的弓步转移进攻，而己方采用防守还击相对不易。对进攻深度加上转移进攻，采用简单抢攻较为有利，因为通过简单抢攻既破坏了对手的距离又快于对手的动作。所以这种情景是抢攻的时机而不是防守的时机，如果针对性选择有误，不仅丧失得分良机，还会倒送一剑。

在高水平对抗中，选手技战术明显犯错的机会较少。所以，时机的获得主要靠自己去创造，利用各种假动作、距离节奏变化、重剑动作相互制约规律，引诱或迫使对方做出你所需要的应答动作，牵制调动对手，变未知为已知；或简化局面，封一面打另一面，控制对手的思路与剑路，变复杂为简单等。有时还需要灵感和战术素养，才能发现不是时机的时机与所要捕捉、创造完全不同的藏在深层的机会，并且能立刻加以利用。以1999年世锦赛赵刚与瑞典对手交锋为例，赵刚在一次大弓步刺脚进攻几乎命中，还原实战姿势之后，没有丝毫停顿，马上一个假刺脚接6防成功。有些选手可能会考虑再次攻脚，如果真是那样，得分时机将会送给对手，因为瑞典选手躲过一劫后，也意识到并迅速准备好抢攻战术，等待赵刚的再次攻脚。这一攻脚战术变化的时机，来自丰富的战术想象力，属于随机应变，并非一开始就刻意创造的。

4. 技战术与心理的关系

技战术因素与心理因素的联系是相互的，"物质决定精神，精神反作用于物质"。具有高水平的技战术能力，自信心则强；具有较强的自信心，即使是关键比赛场次，也能充分保证技战术水平的发挥。在北京奥运会重剑半决赛和决赛时，意大利选手对阵西班牙和法国选手，分别采用清晰甩剑攻防和直抢战术，虽然因甩刺造成手下被刺而丢分3剑，仍然敢甩敢用。直抢战术也没有因为有时失利而被放弃，而是执行得更坚决。很明显，这是因为意大利选手对个人能力和临场战术有自信，所以才能继续果断贯彻，直至胜利。"艺高人胆大，胆大艺更高"，技战术与心理积极的相互影响和作用，在大赛中得到完整的诠释。

"态度决定一切"说明积极思维对重剑选手有较大的现实意义，因为心理活动取向会限制选手的思考和技战术上的选择，稍不注意就会滑到消极看待问题上，给技战术行动带来消极的影响。重剑规则没有优先权限制，在交锋方式上全凭运动员自主决定，积极的理解使运动员可以更自由地发挥自己的聪明才智，采取各种手段迷惑调动控制对手，从而获得机会；消极的理解可能使有些重剑选手产生防御同样得分，没必要冒险进攻的误读，造成比赛被动。对待距离远不利进攻、距离近不利防御的矛盾，积极者会解决矛盾而不是回避矛盾，主动调节距离，不让对手先抓到距离近的那个瞬间，创造更多攻防有利时机；消极者则可能是不靠近，免得防范不力，远不利于攻那就等距离近的时机（遇到高手时则很难等到），不知不觉间放弃和丧失一半得分机会，无形中自我限制和降低了技战术能力水平。

技战术因素是重剑比赛制胜的主导因素，技战术因素与其他因素密切联系、互相影响，共同作用于每个交锋过程，属于一个整体。所以，重剑比赛获胜者应该是各个环节都能处理好，各个因素配合默契，而失败者可能是在某一部分出现了问题。优秀重剑运动员首先要具备娴熟的有风格特点的技术、丰富的战术意图和强烈的进取心态，主动调整距离，利用和创造各种有利时机，从而提高交锋时技战术行动的有效性。其次要在各方面更有效地控制对手，争取比赛获胜。最后还应进一步理解各制胜因素的原理、方法，准确掌握普遍的和特殊的规律，以及相互间直接或间接的影响与作用。只有知其然并且知其所以然，才能在训练实践和比赛竞技中有的放矢，更快成熟、成才，才能充分体现以我为主，做到致人而不致于人，成为重剑赛场上真正的"致人者"。

四、重剑未来发展趋势

（一）未来竞争格局

1. 两类风格打法对立存在

20世纪80年代至今，法国男重以8人次获世锦赛或奥运会个人冠军、27人次获前3名的成绩，居世界男重剑坛首位；俄罗斯男重以8人次获世锦赛或奥运会个人冠军、16人次获前3名，列第2位。法国男重成绩显赫，风格独树一帜，为此，我国曾多次邀请法国专家来华讲学。法式重剑鼓励简洁、简练地刺出与刺中，反对防守的技术风格，给我国重剑界留下清晰和深刻的印象。科洛波科夫（俄罗斯）是30年来世界男子重剑最优秀运动员，他将接触武器（剑）技术风格发挥得淋漓尽致，曾5次在世锦赛或奥运会个人赛中获得冠军，另有10次获得前3名，均占俄罗斯队同期同类成绩的62.5%。北京奥运会男重个人决赛战胜法国对手，获得冠军的塔利亚里奥尔（意大利）虽然与科洛波科夫控制对手的剑的方式不同，以甩刺和挂剑甩刺为主，但也属于接触武器（剑）技术风格。以法国为代表的传统技术风格和接触武器技术风格之间相互对立，进入21世纪以来，虽然法国获前3名9人次，仍领先俄罗斯居于首位，但冠军数（1∶2∶4）落后意大利和俄罗斯，法国风格已受到更多的挑战。

2. 21世纪男重格局变化

德国男重自20世纪70年代崛起并保持强势20余年（5人次获得世锦赛奥运会个人冠军、11人次获得前3名），进入21世纪后个人成绩大幅下滑，在10年时间里，世锦赛或奥运会个人比赛仅1人次（2001年法国世锦赛）获得第3名。意大利男重个人成绩在21世纪有质的飞跃，2人次获得冠军（其中包括2008年北京奥运会金牌），4人次获得前3名，改写了自20世纪70年代以来世锦赛或奥运会无冠军的纪录。

如今世界男重水平日趋接近，顶级赛事竞争愈趋激烈。荣获世锦赛、奥运会个人冠军的国家数增多，由20世纪90年代的3个（德、俄、法）增加为21世纪的6个（意、俄、瑞士、法、中、匈），进入世锦赛或奥运会个人比赛前3名的国家数量也由12国增加到15国。其中中国男重著名选手王磊跻身于世界最高水平之列，获得了2004年雅典奥运会的亚军和2006年意大利世锦赛的冠军。

另外，21世纪头十年已无人蝉联世锦赛（奥运会）个人冠军，而自20世纪70年代以来，各个年代均有蝉联纪录：20世纪70年代，埃德林（73/74）、阿里克赛布什（75/76）；20世纪80年代，布瓦塞（84/85）；20世纪90年代，科洛波科夫（93/94）。

（二）技战术发展趋势

北京奥运会男重比赛更加积极，竞争更加激烈。具体表现在两个方面：其一，攻防界限有些模糊，攻中有防、防中有攻。在北京奥运会男重比赛中，多次出现双方在一次弓步攻防后原地连接若干次防守反还击或延续刺得分现象，甚至在一次包括延续动作的冲刺进攻中，也有直接冲刺未中（对手6防接反攻）两次快速衔接第6防守反还击延续冲刺得分情况，一次有效得分多次交锋动作瞬间一气呵成，还包括类似向前防守还击的直刺接圆6交叉甩剑冲刺得分，都反映出重剑高水平选手动作连贯、技术娴熟、连续交锋能力及攻击性强，也反映了比赛对重剑选手所需技术动作的难度要求增加。

其二，防御手段界限模糊，防中有反、抢中有防。意大利运动员亚利奥尔有甩刺特长，不仅进攻运用各种甩刺，而且防御也以甩刺为主，结合甩刺的防守还击和反攻融为一体，亦防亦反，难以分清是防还是反。防御不仅有结合甩刺的后退甩防（甩反），还有向前的上步或弓步直接抢攻和类似截击的挂剑抢攻。防御动作增多，防反抢形成的防御纵深、作用扩大，防御战术多变且更加积极，防御的攻击性、主动性大大增强。

五、我国重剑未来发展的对策和建议

（一）技战术方面

重剑应更全面地认识主动权。重剑规则里没有优先权，不等于重剑比赛没有主动权限制，恰恰相反，主动权的争夺时刻存在，因为重剑的主动权就是能够按照自己意图交锋的各种有利局面。在重剑比赛中，交锋双方对主动权的争夺同样激烈，只是与花剑、佩剑被裁判直接执行的主动权（优先权）不同，重剑的主动权是内在的、隐性的。所以，首先要加深理解主动权的内涵和意义，更充分地利用重剑规则所给予的比较自由的选择权力，转变对后发制人不够全面的认识，进一步加强主动意识，进一步明确技战术目标。主动权的获得，需要积极的态度和行动。寻求控制场上形势，致人而不致于人，将比赛纳入自己的掌控之中，需要具备技术、战术、心理、距离、时机等多方面能力，对重剑比赛获胜有至关重要影响和作用的这些相关因素需要不断地深入探索，不断地加以强化。

（二）训练方面

随着参赛经验的增加和邀请多位国外专家来华讲学，我国重剑对各种技术风格已有较深的认识。外国专家来华讲学期间，不同的重剑专家总能找到他们更喜欢或更容易上手的一些中国重剑选手，说明重剑运动员中已有明显的与专家要求比较相符的个人技术风格。其实，早在20世纪60年代，我国重剑就有"直臂"与"屈臂"打法之争，回过头来看，当时中国重剑已经具有传统和接触武器技术风格的雏形。"重剑花打"是对20世纪70年代崛起的以阿历克塞布什为代表的联邦德国重剑风格的形象概括，贝克教练有一套与传统截然不同的重剑观念、规范和方式方法，令人耳目一新，他们以优异的成绩证明了他们包括甩手刺脚在内的接触武器技术风格更有攻击性，逐渐被世界重剑普遍认可并推动了这种风格的不断完善。20世纪80年代后陆续出现了多名俄罗斯优秀重剑选手和一批其他国家选手（包括北京奥运会冠军意大利选手在内），他们以更加主动的交锋，使这种风格趋于完善，使重剑比赛彻底摆脱沉闷局面，场面越来越精彩，竞争越来越激烈。精彩与激烈的另一面是更传统的法国技术风格。近三十年来，世锦赛和奥运会法国男重个人金牌、奖牌数居首，充分说明这一传统风格依然具有极强的生命力和现实意义。

不同的技术风格建立在不同的理念、规范之上，有完整的技战术要求及动作组合、变化的特点，不但有鲜明的特殊性，而且有广泛的适应性，都有一整套能应对各种对手的技战术系统。从整体上看，技术风格所表现出来的不仅是特色，而是对规则解读后阐释的理念和经验；是技术取舍，取之所需而舍其繁多的结果（重剑自由，动作繁多，技术全面不应该是面面俱到），是整套技术规范，是训练主要内容；是以我为主的比赛原则，是以系列技战术对抗结构、组合为基础，给予合理运用的方法手段，是基本战术体系。

针对我国选手的各种技术风格，应该不断丰富完善，要在产生主要作用的具体环节上多分析研究、实践，做更多更细的工作，精益求精，把"积极主动，以我为主"落到实处，把提高技战术水平落到实处。

第三节　佩剑专项特征

佩剑是一种长剑，起源于骑兵部队。佩剑原是一种锋利的武器，不是为了刺敌人，而是为了"砍"对方。佩剑是三种击剑器械中最轻的一种，它的总重量不得超过500克，总长度不得超过105厘米。剑身钢制，横截面近似长方形，剑身弯曲度小于4厘米。佩剑的护手盘平整且光滑，呈月牙盘的外凸形状，护手的上部用球饰装饰。非电子的佩剑上，剑尖为圆形，形成一个按钮。匈牙利人在18世纪末将佩剑引入欧洲，随后意大利人发明了更轻的佩剑，并在决斗时使用。如花式剑一样，佩剑起初也是一种以攻击敌人为主要任务的"传统"武器。直到1985年，攻击和攻击点被裁判团裁定，裁判团由1位主席和4位评审组成。有时在训练场也会有裁判团出现。此后，电子佩剑使触碰变得量化，被比赛采用并被广泛接受。自1989年起电子佩剑开始在世界联赛中使用。女子佩剑于1999年进入了世界锦标赛，于2004年第一次进入了奥运会。

一、佩剑发展的历程回顾

（一）重大变革

1. 第一次变革

20世纪50年代匈牙利佩剑统治时期，人们全面地研究了佩剑的进攻时机，并从理论和实践中取得了新的认识。比赛中不再像以前那样等待对手出错时才进攻，而是在接近对手的过程中不断地寻找有利的进攻时机。与此同时，普遍加强了体能训练，运动员的身体素质得到全面提高。在专项能力上，进一步加大了训练的量和强度，提高了技术训练质量。通过以上改进，佩剑的进攻能力取得突破性进展，进攻的速度变得更快、更猛烈、更具威胁性，相形之下防守显得十分脆弱，很难抵挡得住凌厉的进攻，于是教练员和运动员无论从战略指导思想上，还是具体的战术应用上，都把进攻视作最有效的手段。比赛中运动员为了避免陷入防守的被动局面，双方都力争主动、先发制人，这样佩剑比赛就成为一场简单的"对攻战"，互中频繁发生。为了纠正"攻强守弱"的偏差现象，"轮换优先裁判权"的新规则应运而生。

2. 第二次变革

由于"新规则"的限制，寻求一个能够提高防御体系效能的有效方法成为教练员和运动员亟待解决的主要问题。苏联佩剑率先在这方面取得了成就，防守成功率高于其他国家，因而在这段时期取得较好的成绩。

在探索和加强提高防御能力的过程中，通过采用增大实战距离（超远距离）及利用场地加强步法移动的方式来延长进攻者接近的距离和时间，并在加强观察判断的基础上，组织和选择防守战术，对没有把握的交锋，就利用"警告线"的规则来缓和局势，或采用各种迂回战术来降低场上的透明度。

这一时期发展和丰富了各种防守战术。如增强了"击剑线"的攻击性，中途拦截击打武器夺取优先裁判权，利用距离和节奏的变化造成对手判断上的错误，在移动中突然抢攻，或利用各种假动作做掩护，配合假进攻、假抢攻变防守，假防守变真防守等。这些防守战术给进攻者增加困难，使整个防御系统得到加强。

但这段时间的防御，仍偏重于利用场地加强移动来增加进攻对手接近的困难，以退出场地缓和局势的现象较多，消极打法多于正面积极交锋，使比赛显得松散、不紧凑、不激烈、不精彩。为了克服这些弊端，规则又作了多次修改，场地从长24米改为18米，后又改为14米，最后取消"警告线"。

3. 第三次变革

由于20多年的训练、比赛实践，并未达到预期的效果，于是专家们开始反思，并意识到以往对佩剑比赛规则的修改，并没有抓住事物的本质，未能从根本上改变攻强守弱的失调现象，也未能达到促进攻防能力提高的目的，于是专家们改变了旧的思维方式，认识到造成佩剑比赛中出现攻强守弱、攻防失调的根本原因，即攻防步法的不平衡。因此，只有限制某些进攻步法，以增加进攻的难度，使攻防双方在攻防进退相当均衡的条件下进行比赛，才更有利于促进武器的交锋和攻防对抗能力的提高，从而摆脱长期以来攻防失调的偏差现象，进一步推动佩剑运动的发展。

经过对各种比赛攻防步法的观察、分析、比较，发现"交叉步"与"冲刺"从身体重心移位的幅度和速度方面均大大地增加了防御一方与进攻一方"保持距离"的难度，使得防守的成功率不高，因此"交叉步"与"冲刺"是造成攻防进退不均衡、"互中"多的直接原因，从而导致了攻强守弱、攻防失调的结果。于是国际剑联修改了规则，从1994年起在佩剑比赛中禁止使用"交叉步"与"冲刺"进攻，"互中"不计分，由此佩剑技战术打法进入了第三次变革阶段。

（二）主要流派

1. 意大利派

素有"佩剑鼻祖"美誉之称的意大利派，在16世纪首先对击剑技术进行了规范总结，使其在佩剑技术上、理论上处于世界领先地位。结合意大利人热情、豪放的民族性格特点，形成了技术严谨，打法积极、主动、快速、凶狠，攻势凌厉的意大利派风格。其主要特点表现在攻防的活动范围大，能充分利用场地，从超远距离快速接近对手发动进攻，造成一种快速、凶狠的进攻态势，判断能力也很强。长期以来，意大利派不断培养、涌现出许多世界一流选手，享誉世界剑坛。其代表人物有马林、斯尔卡佐等，近十几年来一直活跃在世界剑坛，在世界锦标赛、世界杯赛、奥运会等大赛中不断取得优异成绩。

2. 匈牙利派

匈牙利早期学习了意大利的技术，对匈牙利派技术的形成和发展产生了深远的影响，意大利专家伊达罗·桑坦列在匈牙利工作了50年，使匈牙利佩剑技术发展有了革命性的转折。匈牙利摒弃了陈旧的技术，创造出以前臂为轴心的技术并将其推广到全世界，统治世界剑坛。匈牙利派以动作规范、技术细腻、精巧等风格特点，长期高居世界主流派的显赫地位，在打法上以智慧取胜，在时机感、距离感和判断预计能力方面高人一筹，在变幻莫测、激烈对抗的比赛中，总能找到最合适、最有利的时机，率先击中对手，形成了匈牙利派的独特风格。二十世纪五六十年代涌现了科瓦契、卡尔巴蒂等世界超级明星，他们曾多次获得世界冠军、奥运会冠军，近代出现了超级顶尖选手沙博等。

3. 俄罗斯（苏联）派

20世纪50年代，苏联认真学习了匈牙利先进的佩剑技术，在技术、训练方法上进行了重大改革，并在选材、训练、科研、理论、体制等方面逐步形成苏联学派的完整体系。苏联十分重视身体全面发展，有最先进的身体训练方法，在训练上主张从青少年时期就开始技战术相结合。在打法上能攻善守，特别在防守能力上领先世界各国。20世纪50年代后期，著名运动员雷利斯率先跻身世界剑坛成为苏联第一个世界冠军。从那时起苏联逐步成为世界上实力最为雄厚的佩剑队伍，培养出许多世界冠军和奥运会冠军。近代具有代表性的人物基里连科，曾先后获得包括世界锦标赛、世界杯赛、奥运会个人及团体比赛的8枚金牌，成为当今世界最有成就的运动员之一。

4. 法国派

1982年法国剑协邀请了匈牙利心理学博士塞佩齐出任法国佩剑教练，使法国的佩剑经历了一场巨大的变革，改变了法国佩剑传统的训练节奏，加强了技战术训练，形成了意志品质好、步法轻快灵活、善于隐藏自己意图、战术灵活多变的特点。这一变革打破了法国佩剑80年来的沉寂，培养出拉莫尔这样的世界级明星，他曾经获得两届奥运会冠军和世界锦标赛、世界杯赛冠军。

二、当今佩剑的比赛特征

（一）佩剑项目的特性

一直以来，在普遍层面上，对佩剑比赛的概念和印象基本围绕着积极、快速、勇猛、力量、粗犷等这些词来描述和概括，似乎其中制胜的"技术因素"，并不处在极为重要的地位，或者在理不清缘由的情况下予以回避。但实际上这是对佩剑项目从本质上的极大误解。深刻剖析佩剑项目在竞技方式上的特殊性，以及各个因素之间的内在联系，可能更有利于我们对佩剑的项目特性有个更加透彻和理性的认识。

现代佩剑比赛，主要是借助电动裁判器全面分析交锋双方的表现，进而实现裁决的。分析的内容包括运动员的姿态、动作和击剑时间。根据佩剑规则的相关规定，运动员的行动会随着以上三个方面因素的变化而具备不同的含义。运动员的意图通常可以通过其行动的过程反映出来。所以，想要客观正确地评价佩剑运动员技术动作的实效性，首先要保证其技术动作是经济、合理的。

（二）主要得分手段

在佩剑的交锋过程中，电动裁判器能够辅助裁判正确分析双方的具体表现，主要包括运动员的姿态呈现、动作的精准与快慢以及击剑时间的长短，从而给出合理的裁决。与重剑不同，佩剑规则对交锋的形式和规格有着明确的限制，同时，相较于花剑直来直去、简洁明了的动作特点，佩剑具有全方位、多样化的进攻和防御动作，掌控难度比较高。佩剑比较注重双方之间的对攻，并以此作为选择和实施技术战术的依据，擅长通过战术的交替变化来破解对方的进攻。

1. 移动形式得分

在击剑竞技中，双方运动员的交锋是在剑道的规定范围内，通过前后移动或者原地不动完成的。其中，运动员移动的步法会受到规则严苛的限制，比如在向前移动的过程中，前脚必须始终处于后脚的前方，不得被后脚超越，在向后移动的过程中，必须始终面对对手。这些规定一方面保障了运动员的人身安全，另一方面也对其移动方向和移动速度带来了阻碍。

运动员在单场和全天佩剑比赛中的移动距离通常会超过400米和4000米。双方选手在剑道上频繁地变换方向、来回移动是击剑比赛主要的形式表现，选手通过手上技术动作与脚下步法的配合实现得分。所以，运动员前后移动脚步、不断转换方向是佩剑比赛的显著特征。针对第31届里约热内卢奥运会中的佩剑淘汰赛，相关学者以男子和女子组的运动员为对象展开了研究，并按照移动方向是否发生变化将移动得分划分为两类：一类是分析运动员交锋能力的单一运动方向的移动得分；另一类是分析运动员动作转换能力的变化运动方向的移动得分。

（1）单一方向技术动作得分

在佩剑比赛单一方向的移动得分中，男女运动员的得分均来自向前的移动。究其原因主要在于佩剑交锋的四个特点：第一，向前的速度快于直接后退；第二，直接后退无法调整步法之间的距离；第三，直接后退不利于节奏的变换和把控；第四，直接后退通常都是欠考虑的匆忙决定，运动员来不及思考下一步的行动策略。在交锋中直接后退，很容易被对方击中。在高手的对决中，如果一名选手在比赛之初就直接后退，对手就会趁机得分。

在各种技术得分中，单一向前移动得分的占比最高，男、女运动员均是如此。这是因为在目前的佩剑技术水平下，加上佩剑自身的特点，即较大的弹性和较快的速度，仅通过简单的后退是无法挡住对方的进攻的。为了提高防守的成功率，在进行单一后退的时候，可以适当地变化步法的节奏和距离。在双方的快速对攻中，会经常运用武器本身进行防守，其中，第4、5防守动作的使用频率最高。纵观国际优秀运动员的比赛过程可以发现，他们大多都是在对方准备对攻的时候，采取向前进攻而得分的，而在双方拉开距离的过程中，他们通常是在慢速变换节奏的基础上，通过步步紧逼实现进攻的。

在男女佩剑运动员的进攻得分中，通过占据对攻上风，而发起进攻实现得分的占比较高。比如在对方准备时率先发起进攻、在对攻过程中的紧逼和对抗进攻等。相关数据和比赛过程均表明，在对攻中，男运动员通过向前防守得分的能力水平比女运动员要高。

（2）转换方向技术动作得分

在佩剑比赛转换方向的移动得分中，男运动员不仅具有多样化的技术手段，运用各项技术的能力也比较平均，而女运动员运用进攻技术得分的能力较强，运用防御和反攻技术的能力相对不足。究其原因在于佩剑比赛的剑道较长，长度有14米，这就意味着进攻的过程也会比较长，双方在缩短距离的过程中，既是进攻的主体，又是被攻击的对象，这就需要运动员来回移动，并且灵活切换进攻和防御手段。而女运动员在体能和生理机能方面的水平普遍低于男运动员，因此，女运动员在变化交锋节奏和距离的能力，以及技术手法的多样性上，要相对薄弱一些。

在男女运动员进攻后的向前转向得分中，进攻技术得分在各种技术得分中的占比最高。在进攻后的向后转向得分中，各种技术得分的占比相对平均，其中，在抢攻得分中，男运动员的得分占比高出女运动员11.4个百分点。

2. 移动区域得分

击剑运动就是双方选手严格按照比赛规则，在规定的场地范围内，通过前后的移动和攻防的转换达到得分目的的格斗项目。如果运动员在场地上占上风，就会比较自信和放松，采取积极的打法，自由转换攻防。相反，如果运动员在场地上占下风，可以选择的空间就会变少，打法上也以防御为主，相对被动。所以，在佩剑比赛中，运动员为了占据场地优势，会让自己尽量处于中场，缩短对方的攻击纵深，这样就掌握了交锋的主动权。场地战术就是运动员按计划逐步占据场地优势，通过压缩对手的活动空间达到得分目的。此外，高水平运动员经常用到的战术还有区域战术。

（1）单一方向区域得分

在佩剑比赛单一方向的区域得分中，男女运动员的得分均来自向前的区域，没有在向后的区域中得过分。统计数据显示，在区域得分中，中场开始的第3区域的得分占比最高。为了占据中场优势，双方选手的交锋多始于对攻，得分主要是在变化对攻战术时抢占主动地位而获得的。

相较于女运动员，男运动员得分区域的范围、向前攻击的能力、运用步法的实效性要更广、更强。

（2）转换方向区域得分

统计数据显示，在男、女运动员转换向前的区域得分中，第2、3、4、5区域是主要的得分区域，而在男、女运动员转换向后的区域得分中，第1、2、3区域是主要的得分区域。

对比男、女运动员的区域得分可以发现，在转换方向区域得分的占比上，两者差距明显，尤其是第3区域，表现得最突出，在该区域的转换向前得分中，男运动员的占比比女运动员低15.9个百分点，而在区域的转换向后得分中，男运动员的占比比女运动员高出18.4个百分点。由此可见，在对攻变化方面，男运动员的方法和手段更加多样化。

（三）得分效果

1. 主动得分与被动得分

在佩剑比赛中，运用技战术的得分被划分为两类，即主动和被动两种，其划分的依据是佩剑规则和交锋特点。在掌握主动权的情况下得分就是主动得分，当对手主动进攻出现失误时，自己在被动的情况下得分就是被动得分。在目前的佩剑比赛中，选手主要通过进攻得分，毫不夸张地说，现代佩剑运动员想要获取胜利，就必须具备较强的攻击意识和能力。

观察佩剑比赛的过程可以发现，无论是男运动员，还是女运动员，他们都有很强的攻击意识，善于创造机会主动攻击和干扰对方，并且动作行云流水。他们经常通过变换步法的节奏紧逼进攻，连续进攻，让对方无路可退。他们也会在关闭距离的基础上，积极通过抢、卡、防等技术手段，挑引对方做出预设的动作，以达到防御的目的。同时，真假动作要衔接流畅，比如假对攻后随即做出后拉跟进的动作，当对方主动进攻时，后退避开后随即跟进的动作。不难看出，双方选手都在力争优先裁判权，这也是佩剑比赛的核心，在交锋过程中，获得较多优先裁判权的一方就能处于主动地位。而对手失误、延续进攻的方式虽然也能得分，但偶然性较大，缺乏主动性，不足以支撑选手取得最终的胜利。

在主动和被动得分中，男、女运动员运用各项技术得分的占比相对平均。在防守和抢攻的主动得分中，男运动员的占比比女运动员分别高出3.8和1.7个百分点。在进攻的主动得分中，女运动员比男运动员高出3.7个百分点。在进攻得分的手段中，男、女运动员运用最多的有对攻中的抢先进攻、对攻变化后的跟进和转换进攻。在后退得分的手段中，运用最多的是变化对攻技术挑引对方出手，借助后拉的时间差防守得分，而单一的后退防守很难得分，其中，向前、向后的第2、4和第3防守是运用最多的防守动作。抢攻得分多集中于对手被攻击后，急于转换技术手段而收手或者重心不稳等情况。

2. 得分成功率与技术使用率

根据不同技术运用得分的数据，当代佩剑运动员以进攻得分为主。但在进攻的过程中，往往会配合其他的技术环节，比如抢、反、卡等，这样才能保证攻击的有效性，达到得分的目的。

对比男、女运动员的技术运用得分可以发现，在抢攻和连续进攻上，男运动员的成功率比女运动员要高出许多。而在各种技术的使用率上，男、女运动员的占比不相上下。所以，国际上优秀的佩剑运动员，他们技术运用的外在特征，即打法特征具有很多共性，这一点不分男女。

三、佩剑比赛制胜因素的探索

（一）制胜因素的基础因素"距离"

在佩剑的各种技术动作中，"步法"的重要性尤为突出，究其原因在于交锋中的关键因素——"距离"。观察佩剑的比赛过程可以发现，"步法"可以将运动员行动的绝大部分意图反映出来，它是实现策略战术的必经之路。也就是说，在距离上占据主动权和控制权的一方，不但能够主动发起进攻，并且更容易得分。对击剑运动员来说，能够精准判断双方距离是制胜的关键因素之一，如果距离判断失误，即使进攻的时机佳、速度快，也无法击中对方的有效部位，最终导致主动权转移。反过来说，是对手的良好距离感化解了你的主动优势并使你落入了被动的状态。法国著名击剑教练鲍埃尔在他的执教理念中也特别强调距离的重要性，他认为距离是完成战术的核心，在比赛中运动员始终要用"控制距离"来实施战术，控制对手。因此，佩剑的协调能力的训练是"由下至上"的过程（先步法后手上），这点可能略区别于其他两个剑种。在欧洲一些国家的传统训练中（如俄罗斯、匈牙利等）规定：在佩剑基础训练的前两年里，不允许持剑，主要内容就是学习并熟练掌握各种专项步法。由此可见，距离与步法在佩剑比赛中是十分重要的。

（二）制胜因素的保证因素"准确"

佩剑竞赛规则对得失分的判罚是通过主观与客观并存的评定方式进行的，两者缺一不可。也就是说要想得分，既要击中对手产生信号，又要具有优先裁判权。没有击中对手优先裁判权就无从谈起，击中但没有优先裁判权也不能得分。因此，击中与优先裁判权的获得都必须建立在"准确"的基础上，准确包括击中的准确和动作的准确。

其中，击中的准确是指交锋过程中能够按照预想的攻击点而有效地击中对手的部位。动作的准确是指交锋过程中的技术动作符合规则规定下的动作规格和尺度。

无论是击中的准确还是动作的准确都需要以物质基础为保障。在实现击中和动作准确的过程中，稳定、控制、平衡、协调等因素会起到决定性作用，它们在与准确紧密联系的同时，也相互影响。稳定是准确的低级阶段，但准确必须建立在稳定的基础上；相对于稳定而言，控制又是稳定的前提；而控制又是建立在平衡的基础上；准确是在稳定、控制、平衡的基础上最后通过动作的协调来完成的。因此，明确它们的机制并理清它们之间的关系，是提高有效训练的基础。

（三）制胜因素的关键因素"先行"

先行是指走在前面、先进行、预先进行，主要反映意识和动作在主动权上的优先特征。"先"从名词解释来讲它的含义是：时间在前的，次序在前的，与"后"相对。"先"在佩剑比赛中可以分两个层面来理解，即思想意识方面和行为动作方面：思想意识上要有"先见"，即对比赛的进程要有预见性；行动上要做到"先发"，即先下手取得主动。它通常以先决定（意识）、先表现（形态）、先行动（技术）的形式存在于整个交锋过程之中。

在大多数关于击剑运动训练、比赛的著作中很少有人提出"先"的概念，即使表达"先"的思想也多用"快"来代替。"先"与"快"有着本质的区别，"快"一般指具体的动作，而"先"的概念比快要大得多，且更侧重于意识方面。"先"与"快"的概念混淆或模糊，将不利于佩剑运动的发展。就佩剑项目而言，"先"更适用于运动训练与比赛的指导思想。

"快"的思想在许多运动中都得到了提倡，如乒乓球中讲究快、准、狠；排球中讲究快、全、高、变等。这种"快"概念盲目的迁移并不适应于击剑运动。在训练和比赛中"快"并不是佩剑的关键。首先这是由佩剑项目的本质特征决定的。乒乓球、排球等对抗性球类项目，在往返回合中，必须接球然后组织回球，整个运作思路是"接—调—回"的模式，而击剑有所不同，击剑的整个运作思路都是在调整，调整中伴随着攻守的转换。也就是说，球类项目侧重于"回"的质量，即"快""准""狠"，而击剑更侧重于"调"。"调"对自身来说是调整，对对手来说就是"控制"。调整与控制简单地讲究"快"是不确切的，同时也涵盖不了调整和控制的真正内涵。值得注意的是，"快"的指导思想一直伴随着我们的训练和比赛，而在现代佩剑比赛中，"上得快，死得快"这种观点已得到人们普遍的认可。因此，对"快"的思想我们要辩证看待，而不能盲目地迁移，单一地理解。

四、佩剑未来发展趋势

（一）对攻时空转换速度快

佩剑比赛的时间一般比较短，比如八剑比赛，整个赛程9分钟左右，分为上下两局，每局时长1.5—2分钟，中间间隔1分钟，这就要求运动员要快速完成对目标点的攻击，不论是进攻、还击还是反还击。可以看出，快是运用对攻防转换战术最显著的外在特征之一。在现代佩剑战术运用中，处于核心地位的战术是对攻时空转换，比赛一开始，双方选手就剑拔弩张，争先抢夺主动权，中近距离的对峙甚是激烈。选手需要仔细观察对方在中场交锋中的对攻行动，对其行动意图和接下来的动作进行预判，以便及时采取应对措施。一场比赛下来，给人最深刻的印象就是快，选手通过时空的快速转换制胜。

（二）攻守时空争夺更激烈

佩剑比赛的剑道长14米，宽2米，按照规则，运动员必须在该区域内实现得分，因此，在交锋过程中，运动员要么前进，要么后退，没有第三种选择。这就决定了佩剑项目在防守上的另一特征，即以空间距离为主，以武器为辅。运动员按照佩剑规则的具体规定，在限定的场地范围内，通过争夺时间和空间得分。现代佩剑比赛要求运动员必须具备较强的空间进攻意识、空间防御以及攻击能力，这是在比赛中取得胜利的前提条件和重要保证。

（三）技战术运用力求简单多样

从战术的角度来看，国际上的优秀佩剑运动员都具有以下特点：1.简单的进攻，其成功率往往更高。比如假动作后的攻击等。虽然首次简单进攻的难度较大，但效果通常比较明显。越是简单的进攻，对进攻的速度、时机、精准度和加速要求就越高，这样才能保证进攻的有效性。运动员经常通过这种进攻的训练来提升击剑水平。2.多样化的行动和丰富的战术：①攻、防、反动作的交替，简单动作的组合；②根据具体情况，围绕同一目标点采取不同方式的攻击；③在预备阶段创造时机；④有目的、有计划地转换方法以及转换完全或者部分可预见和不可预见的行动；⑤针对对方同一形式的战术，灵活运用各种方法，以破解对方的攻击和防御。

五、我国佩剑未来发展的对策和建议

（一）熟知规则、利用规则

运动员严格按照规则参与比赛，将自己的体能、智力、技术等潜能最大限度地发挥出来，以取得比赛的胜利，这是竞技体育的基本特征之一。所以说，技战术朝哪个方向发展在一定程度上取决于比赛规则，同时，比赛规则也直接影响着技战术的创新。运动员利用规则的前提是充分了解规则。佩剑比赛的规则比较复杂，在一些边缘的规定上存在模棱两可的情况，由于标准不明确，导致在执行时裁判的判决时常带有主观意识，时间、比分情况都是影响裁判判罚的因素，加之现代高清摄像技术在比赛中的广泛应用，教练员的任务更加艰巨了。所以，教练员和运动员还需要在规则的使用和利用上下功夫。

（二）改变步法训练的理念与方式、方法

佩剑交锋具有以下特点：1.快速攻击和转换、战术动作衔接紧凑、没有躲避空间；2.在原地时不易防守；3.技战术主要是通过控制距离得以体现。其中，距离是交锋中的主导因素，运动员以其为核心展开交锋，根据距离的变化设计和实施战术。同时，运动员的技术和动作运用是否合理，也可以通过距离的控制予以衡量。在佩剑的技术动作中，步法的移动因为距离在交锋中的核心地位也变得尤为重要。步法的移动不仅可以反映出运动员的行动意图，也是实现战术目的的基础条件。所以，在评价佩剑运动员技术动作的实效性和规格的时候，必须以步法的移动和体态为主要依据，把握好这两个因素，才能准确判断双方选手的距离。

佩剑的交锋往往发生于中近距离的空间转换。这里要提醒一点，快并不是步法移动转换的重点，重点在于保持重心平衡的同时，不断转换步法移动的节奏。步频和步幅是影响步法效果的两大因素。由于场地的限制，步法移动的表现形式以小幅快频为主，并且这种形式也有利于重心和武器的控制以及距离和攻防转换的调整。在加速移动的过程中，如果步幅过大，很容易造成重心前倾或者后拉距离，影响距离的判断，进而失去控制权。

（三）提高中场区域对攻转换能力

在双方的对攻中，采取的最多变的得分手段就是对攻转换战术，其中，得分占比较高的是有节奏变换的抢先进攻、拉开距离后的跟进进攻。不难看出，对攻转换战术在高水平比赛中出现的频率更高。如果双方选手都运用了多样化的对攻战术，此时，比赛的胜负主要取决于选手能否灵活高效地运用时空转换。根据历届奥运会区域得失分的统计数据，佩剑运动员主要在中场8—10米的区域内得分和失分，该区域得失分在总得失分中的占比超过了80%。随着时空区域的不断压

缩，运动员首先需要通过步法的移动来控制攻防的转换，在此基础上设计和实施战术，才能取得良好的交锋效果。所以，运动员要加强在主要的失分区域的攻防转换训练。

第六章　击剑训练要求与方法

击剑训练是指与运动员训练水平相称的所有的练习，以提高该专项运动水平所需要的各器官系统的机能、运动素质、心理品质、技术、战术、理论知识等。击剑训练的目的是最大限度地提高运动员的击剑运动成绩。

第一节　击剑运动训练要求

经过击剑教练员、运动员和相关工作人员几十年的奋斗，我国在世界剑坛逐渐崭露头角，尤其是最近几届奥运会，我国运动员屡屡摘金，成绩卓越。但与此同时，也存在不同剑种技术发展不均衡的问题。因此，我国的击剑从业人员要认真研读比赛规则，从更深的层次认识和掌握击剑项目的规律和特性，对训练进行科学的定位、精准的把握和有效的管理，不断提高我国击剑技术的水平和创新能力。

一、在动态中求稳定

击剑属于格斗项目的一种，在比赛过程中，选手一边要攻击对方，一边要躲避对方的攻击，以达到得分的目的。运动员需要在规定的场地范围内，通过手上动作、身体姿态与脚步移动的配合完成攻击和防御。所以，"稳"和"动"是击剑训练的主要特征，在各个技术环节中都有体现，包括冲刺、向前弓步等。稳定就是运动员在交锋过程中保持稳定的步法、身姿、握剑与出剑。运动员想要在移动的过程中，尤其是运用武器交锋的时候顺利完成各种技术动作，就必须具有较强的身体稳定能力，这样才能将自己的竞技实力充分地发挥出来。

在攻防转换的过程中，击剑运动员很难保持技术动作和身姿的绝对稳定。运动员在运动惯性、力学条件以及体能消耗等各种因素的共同作用下，其身姿和技术动作会不断发生变化。为了保持躯干的稳定，运动员就需要积极主动地调整那些破坏原有稳定状态的因素，尽可能保持身姿的相对稳定。但是，如果突然停止移动或者一直保持不动，就会打乱原本均匀的用力过程，引起不稳定。因此，要辩证地看待"动"与"稳"，在动中求稳，稳中育动，实际上就是不断平衡两者的过程，只有这样才能让技术动作快、准、狠。所以，动中求稳是身体和技术训练需要共同遵循的原则。

二、在快速中求准确

在众多动作结构多元化的运动中，击剑属于变异组合项目，从技术层面来看，它具有很多特点，比如准确、快速、有效、可预见等。在限定的空间范围内，双方通过攻防的不断转换以及限制与反限制的来回交替进行对抗，这是击剑比赛的表现形式。击剑的特点和形式决定了运动员必须在距离的基础上实现攻击，那么，想要提高攻击的成功率，还需要提高速度。对击剑运动员来说，速度是一个极具杀伤力的"武器"，它可以破坏对手所有符合技术规则的动作。速度分快慢，但这并不意味着速度越快越好，快是一个相对性的概念，如果不能正确地理解和掌握它，很容易将训练和比赛引向错误的方向。

快和慢是一对相互制约、相互对立的概念。在现代击剑比赛中，双方的交锋往往是比较激烈的，快已经成为运动员制胜的重要战术。在实际训练中，教练员会在"好"的基础上强调"快"，但很多时候快和慢并不意味着好与坏，提起快，人们很容易联想到盲目、匆忙。所以，击剑运动中的快是指节奏变化时的加速。快速的出手、做决定，在时机成熟时立即出手，在保持稳定的情况下抢先出手，这些才是"快"的关键。

击中对方得分，取得比赛胜利是击剑比赛的直接目的，所以，运动员在比赛中所有行为的指向都应该是准确击中。如果脱离准确，还有什么技术、战术可言。"快"和"稳"都是为了"准"，在关键的交锋中，如果运动员不能准确击中目标点，出手再快、身姿再稳都无济于事。如果用一个字来概括击剑比赛的制胜因素，那个字一定是"准"，它在所有制胜因素中处于核心地位。而"稳"和"快"是服务于"准"的两个前提条件，其中，前者是运动员的必备能力，只有身姿稳定，技术动作稳定，握剑出剑稳定才能准确击中。因此，"稳"是"准"的前提条件和低级表现形式，"准"可以上升到战术策略的高度，但"稳"不可以。而后者作为"准"的另一前提条件，是基于"稳"而言的。也就是说，"快"是技术熟练的反映，体现了运动员技术和时空转换的简洁流畅，不是单纯的缩短攻击过程。如果没有"稳"的保障，那么"快"的效用也发挥不出来，"快"也就无从谈起了。在动态的"快"中求"稳"才是高质量的"稳"，才能为准确击中助力，所以，要从"稳"和"快"两个方面来把握"准"。

三、在武器上求"人剑一体"

击剑是一种对抗性极强的格斗项目，强调武器的运用。在比赛前和比赛中，运动员能否科学合理地选择、调试、使用和驾驭武器（剑）及服装器材，可以反映出其竞技能力。所谓"人剑一体"就是将人与剑看作是一个有机的整体，其中，人体延续的部分就是剑。剑是在一个封闭式的系统中进行运用的，且系统内部的能量可以相互转换，其组成部分包括人与剑。想要灵活自如地运用剑，首先需要具备良好的调试剑与人的能力，这样才能保证剑的能量被稳定输出。在一定程度上，武器的掌握能力决定了运动员的技术水平，这里的掌握不是对武器重量、舒适性的感知，而是一种复杂的知觉，它综合了运动员的思维、意识、经验、各种感官和本体的运动感觉等。运动员需要经过长期的、针对性系统性的训练才能形成"剑感"，并且它会随着运动员战术技术的发展而发展。相较于普通人，运动员基于天生的敏感性更容易形成剑感，并且对剑的感知也更加敏锐。对所有人而言，剑感的发展和精进是没有尽头的，一山更比一山高，相对于天生的敏感性，更需要靠后天的探究和体悟。除此之外，每个运动员的体能、身形、习惯等都是存在差异的，在训练和比赛时，要根据运动员的实际情况来选择、调试和配备剑，这样才能更加自如有效地使用和利用剑。

四、在动作规格上力求与比赛规则一致

击剑比赛的规则严格且复杂，在运动员的日常训练中，要树立规则规范意识，严格按照比赛规则的各项规定进行训练和常规比赛，如果在日常训练中放松要求，降低标准，那就达不到训练的效果，进入实战后，很容易因为无法适应而出现各种失误，影响发挥。这种情况在花剑和佩剑中的表现比较突出，主要集中于主动权、抢跑、遮挡和出边线等问题上。比如，很多花剑和佩剑运动员，在日

常训练中的技术水平和能力较好，但是这些训练的标准和要求并不是那么严格，导致运动员在实际比赛中，经常出现交锋犯规，或者对攻时来不及反应，晚于对方几毫秒出手而失分，训练的时效性很不理想。

裁判规则在击剑比赛中占据着非常重要的地位，它既是比赛的主要依据，又是比赛的法则。运动员想要在不触犯规则的情况下，将自己的技战术水平充分发挥出来，就需要熟读裁判规则，加深对规则的认识和理解。此外，运动员还要根据裁判判罚的尺度和风格来选择战术和技术。在与对手比赛的同时，运动员还要兼顾主裁判这一因素，来调整自己的思想和行动，因为得到裁判肯定的击中才能得分。不同技术风格偏好、流派、国家和地区的裁判员，他们对裁判规则的理解和拿捏尺度是存在差异的。裁判作为运动员制胜的外在因素，在比赛判罚上起着决定性的作用，如果运动员不努力适应裁判员的判罚，或者不顾及裁判员的想法，很容易处于竞技劣势而输掉比赛，从这一角度来看，在击剑项目中，虽然对抗的个体只有两个，但参与比赛的主体实际上有三个。所以，教练员和运动员一定要加强学习和研究，熟悉、理解、掌握规则，并严格按照规则开展日常训练，这样才能有效提高击剑技术水平。

第二节　击剑教学的一般训练方法

击剑教学训练方法是教练员、运动员为完成教学训练任务，提高击剑运动成绩而采用的方法。教学训练方法是完成任务、达到目的必不可少的桥梁。击剑教学训练是否成功、效果是否显著，很大程度上取决于所选方法的实效性和先进程度。击剑教学训练方法可分为一般训练方法和心理、技术、战术、体能教学训练等专项训练方法。本节主要介绍击剑运动的一般训练方法。

一、集体练习法

集体练习法是指一个班、队或一个剑组在教练员统一指挥下所进行的各种内容练习。通常用于准备活动、身体素质练习、基本技术练习等，也是调剂运动量的训练手段之一。

集体练习法的优点在于通过竞赛性和趣味性的练习内容，提高运动员的练习热情，纠正共性缺点，培养意志品质和团队精神，沟通教练员与运动员、运动员与运动员之间的感情。集体练习对提高身体素质和改进基本技术有很大作用，但缺点是对个体特点照顾不够。集体练习时应注意以下三点：

（1）目的明确，内容丰富、合理。教练员安排集体练习时，要有明确的目的，要把运动员训练时存在的共性问题，通过集体练习的方式来解决。对安排的内容要充分准备，要注意全队运动员所能承受的运动负荷，合理安排练习的强度、密度。对每次课的准备活动或经常进行的身体素质练习，要有多种形式的变化和不同手段的组合，要紧密围绕专项进行，将丰富的内容根据需要和场地器材的客观条件灵活运用。千篇一律的练习形式会影响练习效果。

（2）趣味性和竞赛性。安排练习内容和选择训练方式时，要将趣味性与竞赛性结合起来，适当的对抗和竞赛可以提高运动员的练习热情，特别是对少年儿童运动员，兴趣和竞赛更符合他们的年龄特征，会收到良好的练习效果。

（3）整体练习效果。教练员在指挥集体练习过程中，主要注意力是在整个集体，对个别人出现的问题或稍加提示或留待课后解决，不要影响乃至破坏整个集体的练习。

二、小组练习法

小组练习法就是指在一个训练单元里让几名运动员同时进行某一技战术动作过程的练习。对教练员来说，采用这种方法要注意小组内运动员竞技水平的差异不能过大，也就是说要求运动员完成的任务基本在同一尺度上。此外，小组的规模不能太大，以不超过6人为宜。

小组练习法的优点在于通过分组练习，可以形成组与组之间的竞争气氛，组内队员之间在技术、思想上的交流，有利于教练员对运动员的指导。小组练习对培养运动员自觉性练习具有很好的作用。小组练习时应注意以下两点：

（1）目的明确，分组合理。教练员安排小组练习时，要有明确的目的和要求。要合理分配各小组人员，使他们在身体、技术、战术等方面的差异不要过大。

（2）与其他方法结合紧密。小组练习法不要孤立地进行，要与其他练习方法有机地结合起来，形成完整的训练体系。对少年儿童运动员采用该方式时应加强组织、纪律性教育，注意训练方法、手段的变换，只有这样才能充分发挥小组练习的优势。

三、双人练习法

双人练习法是击剑教学训练过程中的主要方法，指的是在教练员指导下，由两名运动员进行各种对练的方法。这一练习法对任何级别的运动员都具有重要意义。其优点在于它能紧密结合击剑竞赛双人对抗的特点。练习中可以根据运动员的年龄、水平、特点等，安排其内容的难易程度，以达到不同的练习目的。双人练习是将集体练习、个别课练习逐步过渡到实战的最好桥梁。它能通过内容变化和不同要求，培养运动员的剑感、距离感、空间姿势感、节奏感、时机感等各种实战素养。既可进行基本技术练习，又可用于各种战术练习。双人练习时应注意以下三点：

（1）目标明确。对双人练习的目标，教练员必须有明确的要求，而运动员又必须按照要求去练习。目标不明确或要求不具体，容易放任自流或变成实战，达不到预期效果。

（2）精心设计。对双人练习要有充分准备并精心设计和组织。从内容、要求、条件、运动负荷、运动员之间的搭配到每组间隙时间均要科学合理，要与击剑运动的特点密切结合。

（3）组织严密。组织双人练习时，要充分考虑规则、方法。练习中队员的轮换、推进都应在教练员的严格控制下进行，严密的组织有助于集中运动员的注意力，提高训练效果。对练习中出现的共性问题，可以适当采取集中讲解、示范、分析问题的方法加以解决。对完成不好的组，可在练习过程中随时指示；对完成较好的组，可以让其当众示范演练，予以肯定表扬，注意"抓好两头带动中间"。

四、个人练习法

个人练习法是指运动员自己单独进行各种专项练习的方法。

个人练习的内容包括运动员脚步技术练习、手上技术练习及身体、心理的练习等，其技术练习的方法包括面对镜子练习、刺靶练习及持剑或不持剑的有假想对手的练习等。

个人练习可以解决运动员自身存在的某些习惯性错误并熟练运用某项基本技术；解决自己在无同伴、无教练员情况下的练习；用于伤病后恢复性练习或局部练习。它是多年系统训练中必不可少的一种练习方法。进行这种练习应有一定基础，对所练的内容要有正确的概念。

五、模拟练习法

模拟练习法是指在掌握准确信息的基础上,通过在与比赛条件相似的环境中的练习,或与模仿比赛将要遇到的主要对手特征的陪练人员的练习,使运动员获得某种特殊技能和适应能力的方法。

模拟练习可使运动员熟悉对手情况、适应比赛环境。这种适应主要表现为"心理适应"。运动员有了这种精神上的准备,比赛中就会以稳定的心理状态去对待可能出现的情况,为比赛的胜利创造一定条件。

被模拟对手的内容包括对手的身材、持剑臂、速度、力量、心理特征、神经类型和技战术风格特点等;被模拟的竞赛环境包括场地、观众、比赛时间等。总之模拟越接近真实,运动员的适应能力越能得到培养。但无论模拟如何真实,与实际总会有差距,因此,必须辅以心理训练和思想教育。模拟练习时应注意以下三点:

(1)掌握准确情报。要对比赛条件进行充分的调查研究在符合比赛规定的情况下,并根据准确情报制订模拟训练方案。情报不准确,模拟训练就达不到预期效果,甚至产生副作用。

(2)追求模拟的相似性。执行模拟训练的首要问题是要选准被模拟的特征,再选定与其特征相似的模拟者和模拟环境,其模拟相似程度的高低,决定了模拟训练的效果。因此,要精心设计、组织和调控。教练员也可以通过个别课对某些战术进行有针对性的模拟训练。

(3)注重综合效应。为了达到模拟训练的目的,应将模拟者和模拟的环境、条件综合起来,在极为相似的条件下,使运动员在技战术、身体和心理上获得适应。

六、游戏和比赛法

游戏和比赛法是指运用游戏和比赛的方式进行练习的一种方法。

游戏的趣味性和比赛的竞争性,对提高训练的积极性,培养运动员的主动性、创造性、进取性、随机性、应变性和独立思考、判断能力有积极作用。同时,由于有相应的规则限制,运动员只有共同遵守规则、相互配合,控制自己不符合规则的情绪和行为,才能使游戏和比赛顺利进行。这对培养运动员的道德品质、团队精神有着良好的教育作用。

游戏和比赛法既可用于身体训练、技战术训练,又可作为运动员调节和恢复放松的手段。因此，不同训练水平的运动员在不同时期和阶段的训练中均可广泛运用此方法，特别是在儿童、少年的教学训练中更加有效。运用游戏和比赛法时应注意以下三点：

（1）目的明确。选择时应根据训练的需要，有明确的使用目的，并确定相应的规则要求，才能解决训练中所要解决的具体问题。

（2）加强游戏和比赛的组织。在组织游戏或比赛时，无论队与队之间还是个人与个人之间都应水平相近，要做好恰当的力量分配，以保证比赛的公平性和竞争性。教练员要善于控制游戏和比赛进程，注意运动负荷，以免影响其他训练内容和任务的完成。

（3）讲评与总结。简要总结练习的优缺点，充分肯定在游戏和比赛中运动员表现出的积极进取精神及优良的品质作风，以提高游戏和比赛训练法应用的效果并发挥其教育作用。

七、实战法

实战法是指在教练员组织下，有计划地以实战方式进行教学训练的方法。

实战训练是最接近比赛的一种训练方法，可根据不同时期、不同阶段、不同任务，安排带有一定条件或不带条件的实战，以达到某种目的。实战既不同于双人练习，又不同于正式比赛，它高于双人练习的难度，又低于正式比赛的程度，是教练员检查某项任务的完成情况，培养运动员某些能力，提高技术、战术、身体素质、心理品质和思想作风的有效方法之一。运用实战训练法时应注意以下三点：

（1）目的明确。每次实战训练要有明确的目的，并按照计划、要求，有组织地实施。要求不明确或组织不严密，容易流于形式或成为与任务无关的自由实战，达不到预期目的。

（2）内容不宜太多。实战训练可带条件，也可不带条件，无论是否带条件，其内容不宜过多，以一次实战训练解决一两个主要问题为宜，使运动员可以集中精力完成规定内容并提高训练效果。条件实战是经常采用的训练方法，其条件通常为限制使用某种技术、战术或让分等，所带条件应与运动员的实际情况相符，使运动员通过努力，从完成有限条件下的实战练习中得到某种收获。不带条件的实战是指对技战术的运用不予限制，通过实战检查运动员对所掌握的技战术的运用情况，并在训练中培养其良好的心理品质和思想作风。

（3）讲评与总结。讲评和总结是实战训练的重要环节。教练员对预期目的、内容完成情况、要求和条件的执行情况应逐一总结，对运动员的表现予以表扬、鼓励或批评。

教学训练方法有很多，以上是对几种常用方法的介绍，每种教学训练方法都有自己的特殊功能，在选择教学训练方法时应遵循下列原则：

（1）针对性原则。要根据不同阶段所要达到的目的和要解决的问题，以及运动员的年龄、性别、水平及场地条件、气候条件等因素来选择教学训练方法。这样，选择的教学训练方法才具有较强的针对性。

（2）综合性原则。现代教学训练方法已从单一性向综合性过渡，其主要表现在两个方面：一方面，为完成某一教学训练任务，往往采用多种方法进行综合训练；另一方面，教学训练方法本身就具有综合性，采用一种教学训练方法的同时可解决几项教学训练任务。综合运用教学训练方法是教学训练的发展方向。

（3）常用方法与特殊方法相结合原则。击剑教学训练中的常用方法是在长期实践过程中总结出来的，对解决一般性问题是行之有效的。教练员应根据击剑运动的特点，参考其他项目的方法，创造出适用于击剑的特殊训练方法。衡量教练员水平高低的一个重要标志，是看他掌握教学训练方法的全面程度和选择运用的合理程度。应在传统训练方法和手段的基础上，注重研究，创造出适应我国运动员的有效方法和手段组合。

第三节　击剑技术能力及其训练

击剑运动隶属技能主导类的格斗对抗项目，其技术结构属于多元变异、组合的开放性技术，受到竞赛规则和对手的制约。因此，在比赛过程中很难按事先预定的技术模式进行，这也体现了技术动作的灵活性、可变性及实效性。运动员为了达到刺中对手的目的，技术的运用必须在距离、时机、控制、平衡、协调等基础上进行。因此，要将以上要素纳入技术训练中，不仅要掌握这些技术，更要在训练和比赛中灵活运用这些技术。

一、击剑技术的概念及其意义

击剑技术是指击剑运动时能充分发挥运动员身体能力，合理、有效地完成击剑运动的方法的总称。

"合理"是指必须遵循人体运动规律，符合生物力学原理与方法；"有效"是指充分发挥人体潜能，能进行攻防，最终刺（劈）中对手。合理有效的动作方法是以一种理想的动作模式为衡量标准，通过对实践经验的不断总结和归纳，对相关数据进行科学计算、分析最终设计而成的。它反映了一般规律，具有共性特点。但是由于每个人的个性、身体条件、使用动作的习惯各不相同等原因，技术还有其个性特点，因此，必须寻求共性与个性的统一。随着击剑运动的发展，击剑技术也不断丰富，所以合理、有效是相对的。尽管如此，具有共性的击剑技术还是科学合理的。因此，击剑运动员在训练、比赛中，完成的技术越接近标准模式的要求，说明运动员所掌握的技术越科学越合理，技术水平就越高。掌握基本的技术，对提高竞技能力、在比赛中创造优异成绩有重大意义。所以基本技术是击剑的基础，也是发展高、难、新技术，形成特长和绝招的基础。

二、击剑技术的分类及特征

击剑基本技术按攻防体系来划分，可分为攻击性技术和防御性技术两大类。攻击性技术主要指运用武器的攻击行为，包括进攻、还击和反攻。防御性技术主要指运用武器阻止攻击行为的防守。击剑技术属于开放性、多元变异组合结构。其主要特征如下：

（一）技术运用的实效性

击剑比赛中使用攻防的目的是击中对手和防止被对手击中。因此不管你做什么动作，都要求在规则允许的范围内，能击中对手有效部位，而不被对手击中。技术运用的实效性在比赛中主要表现为得分手段的简练、直接。对世界优秀击剑运动员的研究表明，运动员的得分主要来源于本方直接攻击性技术，而不是间接或组合攻击性技术。从统计结果来看，运动员直接得分率与使用率都高于间接或组合性得分率与使用率。

（二）技术运用的快速性与准确性

从击剑比赛的规则来看，花剑击中的互中时间为275—325毫秒；佩剑为170毫秒；重剑为40—50毫秒。如果击中时间超过了各剑种设置的互中最高值，裁判器就会自动关闭，不能显示击中信号。比赛中为了适应这种情况，达到实效性，无论是进攻还是防守，总要设法领先对手，使动作快速（反应快、判断快、移动快、出手快）和准确（恰当的力量、剑身的路线、剑尖的控制等），只有这样才能实现击中对手和防止被对手击中的目的。这就是击剑技术运用的快速性和准确性。

（三）技术运用的应变性

在击剑比赛中，比赛的局面是动态的，对手和自身也是动态变化的。双方运动员在长14米、宽2米的场地上攻防技术的运用都是随机的，没有固定的进攻与防守，也没有一方进攻另一方必须防守的设定。因此，比赛中运动员的技术动作运用在很大程度上受到各种因素的制约，很难按预想的程序进行。必须依靠自身主动地调整，根据场上形势的变化，而采取相应的对策使技术动作运用能够向着自己所能掌握的方向发展，以达到攻防的目的。

（四）技术运用的预见性

由于击剑比赛中的双方都是动态变化的，因此，在比赛中始终贯穿着发挥与反发挥、制约与反制约的激烈抗争。据测试，击剑运动员完成刺（劈）的动作时间为250—470毫秒，而运动员不可能在复杂、快速多变的比赛场上在那么短的时间内改变动作方向。要使动作运用有实效，就必须要有预见性，有了预见才能超前反应，做出的技术动作才能符合客观实际的需求。预见性是通过敏锐观察，综合分析、判断而形成的，即"见微知著"。

三、击剑技术的运用要素

运动员掌握击剑技术是在对抗格斗形式下进行的，而在比赛的实践中，运动员的行动不断受到对手的激烈对抗，攻防转换瞬息万变，稍纵即逝，形势变化莫测，很难按平时练就的技术程序进行。运动员必须根据场上变化的情况，不断调整自己的动作，采取相应的动作方法，这就要求运动员必须掌握多样的、全面的技术，"储存"更多、更丰富的技术元件，才能随时组合成新的动作，做到随机应变。同时要看到，动作是受意识支配的，要随机应变地做出动作，必须先由意识支配，否则要做的动作是不可能做出来的。有了动作还需有一套能应变的动作方法，否则动作就失去了实用性，成了花架子，达不到攻防的目的。支配动作的意识就是动作的内涵和核心。这个意识包含观察判断、预见性和击剑的专项感知觉（距离感、剑感、时机感、空间感、节奏感）等。因此，我们必须认识到，在击剑格斗对抗项目中除了要掌握技术训练外，更应加强技术运用能力的意识与训练，以防出现训练型或"花架"式运动员。依据击剑专项感知觉，技术运用的要素包括距离感、节奏、时机、控制、协调、力量、速度等。也就是说技术的运用离不开这些要素，这些要素是技术运用能否击中对手或不被对手击中的保障。技术运用的实效性是决定运动成绩的重要因素，因而必须认真对待。

（一）距离感

距离感是击剑运动员的专门化知觉或深度知觉，是指双方交锋时，运动员在完成攻防动作过程中对击剑技术的运用出现无效距离与有效距离的感觉。击剑的比赛形式是一种动态的对抗，要想击中对手，首先要有"距离"作保障，没有距离就没有击中的条件。交锋实战中的距离是指各种攻击的有效范围，是运动员运用技术所需要的距离，只有在合适的距离内来运用技术才能达到击中的目的。击剑运动员要想在比赛中取得优异成绩，就必须具备良好的距离感，能够清楚地感知和把握比赛双方之间的有效攻击距离，寻找最佳进攻与防守及防守反击的机会，获得场上局面的主动权。

（二）节奏

所谓节奏知觉，就是一种结合了多种知觉的综合性本体运动感觉，包括力量和动作幅度的大小、时间长短、动作快慢等的知觉。动作的共性在于它们可以形成节奏，唯一不同的是节奏的复杂程度。每个运动员都有自己的动作习惯，在此基础上，他们也形成了具有自身特色的动作节奏，区别在于节奏的变化性、多样性和快慢的不同。

击剑运动员需要在限定的时空内形成各种技术动作节奏。这些节奏因为转向、起停、加速和范围的变换而不同，而运动员在比赛中是否能够掌握主动权和控制权、技术运用是否灵活自如，都与这些因素有关。击剑技术动作节奏的两大构成要素分别是距离和速度，此外，还有真假动作等其他要素。

击剑运动有着多样化的技术动作，这些动作相互关联，相互制约，它们会按照一定的顺序呈现出周期性的交替与轮回。在击剑比赛的攻守对抗和转换中，想要有效控制对方，就需要充分掌握技术动作节奏。技术动作的娴熟程度和节奏感是呈正相关的，运动员在比赛中采用富有节奏感的技术动作，不但能够增强获胜的信心，还能给对方带来压迫感。击剑技术的运用是以动作节奏的变化为前提的，它与技战术的实施密切相关。

（三）时机

时机感是实行击剑行动时对最有利时间和最不利时间的知觉能力，其中运动员本能的感觉、预测和直觉起着决定作用。这种知觉是大脑在对观察的情况加以综合分析后，命令肌肉做出的行动。神经传导速度和反应快慢对把握时机有重要的意义。良好的时机感表现为：能迅速掌握对方的动作规律，从规律中捕捉时机；有快速的反应能力，出现合适时机能及时采取行动；有敏锐的观察力，能发现对方思想疏忽、精神松懈、动作错误等微小的预兆，正确判断对方意图、动作速度；有灵活的思维能力。能制造假象欺骗对方，诱骗对方产生适合自己战术行动的时机。

击剑运动员在相互对抗和制约的过程中，会观察对方的行为过程，判断其意图和下一步的动作，进而选取合适的时机出剑，并力求先于对方攻击。过早的攻击，会让对方看出自己的真实意图，而且无法准确击中；过晚的攻击，会给对方制造时间差，让其有足够的时间破解攻击。与进攻一样，防守也要讲求时机，一定要在确定对方进攻的方向和时间之后，再采取防守技术动作。过早的防守，会让对方看出自己的防守部位和意图，而过晚的防守往往起不到防守的作用。在比赛中，技术战术的成功运用直接受到时机的影响。如果运动员缺乏时机感，即使技术手段再娴熟，也无法有效发挥，这就降低了技术的有效性。

（四）控制

"控制论"将控制定义为：基于特定的条件，人们有目的地对条件进行创造和改造，进而使事物在可能的空间范围内，朝着明确的方向发展。击剑运动具有较强的技术性和快速的攻防转换，这是该项目外在表现的主要特点，这就需要运动员在错综复杂、不断变化的对抗环境中，快速完成一系列的攻防动作，并且为了保证动作的有效性，这些动作综合了运动员的各种运动素质，比如速度、耐力、力量等。所以，在比赛中想要准确击中对方的有效部位，获得优先裁判权，就要对自己的姿势、握剑出剑的方向和力度、双方的距离以及技术动作的节奏进行精准的把控。在交锋的过程中，尤其要掌握好剑尖的方向，并保持身体重心的平衡。不难看出，动作、击中以及信息获取的"准"，是以重心平稳为前提和保障的。运动员在实施动作的过程中，充分体现了击剑项目的肢体控制性，良好的身体控制力是所有动作及其变化的基本要求。即便在长时间的复杂多变的步法组合过程中或动作运用后,整个肢体的形态仍不被破坏。通过对肢体形态的控制来体现动作的力度、速度、幅度、方位等,肢体控制能力是击剑运动员在技术运用时表现的对躯体、四肢整体的控制能力,包括动作力度控制、动作速度控制、动作幅度控制、动作方位控制四个构成因素。从控制剑的要求看,应让剑成为身体的一部分,作用于剑尖达到随心所欲的地步。

(五)协调

击剑运动员的身体协调能力是一种复杂的能力,既不是单纯的身体素质,也不是单纯的运动技术。它是运动员在击剑比赛中,熟练地控制与调整自身身体动作,特别是协调上下肢动作的配合,完成各种攻防技术动作的能力。

击剑在完成各种攻防的动作中,主要是以手上用剑的动作方法、脚步的移动方法与身体姿势的互相配合来实现的。它们虽各有特点,任务不同,但必须相互依存,相互配合,组成一个有机的统一整体,才能构成技术和运用技术。技术的掌握与运用依赖于协调能力,而协调能力是在人的成长发育过程中形成和变化的。因此,技术与协调能力应与年龄相适应。每个人都要经历若干个技术阶段,不能跳过其中任何一个阶段,尤其要知道如何停留且满足于这些阶段。各个阶段代表各个不同的水平,每一层水平的稳固又为掌握更高一层水平创造了条件。正因为这样,才要不停地重复技术基础,即便是在奥运会的准备过程中也不能忽视对技术基础的学习。因此,协调贯穿整个技术的学习过程,是掌握与运用技术的基础。

(六)力量

击剑运动中的力量是种隐性的素质,击剑比赛不是以力量取胜,但力量起着非常重要的作用。力量是指完成击剑技术动作本身所发挥出的力量,侧重于技术动作的完整性和用力的协调性。在击剑比赛中,刺、劈是唯一有效的得分手段,其动作特点是,在频繁的攻防转换过程中,能依据对手的情况突然发力完成动作,且力量足、动作突然、动作幅度小。这需要运动员具备强有力的手臂、手腕力量,以及控制剑的力量。此外,为了突然发动进攻,通常需要依靠运动员的腿部和脚踝的爆发力做出大幅度的弓步进攻,这要求运动员具有良好的爆发性蹬伸力量,而这些是技术运用成效中不可缺少的因素之一。

（七）速度

击剑比赛中速度与力量一样，不是以速度（快）取胜，但起着非常重要的作用。击剑比赛中，技术的运用需要一定的速度作为保障，在不停的运动中，既要击中对方，又要防止被对方击中，这要求极其敏捷的动作速度。距离合适、时机最佳，但攻击出的动作慢慢悠悠，也不能达到击中的目的。距离也好，时机也好，都是稍纵即逝的。比赛中战机的把握，技术的运用，需要反应速度、动作速度、位移速度来保证。

动作的速度在击剑比赛中，是交锋中得分的一个关键因素。动作速度主要包括如下意义：第一，完成动作时需要实现的速度与力度；第二，其可以为裁判在动作形态上提供良好的判罚依据。例如，佩剑、花剑中的失分与得分中有一些是裁判员根据动作形态进行研判的，如相同的互中，基于完整性与规范性，裁判会按照运动员动作的速度与力度来研判。

四、击剑技术训练方法

教练与运动员需要应用合理的训练方式，来完成既定的训练任务。技术训练能不能成功，最终效果是不是突出，与技术训练方式的科学性、应用的准确性有很大的关系。

对技术训练方式进行选取时，需严格按照以下要求来展开：

（1）技术训练的各个阶段要实现的目标与应完成的任务存在一定差异。所以，选取技术训练方式需有显著的针对性，也就是说，需有的放矢。

（2）为达成技术训练任务需应用各种训练方式，来实施综合训练；或者应用某个技术训练方式一同处理多项训练任务，从而优化训练效益。

（3）对训练方式进行选取时，需把主要方式与特殊方式融为一体进行应用。换言之，就是把各个项目都可以应用的模式和应对特殊问题时特别设计的方式有机融合。

（一）直观法与语言法

1. 直观法

直观法，就是在进行技术训练时，通过运动员的感觉器官，让其构建对训练的感性认知，这是指引运动员学习了解、提升自身运动技能的主要训练方法之一。

应用这一方式时需关注这些方面：

（1）按照实际条件，充分应用多种直观模式。增强多感官的整体分析能力。运动员充分应用感官的能力越强，就越能快速认知、了解技术动作。多个感官的作用通常有相应的阶段性。例如，在刚刚学习技术动作之时，视觉作用比较明显；但是在提升阶段，需主要借助肌肉本体感觉对技术进行优化。

（2）将应用直观法与激发运动员的积极思维相融合。感性认识需借助合理的思维逐步转向理性认识，这样才能构建科学的动作概念，为合理掌握动作夯筑基石。

（3）对年龄小、运动水平不高的运动员，需主要选取示范、视频与录像等直观方式。

2.语言法

语言法指的是在技术训练过程中，借助多种方式的语言引导运动员掌握技术动作的训练方式。其基本作用就是借助语言助力运动员了解技术动作概念，改正动作，优化技术水平。

语言法的基本手段是讲解。在讲解过程中，需做到目标具体、简单明了、通俗易懂，要有启发作用，并重视讲解的时机。可以合理应用语言法来训练高水平的运动员。

（二）完整法与分解法

完整法是指对运动员由技术动作的初始姿势到结束姿势，系统地进行训练，以此学习技术的训练方式。其好处就是刚开始就让运动员构建了完整的技术动作概念，不会对动作的结构与各个部分的关系形成相应影响。这一方式主要在了解简单的技术动作、无法细化分解的技术动作中应用。

分解法，就是将完整的技术动作根据相应分解，划分为数个比较独立的部分，让运动员依次加以训练的方式。其好处表现在，可以降低运动员学习之初的难度，在明确了完整技术动作中比较独立的多个部分之后，展开完整训练，以此优化学习效率，提升学习的信心。这一方式常用于组合技术动作训练、比较复杂的技术动作训练中，还可以用在提升动作质量、优化动作中。

因为分解训练是逐一地掌握技术，因此，通常把分解练习视作是对完整练习的补充。

应用完整法和分解法的过程中还需考虑如下几个方面：

（1）较复杂的技术动作，可以分解之后再进行完整的训练。但是在此状况下，应注意不能对动作的完整性进行破坏。也就是说，需将不影响技术动作的结构特征、不会破坏动作各个部分的有机训练作为基本原则来细分动作阶段。

（2）少儿初学者有良好的模仿能力，对比较简单的动作，可以先完整练习之后再进行分解训练。

（3）通常情况下，运动技术水平高，分解练习的比重就比较高，此时运动员的分化抑制较高，也非常明确技术动作各环节的概念，往往不会因为分解训练而对动作的完整性形成不利影响。

（4）先完整然后分解或者先分解再完整，均不是固定的学习程序，教练需按照技术动作的具体难度、运动员心理特征与年龄特征以及结构等，来选取应用的方式。

（三）想象法与表象法

1. 想象法

想象法指的是在训练之前，通过想象技术要领，在大脑中保留技术的印记，再通过练习调动这些印记，让技术动作做得更准确一些的训练方式。这一方式得到了优秀运动员的青睐，被广泛应用。

在应用想象法时，需和各感觉有机融合，就是说，在大脑想象技术动作的同时，把多种感觉，例如，方向感、肌肉用力感、速度感、空间感等相融合，将想象转化为运动器官的操作活动。

2. 表象法

表象法的另一个称呼是念动法，指的是运动员在大脑中回忆以往完成的准确动作，唤醒临场感觉的训练方式。借助数次动作表象，优化运动员的表象再现、表象记忆能力，可以让运动员的焦点放在科学的技术要求上，这对提升运动员的心理稳定性有积极作用，以期为运动员掌握技术夯筑基石。

（四）减难法与加难法

在技术训练中，通过比专项要求低的难度来训练的方式，就是减难法。比如，徒手的步法与手上动作训练。这一方式主要在技术初学时应用。

加难法，即在技术训练过程中，通过比专项要求高的难度来训练的方式。例如，负重的部分步法与手上动作训练。这一方式主要应用于优秀运动员训练中。

五、击剑技术训练中的要求

（一）处理好基本技术与运用技术的关系

通过实践证实，只要是可以攀登世界体育高峰的运动员，通常都拥有良好的基本技术。所以，不管是什么运动项目，都要系统地、持之以恒地注重基本技术的练习。就算是在水平比较高的运动员练习中，基本技术练习的比重也应高一些。

运动员倘若要一直维持高峰态势，增加运动寿命，那么，基本条件就是以基本技术为主的基本功和基本实力。我国前女子花剑运动员栾菊杰连续多年在中外重要比赛中夺得桂冠。文国刚教练认为，栾菊杰运动寿命比较长的一个主要原因是技术比较全面、具有出色的基本功，就算是在第23届奥运会上夺得冠军后，在技术训练中，栾菊杰的基本技术训练比重依旧比较高。但是我们还应关注到，在击剑格斗项目中，不仅要重视基本技术的练习，还需强化技术应用能力的意识，预防有"花架"式运动员现象。技术应用的实效性是运动成绩好坏的关键因素，所以，需引起重视。

（二）处理好特长技术与全面技术的关系

击剑项目包含全面技术和特长技术，在训练过程中，需将这些技术有机融合。

其中，特长技术，即在运动员学习与掌握的技术群中，对运动员摘得桂冠有重要意义的、可以体现个人优势、应用可能性比较高的技术。在练习时，应当讲究精益求精，努力让其变成运动员获得优异成绩的关键手段。

运动员是不是有自己的优势，能不能进入高水平之列，特长技术就是这些条件中的重要组成部分。同时，特长技术还是影响技术风格的一个关键因素。

至于让击剑运动技术群的什么技术作为特长技术，教练和运动员可以以这些因素为出发点：第一，运动员整体打法的独特要求；第二，运动员在击剑运动技术群中做得最好的技术动作；第三，击剑运动技术群中具有重要功能的技术；第四，运动员的鲜明特征与应用的独特器械。

在强调特长技术训练的过程中，还应熟知击剑的相关技术。原因主要包括：第一，击剑运动技术动作群的各技术之间通常具有相应的关系，彼此之间发挥互相制约、相辅相成的作用。该作用就是运动技术的"转移"。在此转移的影响下，偶尔一个好像不起眼的辅助技术的学习，就有可能对特长技术的优化产生一定影响。第二，在竞赛中，技术是不是全面，是确保特长技术能不能发挥的基础。在竞赛中经常能够看到此类现象：某运动员虽然有鲜明的特长，但是由于其技术不够全面，在特定层面存在薄弱之处，所以在比赛过程中经常被对手抓住弱点狠狠打击，还没有发挥自己的特长就被淘汰。这表明运动员技术系统在竞赛中展现的整体效应，有时与木桶原理相符，也就是说，通常不会被高水平的技术所左右，而与其他水平较低的技术密切相关，相持能力的作用增强，所以，应当关注全面发展、凸显绝招。这表示，现代运动训练的发展，既要求运动员具有良好的特长技术，还需拥有水平较高的全面技术。因此在日常训练中应将两者相融合。

还要注意的一点是：战术的基础是技术。这句话的语义是：战术的多样性取决于技术的全面性。在比赛过程中，不仅要给对方制造阻碍，还要让自己尽可能快速地适应对手，这表面上是战术问题，其实还涉及技术问题。

（三）处理好教练员"教"与运动员"练"的关系

教练一词是由教与练两个字组成，"教"在前"练"在后。也就是说，教练的作用先是如何去"教"，然后才去"练"。教练员是教学训练的设计者和组织实施者，教学训练过程的各个环节，不论是现实状态的诊断、指标的确定、计划的制订、组织实施和调控，都是在教练员的组织指导下进行的。

教练员要根据运动员的个体特点、训练条件、击剑运动的特征，合理安排教学训练步骤，采用恰当的内容、方法和手段，正确使用讲解、示范方法，把击剑的要领、规格、方法、练习顺序和重点交代清楚。例如：弓步刺，对教练来说首先要告诉运动员弓步刺后对手会有哪几种不同的应答，然后练习在不同情景下弓步刺的运用，假设对手运用武器防守怎么回应，假设对手拉开距离怎么回应，对手反攻怎么回应，对手截击了怎么回应。通过这种教与练的结合，使运动员在练的过程中拥有清晰的概念，知道了弓步刺动作在不同情境下如何运用。击剑技术的掌握只是基础，更重要的是在比赛中如何运用。技术的掌握可以通过"练"来达到，但技术的运用能力是要靠教练员的"教"与运动员的"悟"来发展。

（四）重视运动技术创新

运动技术的发展有两种形式：渐进式（指原有技术不断完善和提高）和飞跃

式（指出现了以前没有的新技术）。

击剑技术的创新往往与规则的改变相关，如：佩剑规则中禁止使用交叉步和冲刺的限制，便出现了单脚冲刺新技术；花剑裁判器参数的改变，使原有的甩剑刺技术受到了限制，迫使人们去想怎样将"甩"与"刺"的技术巧妙地结合起来。新技术的出现会引起整个技术体系的震荡，破坏原有的技术结构建立新的技术结构，会格外受到人们的关注。

第四节　击剑战术能力及其训练

战术能力是竞技能力的重要组成部分，战术能力的基础是技术能力。技术能力和战术能力的提高及战术实施的先决条件是身体能力。技战术的发挥又取决于心理能力。战术能力的提高又必然促进身体能力、技术能力、心理能力的更快发展。因此，在进行战术训练时必须与身体、技术、心理训练相结合。

一、击剑战术的概念及其意义

击剑战术指在比赛中为战胜对手或为获得期望的比赛结果而采取的计谋和行动。在击剑比赛的对抗过程中，交锋的双方始终进行发挥与反发挥、抑制与反抑制，为了达到积极主动、克敌制胜的目的，就必须通过各种合理有效的战术行动去扬己之长、避己之短，以及抑彼之长、攻彼之短，利用一切可以利用的行动来误导对手（在规则允许的范围内），使其判断失误，出现破绽，然后抓住机会实施攻击。因此，在充分发挥自己优点的基础上，应尽力弥补自己的不足，同时抑制对方的长处，扩大对方的弱点并加以利用，这就是击剑战术运用的核心。

战术是击剑运动的灵魂，它能把运动员获得的身体、技术、心理等方面的能力，根据比赛情况合理运用和充分发挥。当交锋双方在身体、技术、心理等方面的能力基本相同的情况下，战术水平的高低就起着至关重要的作用。击剑战术运用的实质就是斗智，它有利于运动员思维水平的提高与智能的发展。一个合理正确的战术，能充分发挥运动员的身体、技术、心理等方面的潜能，抑制对手技术的发挥，扰乱对手的心理状态，分散对手的注意力，破坏对手的战术意图，削弱对手的斗志，甚至导致对手失误，直至对手最后失败。

二、击剑战术的特征

从整体来看,击剑战术是个人战术。因为剑种的战术类型比较多,主要包括:反攻战术、进攻战术、防守战术、攻防反的组合战术。同时,还包括相应条件下的特殊战术,例如,端线战术、决一剑战术以及开始线战术等。由此可见,击剑项目的战术通常是借助方位、距离、力量、技术、速度以及节奏等的组合获得的。

(一)频繁的攻防转换贯穿战术行动过程的始终

在击剑战术的进攻和防守中,进攻比较自由,可以在任何距离和时间内展开;防守行动只有在对手进攻时才形成,二者互为前提,在比赛战术中同时存在,进攻战术包含防守,防守战术中也隐含着进攻,二者互相转化,渗透在战术实施的全程,组成了完整的战术体系。

从一定意义上看,比赛中的战术应用过程就是攻防持续交互的过程,同时,还是击剑规则的特征——未对进攻、防守进行充分限制。所以,各方运动员有及时转换的灵活性与独立性。其与隔网对抗项目具有一定差别,例如乒乓球、网球、排球等有限定的接发球等比赛规则。

通过相关统计,将佩剑单败淘汰赛作为实例进行阐述,双方得分为23—28剑,时间大约为3分钟。根据50%的得分率进行推导,双方总攻击次数是46—56次,大约间隔2秒攻击1次,即攻守转换1次。所以,在多次攻守转换战术行动中,对进攻、防守之间的转换关系进行妥善处理,增强互相转换的意识、提升转换的质量,是竞赛获得优异成绩的关键。

(二)时机的把握与方位的控制是战术行动过程的核心

运动的许多分支都有一些相似的特征、任务、能力等,但也有许多差异。有些体育活动的动作需要许多与运动感知技能相关联的能力,同时,最重要的是完美地执行不同的动作(如体操、花样滑冰等);还有一部分体育运动只需一项相关的运动技能就可以很好地完成任务(如田径、举重、游泳等),以上这些运动都没有与对手的直接对抗。击剑是与对手面对面直接接触的,因此,战术就显得尤为重要。在比赛中只是快而准地出击显然还不够,击剑运动员必须清楚在比赛中什么时候、怎样使用规定的动作,要在最合适的时候选择最正确的动作,这就是时机感在战术中显得尤为重要的原因,这与成功地采取一个适当的动作有很多

第六章 击剑训练要求与方法

联系（距离，对手的动作、意图，准确性感知，快速又适当的反应等）。

击剑项目的战术主要有如下特点：重点是把握良好时机与控制方位，并与其他战术因素的改变有机融合来实施。其中，时机是在竞赛中把控击剑行动的最佳机会与最有利的时间。在击剑比赛中，方位指的是运动员的剑尤其是剑尖在交锋中所处的方向与位置。在比赛过程中，针锋相对，具有较强的对抗性，一次顺利的防守或者进攻之后的还击，通常是在很短的时间内实现的。在这一瞬间，时机的把握与方位的掌控，是运动员能否顺利得分的重点。

在比赛中，时机的掌控，简单来说：第一，是运动员积极的营造契机进行攻击，比如，压迫式进攻打法，借助往前的步步为营，在对手没有防御能力的前提下攻击；第二，运动员静待时机，对对手进行攻击，例如，后发制人式打法，即在后退过程中，当对手向前存在上步太大、收手和打空等问题时趁机进行攻击。一名合格的击剑运动员既能够掌控时机，还能积极营造机会。

通过竞赛规则这一层面来看，比赛要击中对方才能得分，这是击剑的主要特征。不管技术如何变化、裁判器参数如何改进，击中对手的基本特点不会改变。因为击中的面积比较小，所以击剑在包含格斗对抗特点时，还具有命中类项目的一部分特质。较之命中类项目，击剑的动态化更明显，对抗性也比较显著，对命中率有影响的因素较多。击剑获得胜利的重要因素是"准"，而"准"的前提是运动员能灵活控制剑的方位，这样才能在相应的距离内击中对手的有效部位。

（三）距离和节奏的组合与变化是战术行动过程的保障

距离与节奏主要包括如下战术意义：第一，借助距离和节奏来管控对方，战术顺利实施的一个核心因素是能够有目的地控制距离与节奏；第二，为本方后续运用战术做好铺垫。

距离的感觉主要界定为：对距离的研判能力。击剑中的距离感觉涉及在实践中运动员对互相之间所处位置与实施行动的研判能力，科学研判自己应用相应技术动作所需的距离，保持最佳距离以及破坏对方最佳距离的能力。各个技术的作战距离存在差别，击剑侧重于以我为主，规避缺点、发挥自身优势，这是控制对方的前提，需按照自身的技术特长选取合适的行动距离。有目的地控制距离，这是战术能否成功的关键。

击剑动作节奏指的是完成动作之时，时间间隔的长短、用力的幅度、动作快慢与运动程度等的结合。其组成是在相应范围与时间内实现的，包括范围的变化、起停的快慢与速度的改变等。合理把控动作的节奏，可以在比赛中顺利进行攻守转换等。击剑技术动作越熟练，在应用过程中就会拥有越强的节奏感，这样的动作可以增加对对手的威胁，还可以提升运动员的自信，让其信心满满。

击剑中的距离与节奏的改进是实施战术的有力支撑，运动员可以有针对性地借助相应距离的变化、不同节奏的改变，比如，中远距离和慢节奏的移动调整、近距离和快节奏的调整等，来关注与准备实施后续战术行为，从而获得比赛的胜利。由此可见，距离与节奏在击剑战术体系中的地位非常重要。

（四）控制与反控制是战术行动过程的实质

控制，即不允许被控制对象随意活动、让其在规定的范围内活动。控制属于科学术语，1948年，维纳在《控制论——关于在动物和机器中控制和通讯的科学》中第一次提出了控制的概念。反控制指的是被控制的对象一直努力发掘对策脱离控制，在相应的范围内活动，以此反控制对手。

唯物辩证法强调：物质世界是不断发展、存在相应关联的，运动的发展体现了事物内部的矛盾性。所有生命与运动的基础是矛盾。任何体育运动均处于矛盾统一之中，击剑运动也是如此。击剑比赛中的控制和反控制同样是矛盾统一体，两者互相影响、互相关联，前者存在的基础是后者，后者存在的前提是前者，在相应条件下，两者能相互转化。在正式比赛中，重点是看一方能否将另一方控制住，且不会被另一方所控制。首先，要尽可能不暴露自己的缺陷，全面展现自己的优势；其次，抑制对方的长处，抓住对方的短处，也就是要限制对手的优势，将其缺点放大并充分应用。

击剑战术行动过程其实就是控制和反控制的过程。这与该战术套路显著的变异性与随机性有很大的关系。其中，变异性指的是，运动员在正式比赛过程中应用既定战术套路之时，每次交锋均要按照对手攻防的力量和速度等，对战术套路不断进行改进；随机性指的是在大部分状况下，运动员都是一边交锋一边组织一边执行特定战术，凸显了随机性。所以，对击剑运动员战术能力进行评估的重要标志，就是临场应变能力的强弱。

三、击剑战术的组成要素

击剑战术的组成要素包括战术理念、战术指导思想、战术知识、战术意识、战术行动（方法、技术、体能、心理）等。因此，战术是在战术理念的导向下，以制订的战术指导思想为基础，靠掌握的战术知识和比赛过程中场上出现复杂情况时所产生的战术意识来支配，通过按一定的方法、技术、体能、心理要求产生有目的的行为加以体现。

（一）战术理念

战术理念指对比赛战术的概念、战术价值的功效及运用条件等进行认识和思考后产生的理念。战术理念的形成同运动员、教练员所具有的参赛经验、知识结构、认知特点和思维方式等有密切关系。教练员、运动员的战术理念对其进行战术思考、制订战术计划、实施战术训练等一切战术活动有着重要的导向意义。

（二）战术指导思想

击剑的战术指导思想是根据彼我情况确定的作战思想方针，是制订战术行动方案依据的准则，是整个战术内容的核心。比赛中运动员所采用的战术是否具有针对性和实效性，其核心就在于战术指导思想是否正确。古代兵法家孙武曾提出"胜兵先胜而后求战"，此话的含义就是胜利的军队总是先有了胜利的把握后再去寻求交战，其道理同"不打无准备之仗"如出一辙。战术指导思想是否正确，关键取决于是否真正地了解自己与对手，只有真正地了解，才能制订出切合实际的战术方案。这样制订出的战术方案才能行之有效，才能达到"出其不意，攻其不备"的效果。

战术指导思想是教练设计战术规划、明确战术策略、构建战术特征的良好形式以及行动的原则。其含义包括如下层次：第一，较为长久的、渗透在比赛全程、训练过程中的指导原则，这就是长期的击剑战术指导思想；第二，是短期的、有意识的、大多是在一个赛季前制定的战术模式的原则。

战术指导思想明确的根据是：第一，科学认知专项运动发展的规律、发展的趋势；第二，合理探究本队队员情况；第三，科学认知比赛任务目标。队伍建设的基本任务是明确战术指导思想，其可以让教练有针对性、有层次地展开战术训练，以此构建自身的战术体系与特色。在队伍战术特色构建中，战术指导思想的作用至关重要。

《孙子兵法》是我国的军事名著之一，其中的战略思想也可以在现代竞技体育的技战术中运用，具有良好的指导意义。

1.先发制人的战略战术思想

要做到先发制人，必须掌握主动权和集中力量，两者是相辅相成的。孙子在

《虚实篇》中提出："故善战者，致人而不致于人。"这是说，自己要充分调动敌人，牵着敌人的鼻子走，这可进一步改变优劣态势，然后集中力量打击敌人，取得胜利。所以孙子又接着提出："能使敌人自至者，利之也。"战术运用应该掌握主动，充分发挥自己的战术意图，让对方按你的意图进入你的圈套，即牵着对方的鼻子走。在战术运用的过程中，根据自己的优劣势，虚虚实实、真真假假，使对手难以把握，才能取得比赛的胜利。善于选择进攻方向，就能使对手无法进行防守；善用防守措施，就能使对手不知如何才能进攻。如果在场上所形成的态势以及一切活动达到"无形无声"的神奇境界，使对手根本无法做出判断，就能掌握对手的命运。

2. 速战速决的战略、战术思想

《孙子兵法》中关于速战速决的问题，主要是集中力量、一举歼灭敌人，或是乘敌之隙，以迂为直，先敌一招，打敌人一个措手不及，迅速获得胜利。《军争篇》提出了"其疾如风"和"动如雷震"的原则，《九地篇》提出了"是故始如处女，敌人开户（示弱以迷惑敌人）；后如脱兔（形容快速），敌不及拒"的原则。《军争篇》还提出："故迂其途，而诱之以利，后人发，先人至，此如迂直之计者也。"这是说，判断出敌人的动向，就以利益诱惑敌人，采取迂回战术，抢先到达预先选定的地点，以歼灭敌人。当今的击剑比赛竞争更加激烈，在技战术的运用上无不体现为一个"速"字，"其疾如风""动如雷震""迅雷不及掩耳之势"也正是我们在训练和比赛中所追求的。大到一场比赛、小到一次进攻都应体现速战速决。

3. 灵活机动的战略、战术思想

击剑比赛就像战争，交战双方就其技术表现形式而言，基本上就是进攻与防守。战机稍纵即逝，因此捕捉战机、采取行动就要靠运动员的灵活机动。《孙子兵法》之《形篇》中谈道："不可胜者，守也；可胜者，攻也。守则不足，攻则有余。"这是说，采取防御是因为自己力量不足，或是时间地点不利，没有战胜敌人的可能就防御；根据条件可以战胜敌人就进攻。像这样的例子在击剑比赛中比比皆是，如击剑比赛中的防御战术。这种战术往往在比分领先时采用，但这并不意味着一味追求防守而不进攻（一味防守等于挨打），而是在加强防守的同时，钻对手的空子进行反击。《孙子兵法》中关于"虚实"和"求正"的运用是关于灵活机动的突出反映。《势篇》中提出："兵之所加，如以煅（石头）投卵者，虚实是也。凡战者，以正合，以奇胜。"所谓"虚实"问题，都是以我之实，击敌之虚，也就是避实击虚的意思。所谓"奇正"问题就是正面和敌人周旋，采用其他方式，如两翼包围、后方迂回等，出奇以制胜。在论述"虚实"问题时，《虚实篇》中提出："夫兵形象水。水之形，避高而趋下；兵之形，避实而击虚。水因地而制流，兵因敌而制胜。故兵无常势，水无常形，能因敌变化而取胜者谓之神。"能够掌握"因敌变化"的指挥原则，确实是把"灵活机动"的理论运用到了奇妙的地步。这段描述对现代击剑比赛战术的运用也是大有益处的。战术的运用应灵活机动。无论是运动员，还是教练员；无论是个人比赛，还是团体比赛，能根据对方情况及时捕捉战机、采取多变的战术则是取胜的关键。

（三）战术知识

战术知识指的是比赛战术相关理论和实践应用的知识，其形态主要包括：理论性知识、经验性知识，有专项战术应用的相关原则；各类攻防战术方式和缺陷、优势以及应用；战术的发展与趋势；应对各个战术的策略以及有效范围；应用战术的前提与相关要求；规则对战术的相应要求；对手的心理、技术、训练特征、身体与战术以及习惯等相关知识。

行动的导向是理论，拥有较多的战术理论知识，这是确立击剑有效战术的前提，对战术意识的增强有积极作用，有利于快速获得各种战术、充分提升战术质量、科学选用适宜的战术，合理、灵活地应用战术并构建自身的特色。教练和运动员提出的战术方案是不是有效，在应用时是否可行、灵活，通常与其积累的战术知识的深度、广度具有紧密联系。

（四）战术意识

战术意识又称战术素养，是指在比赛过程中运动员为了实现战术目标而选择实施战术行为的思维过程。具有较强战术意识的运动员，可以在难度较高、错综复杂的形势下，合理、科学观察和研判对方的状况，灵活应对，及时合理地制定应对策略。

战术意识通常与战术行动是有机融合的，对战术行动而言，战术意识起支配作用，行动结果如何还会对战术意识的强弱形成相应影响。战术知识的不断积累，对其战术意识的提升有正向作用。战术意识是战术能力不可或缺的基础内容。战术意识无法通过其他方式来取而代之，只有运动员不断地积累理论知识，让自己的经验更加丰富，才能逐步增强战术意识。如果运动员具有良好的战术意识，那么其判断能力、思维和灵活应变的能力也会不断提升，会应用各种攻防的方式，从而为获得最终胜利奠定良好基础。所以，在战术能力中战术意识是非常关键且最基础的内容。

1. 战术意识的特征

（1）观察特征

观察特征，即在比赛过程中，参赛运动员通过有针对性的细致观察，明确比赛中的相关状况，对空间、速度、对手与距离以及时间等进行研判与思索，及时明确对手的变化情况、位置变动状况、剑的方位与变化、对方技战术特征等，以此及时准确的实施战术行动。这是运动员准确完成动作与战术行动的基础，一名优秀的运动员需有良好的观察能力，这需要持续的长期练习以及实践来实现。

（2）思维特征

一个运动员智能结构的中心是思维特征，其是借助抽象、分析、概括、比较与综合等来达到的。当前，优秀的运动员在比赛上既要有出色的技能与良好的体能，还需有较强的思维能力。只有如此，才能在实践中及时观察、研判情况的变化，合理地调整自己的战术目的，以此应用有效的方式"控制"比赛，并获得主动权。正式比赛中的思维有准确、广泛、灵活、深刻等特征，这些特点符合击剑项目比赛技战术多变、激烈和复杂的特征。

（3）行动特征

行动特征是战术意识凭借运动员的技术应用、身体行动从而展现的。战术意识是在击剑比赛中运动员对战术应用规律的理解与掌握，其在运动员大脑中存在，通过比赛过程来表现。只有通过运动员的身体动作与技术运动等行动特征进行体现，才能被人们关注与理解。

2. 战术意识的功能

（1）定向功能

在比赛过程中，运动员选择战术、应用技术等心理活动，均是通过战术意识的指导来研判、思考比赛形势，让自己的战术行动变成有意识的、积极的行动。

（2）选择功能

战术意识是运动员在不断实践中慢慢产生的，其对行动模式有良好的选择、分辨的作用。临场的战术应变，是意识在战术目的中发挥作用的结果，但是意识的选取要将客观条件当作根基，其自身还包含了相应的制约性。战术意识的选择作用，与运动员在比赛中选择行动方式与方向具有密切关系。

（3）反馈功能

在正式比赛中，战术意识的调整，大致是借助反馈来达成的。运动员为了达到相应的技战术目标，通常是在合理有效的原则下逐步改进自己的战术配合与行动，战术意识的反馈功能，让比赛中的矛盾逐步转向对自己友好的一面。

（4）支配功能

战术意识的支配功能大致体现在如下层面：对信息的收集、战局形式变化的了解与认知上，大致借助意识的选择去表现；对运动员的研究，研判现状、估测未来，明确战术思维的过程，通常通过意识的筛选与经验的功能来实现；在达到战术目的上，运动员需通过与意识相融合来达成。

（5）偏向功能

击剑属于直接对抗的项目，各个队伍均有自己的传统打法与战术风格，这就产生了特殊的战术意识的倾向性，其把运动员的心理活动根据战术意识的独特形式进行协同，以此将焦点置于战术目的上，从而获得良好的战术成效。

（五）战术行动

击剑的战术行动是为了实现预期的战术规划与战术目的的特定活动，抑或指的是战术实际动作。比赛中运动员的战术行动是不是有效，与战术指导思想、体能、战术意识、心理与技术等层面密切相关，其并非没有目的、纯粹的身体活动，而是有针对性的、独特的行动方式。战术行动需将战术指导思想作为基本原则，通过战术意识的引导，应用积累的战术知识，科学筛选与执行攻防动作。实施战术行动需基于合理的观察与研判来展开，要有明确的目标。同时，在实施战术行动时，还需灵活变通，要果敢到位。

四、击剑战术训练的类型

（一）程序控制性战术训练

击剑技战术的三大系统就是攻、反和防，在这些系统训练过程中，还有多个子系统，其联合组成了链状的训练体系。在训练时，教练借助各种训练方式与手段，合理管控运动员，从而完成训练任务。在击剑战术训练中，输入的信息是否和输出是同步的，教练控制方式的选择是非常关键的。原因是各种击剑战术本身就是完整的系统，各种战术的训练组成了特定的链状训练体系。所以，程序控制训练要与控制论、系统论、信息论原则相匹配。

通过击剑技术动作与技能逐步产生的规律，在确定战术教学与训练流程时，第一，需实施从分解到完整、从固定到变化、从简单到复杂、从少到多的掌握与练习过程；第二，关注各个训练主旨与副旨与另一个训练的主旨与副旨之间的互相渗透与互相贯通。换言之，当展开特定的训练时，该训练有什么目的，这一训练和后续的训练之间有哪些关系，即在各个训练方式之间构建了特定的锁链，互相影响；第三，击剑战术的程序教学与练习流程明确，需与击剑防守、进攻、反进攻比赛的一般规律相吻合，并按照比赛的战术变化规律进行研究与汇总，再进行细化。例如，在营造、获得对方首次进攻失利却没有进行第二次进攻，或者在想要后退的最佳时间范围内展开迅速有效的进攻战术的教学与练习中，围绕该战术的特征，首先要思考培养攻守转换意识。因此，在基础训练过程中，需选择相应训练手段与方式，以此满足比赛的需求，该训练流程的设计与实施，不能与击剑自身的规律、相应战术配合的鲜明特征相背离。

程序控制性训练的主要特点：一是按程序控制战术练习的内容；二是战术练习内容间的衔接；三是教练员应在练习过程中对运动员出现的错误及时叫停，以防止运动员错误动作的再生。教练应用这一模式时，主要借助提问这一形式来引导运动员分析、回答问题，深化运动员对问题的认知。但在应用该方式时需规避多次中断训练的现象出现。尤其是要预防教练、运动员在场上进行长时间的探讨与分析，通常这极易让运动员形成不良情绪，对其训练的兴趣与热情造成不利影响。应用程序控制性练习要求教练具备良好的观察能力，在适宜的机会适当暂停训练，并可以再次演示、频繁练习，反之，就无法实现训练的目标。倘若教练不能合理明确事实，及时发现问题，其权威性就会被削弱，被队员质疑。从整体来看，这一模式的鲜明特点是快速改正问题，让运动员的训练核心与注意力都集中到一个层面。在应用过程中主要有如下重要要求：运用次数不能太多；间隔时间不能太长；再次演示要合理准确；不断进行训练。

（二）条件性战术训练

根据战术意识培养的需要，使运动员在限定的内容和动作的范围内进行实战对抗练习。如限定使用动作、限制场地、限制时间、限制部位等。无论教练员给予的条件如何，其目的都是培养运动员的战术意识和运用能力。

设置条件性发展战术，其主要功能是让运动员有足够的时间、不间断地重复练习，能够使运动员侧重练习某个特殊方面。例如，紧逼防守还击战术，其条件是向前只能防不能攻，通过真假强攻来逼近对手，利用抬臂、收手、上步过大等假动作，提供给对手进行抢攻和反攻的假时机，诱骗对手被动出剑而进行截击或防守还击。设置条件性训练也有不利的方面，主要是练习的条件太多可能会限制运动员的积极思考并养成不良习惯。另外，过分强调练习的某个方面，会阻碍运动员的全面发展。

（三）抗压性战术训练

现代击剑比赛给教练员和运动员都带来了巨大的压力。特别是在一些综合性运动会的击剑比赛中，如奥运会、全运会等经常出现决一剑、比赛时间所剩不多的情况下领先比分被对手追赶或落后比分追赶对手等情况，尤其是在比赛体能消耗严重的最后阶段，是否能够有效地实施战术是取胜的关键所在。

能在高强度压力下和关键时刻取胜，需要运动员和运动队有选择地进行针对性战术练习。这种抗压下的战术练习，首先是情景的设置和奖惩措施，情景设置虽不能完全与比赛相同，但应尽可能营造比赛氛围，如观众、灯光、音响、场地、裁判等，奖惩措施是让运动员知道完成好坏的结果在等着他，上场前就给运动员一种压力；其次，战术的条件设置要难于比赛的程度，如时间缩短、场地缩小、两分算一分等；最后，在判罚上有意为难运动员，增加运动员得分的难度。总之，抗压性战术训练，一切要从实战出发，从自身特点出发，从交锋特点出发。

（四）无对抗假想性战术训练

无对抗假想性战术练习，即运动员设想自己要应对战术特征各异的对手，抑或教练帮助运动员设想相应的对手，运动员按照自身的特征与条件，应用合理的战术，通过有效、准确的动作不断进行训练。运动员借助无对抗假想性训练，提升实战心理与生理的体验，可以让假想对象更加立体、形象，从而达到沉浸其中的训练成效。借助假想性练习感知实践中可能会出现的问题，优化大脑植物性神经系统信息采集和选择的能力，该能力的强化在实践中全面体现为动作速度的提升、反应速度的提高。在实战结果中，反应速度发挥着十分重要的作用。在展开无对抗假想训练时，教练需提供合理的引导，还可以在教学中安排运动员来判断，相互学习，学习他人的长处弥补自己的不足，借助深入分析逐步增强战术意识。

（五）针对性战术训练

针对性训练，是具有明确比赛使命、具备临战训练特征、指向性很强的一种特定条件下的训练，是使训练最大限度满足比赛任务需要的一种特殊训练。比赛怎么打，运动员就应该怎么练，这是训练的一条基本规律。遵循训练的这一基本规律，必须按照实战需要组织实施训练，不断提高训练的针对性。针对性战术并不是凭空想象的，它是教练员通过对运动员及主要对手战术运用情况的详细分析研究，提炼出各种针对性战术，为针对性战术训练的设计提供依据。针对性战术训练并不是一成不变的，它随着各种情况的变化而不断调整，如对手的变化、战术指导思想的变化、规则的修改对技战术的运用所产生的影响的变化等。如果教练员不善于分析问题，没能充分了解各方面的信息，就必然要在激烈的竞争中落伍，处于被动挨打的境地。

（六）特定性战术训练

特定性战术是比赛中在特定情况下采取的相应战术。如开局战术、最后一剑战术、利用场地战术、利用时间战术、消耗战术、团体赛排位和换人战术等。对这些不同特定情况，采用有针对性的不同战术，往往对比赛最后的胜负起着关键的作用。若不具备这种战术意识和能力，遇到这种情况，就会因惊慌失措、失去抵抗能力而吃败仗。特定战术的训练，一是要了解对手；二是要熟悉规则，否则特定战术训练的效果就会打折扣。

五、击剑战术训练中的要求

（一）把握项目制胜规律

运动训练的基本目标，就是在比赛中夺取冠军。其中，夺取的过程其实就是制胜的过程，想要制胜，就要严格遵守制胜规律。这是战术练习的前提和基本要求，同时，还是构建科学战术理念、合理设计战术方案、有效展开战术练习以及将战术灵活合理应用于比赛的重要基础。

制胜规律，指的是在比赛规则限制的范围内，教练和运动员打败对手、获得良好成绩应当遵守的科学规律。

制胜规律主要由如下层面构成：第一，制胜因素；第二，制胜因素之间的具体关联。

能够直接影响击剑运动成绩的因素，就是制胜因素。这些因素是民众深入分析、探索专项比赛的一系列特征之后提炼形成的。例如，我国初期确立的击剑制胜因素是狠、快、变以及准。以上一些因素相互推动、互相作用；一些因素之间互相矛盾，例如，准和快的关系等。只有合理认知与掌握这些关系，才能严格遵守制胜规律，合理展开战术训练，为最终的成功奠定良好基础。

（二）培养战术意识

战术意识，该独特的思维活动过程主要通过战术休息抉择和战术行为策略这两个密切相连的部分构成。其主要内容包括：战术行动的前瞻性、技术运用的目的性、战术变化的灵活性、判断的合理性、战术行动的隐蔽性以及攻防转换的平衡性等。

提升运动员的战术意识，是进行战术训练的主要环节。一般包括如下具体形式：深入了解击剑比赛的一般规律和战术特点、击剑战术的发展方向、比赛中战术变化的规律和合理的应对方案；掌握更多击剑战术理论、积累实践经验，并充分应用基本战术等。

战术意识的培养和运动员的思维活动具有紧密关联。通过特定意义来看，战术意识的重点是战术思维。所以，运动员的战术思维能力对其战术意识水平具有非常重要的影响。运动员思维的创造性、灵活性、预见性等，是决定其战术意识的重要因素。

将心理、实践、思考、想练结合，是提升运动员战术思维的合理、有效的手段。

（三）培养战术运用能力

在训练过程中，需将提升运动员在艰苦、错综复杂的条件下科学应用战术的能力置于核心的位置。这是将"练为战"思想渗透至战术训练中的基本要求。

战术运用主要包括以下要求：第一，充分明晰针对性与目的性。战术应用均要有具体的目的性，对症下药。战术行动具有突出的针对性，应用独特的战术应对具体问题。第二，良好的时效性。战术运用旨在获得胜利。所以，需将能不能实现胜利的目标作为标准，防止出现华而不实的现象。第三，显著的灵活性。可以通过场上不断变化的形势，灵活的运用科学战术，获得主动权，防止出现被动局面，让局势逐步转向对己方友好的方向。

（四）重视战术组合

通过特定意义来看，复合即为组合。怎样把各种战术进行有机融合并在实践中合理、有效地应用，这是评估运动员战术水平的基本标志。

程式性组合，即从时间、空间上根据相应的顺序整合各种战术，由此形成的战术组合，例如，端线战术与开始线战术等。同时，按照相应对手特别设计的战术组合也在这一范畴之内，例如，身高矮对身高高战术和右手对左手战术等。

创造性组合，指的是按照比赛场上的变化状况，不根据固定程序，重新对各个战术进行组合。创造性组合的显著特征是随机性。

程式性组合不仅可以通过训练体现出来，还能通过比赛展现出来；创造性组合主要通过比赛来表现。

创造性组合能力的前提和基础是程式性组合能力。运动员掌握的程式性组合丰富、了解全面，则有利于对创造性组合进行发掘。

（五）加强战术创新研究

战术创新主要包括以下类型：常用战术创新、特殊战术创新。

常用战术创新属于基础性创新。因为常用战术的普遍性比较显著，一旦创新获得人们的认可，就会对专项战术体系产生深远的影响。所以，该战术在创新上存在许多困难与阻碍。

特殊战术创新是特定的实用性创新之一，其针对性比较突出，通常是面向独特的对手、独特的情境以及独特的时段规划的一类新战术。教练员和运动员需重点关注这一层面的分析与实践。

第五节　击剑训练的特殊形式：个别课

各种运动项目，都有符合其本身特点的训练形式。个别课是击剑的一种特殊训练形式。它和击剑运动一样，有着悠久的历史，尽管内容、方法不断发展变化，但这种形式仍延续至今。

第六章　击剑训练要求与方法

一、个别课概述

（一）个别课的概念

击剑由古代冷兵器发展成现代体育运动的过程中，无论是训练角斗士、士兵还是运动员，无不通过刀对刀、剑对剑的教与学的形式来提高竞技能力、搏杀能力。被训练者剑术的高低、竞技能力的强弱，与教师或教练员的教授方法有密切关系。教练或教师对决斗、拼杀、竞赛中出现的种种情况进行分类、提炼、加工，再根据不同对象的具体情况，以不同的内容和方法进行单独的教学训练，然后再与同伴对练，最后才到竞技场、战场或运动场上去实际运用。这种教学与训练形式有着相当长的历史，通过漫长的发展演变，人们总结出这种特殊的教与学的形式，即我们今天的个别课。

"个别"一词源于体育教学原则中的"个别对待"，又叫"区别对待"，是指教学过程中，对不同的对象采用不同的（个别的）对待方法。

击剑教学训练中的个别课，是由一名教练员带一名运动员在击剑的练习中传授技战术的一种教学训练形式，是击剑教学训练的一种特殊的、行之有效的形式与方法。它是由击剑项目本身的特点决定的，是从多年实践经验中总结出来的。运动员从学习基本技术开始的初级阶段，直至深化提高的高级阶段，始终都要接受这种训练形式，它对提高竞技能力有着举足轻重的作用。

（二）个别课的特点

"区别对待"方法应用于所有运动项目的教学训练。不同的是，击剑的个别课是教练员与一名运动员面对面地进行练习，而练习内容的广度、深度；练习手段的丰富、复杂；练习形式如此接近实战、对教练要求之高，是其他运动项目远不能及的。击剑个别课，是运动员将击剑训练的其他形式过渡到实用阶段的最好的桥梁，个别课对运动员学习掌握基本技术、提高战术能力、达到高竞技水平起着最直接的影响。

1. 受教练员的控制和引导

个别课是由教练员和一位运动员单独进行训练，以此充分发挥教练的导向作用。所以，在个别课上，教练能够找到运动员的问题并合理解决它，具有比较突出的目的性，而且可以根据运动员的实际状况对训练进度、内容、竞技状态与模式等进行改进。

2. 训练所需的各种条件能重复出现

击剑运动员要挑战的对手各不相同，技战术在不断变化，所以，应当对运动员面对不同对手时应用合理技战术的能力、随机应变的能力进行培养。教练在个别课中可以规划设置比赛中出现的突出问题，模拟各种类型的对手，专项感知比如剑威、距离、时间与节奏等，以及训练相关要求均可以根据训练的具体要求进行再现。

3. 适应多种训练任务

个别课可用于掌握基本技术的提高训练和改进技战术的训练、对付特定对手的针对性训练、恢复性训练、提高专项素质训练和心理训练等。

4. 负荷大、强度高

个别课要求教练员具有良好的思想作风和专项技战术知识。由于个别课教练员要亲自上阵，运动负荷大、强度高，因此，运动员和教练员都必须要有良好的体能来保证个别课的质量。

（三）个别课的任务

个别课是通过教练员或教师的思想作风、基础理论知识、专业理论知识、专项技战术，向运动员传授全面知识，培养全面能力，加快运动员的成长。在个别课上，教练员和运动员进行最直接的、最广泛的、最深刻的双边交往，通过多种信息的传递和反馈，教练员可以实现对运动员技术、心理和思想作风的培养。

个别课是击剑教学的一种主要的但不是唯一的形式，它并不能解决教学训练中的所有问题。因此，必须客观地对待个别课，不能过分夸大它的作用，也不能忽视其他训练形式的作用。个别课只有与其他训练形式密切结合，才能实现教学训练的最终目的。

在击剑教学训练中，个别课的任务是：

（1）学习各项基本技术及其在各种不断变化的条件下如何去运用这些基本技术。

（2）学习各种战术和在不断变化的距离、速度、节奏中，如何捕捉、创造时机去运用这些战术。

（3）创造多种条件，进行对特定内容的针对性练习，以达到某种目的。

（4）在个别课的教学过程中，培养运动员的意志品质和作风。

（5）督促运动员学习，改进并提高其技战术水平。

二、个别课的要求和常见的问题

（一）个别课的要求

为了完成个别课的任务，教练员和运动员必须遵循一定的要求。教练是单项课程的主要执行者，这里我们主要讨论对教练的要求。

（1）教练或教师必须具有高度的专业水平和认真负责的态度，以完整严谨的计划精心组织每节课，并严格遵守计划。不要随意改变计划。在个别课程中，教练或教师需要花费大量的体力和脑力，如果没有高度的专业精神和责任感，就很难保证个别课程的质量。

（2）个别课程注重教练员的思想作风、理论知识、技战术的掌握和运用以及组织能力。因此，教练员应不断学习和掌握基础理论和专业理论知识，提高专业技战术能力和对击剑运动规律的理解，了解国内外技战术技能的发展趋势，不断完善个人课程。

（3）个别课应遵循循序渐进的原则，系统化，并根据不同运动员的特点进行教学。应合理安排内容的难度和运动负荷，不要自满，避免用经验代替理论。只有谦虚地学习，才能不断提高个别课程的水平。

（4）教练应该提高他们的解释、演示和操作能力。准确规范的示范和讲解，以及合理的操作技巧（包括技术规格、速度、节奏、距离、力量等的变化），可以指导运动员完成所需的练习。

（5）保持一定的体能水平，以充足的体力保证个别课的质量。

（二）个别课中常见的问题

1. 对基本技术的概念理解不清

一些教练对基本技术的规格要求，特别是技术细节概念理解不清，影响了运动员掌握正确技术和形成正确的动力定型，给提高阶段的深化带来很大困难。

2. 对基本技术的规定要求不严

对基本技术不能严格地按规定要求去完成的问题广泛存在于个别课之中。这种降低质量的技术危害极大，严重影响运动员竞技水平的提高。主要表现为：注重动作过程的开始，忽略动作过程的结束，在每一次击中或没有击中的情况下运动员往往就已经终止了动作的过程，而没有还原到实战姿势或衔接到相应的技术动作。另外，注重"练"的动作，缺乏"教"的动作，一堂个别课上，运动员和教练员都能保证每一个动作的练习质量，但在技术动作掌握以后该如何运用，教练员往往不能很好地讲解与引导。

3. 对长远规划和基本技术缺乏耐心

培养一名击剑运动员是一项长期艰苦的工作，个别课应纳入计划。每个时期、阶段的内容、要求、指标都应有系统的规划，要避免随意性。无论何时，都应对基本技术的练习予以高度重视，避免由于过早参加比赛而忽视基本技术练习，应了解技术与战术的辩证关系，耐心抓好基本技术，为将来的深化提高打下坚实的基础。

4. 针对不同情况缺少变化

（1）缺乏针对每个运动员特点的变化。

（2）在动作组合和距离、节奏、速度、力量、幅度、方向上缺少变化，也就是说一个动作只能在一定的距离与节奏下才能完成，而在变化了距离与节奏的情况下就完成不了。

（3）缺少同一内容不同练习手段的变化。

5. 教练操作技巧不合理

操作技巧是个别课的核心部分，只有合理的操作，才能提高运动员的技术、战术和竞技能力。

6. 运动员缺少主动权

个别课主要由教练员控制，教练员以各种信号要求运动员完成各种练习内容，运动员总是处于被动应答之中，缺少一定的主动权。这将难以培养运动员创造时机、争取主动变化去控制对方的能力。

7. 个别课形式过于机械化

从对个别课训练的观察来看，有些教练员的个别课形式过于机械，在整个上课过程中主要采用推进式方法进行，也就是练习往往在剑道的一端开始，推进到剑道的另一端，然后转过身后再推进回去，如此反复直到一次课结束。

三、个别课系统的概念、结构与指导思想

（一）个别课系统的概念

在击剑教学训练中，个别课是一个单独的系统。所谓系统是指客观事物存在的一种形式。任何有机整体，都是由若干部分（或环节），为一定目的，以一定结构互相联系、互相影响又互相依赖的关系组成并具有确定的功能称为系统。

个别课是个复杂的系统，它由5个分系统、若干子系统及众多因素组成，它的功能是提高运动水平。5个分系统以一定的相互关系存在并包括了个别课的全部内容。如果缺少了某个系统（部分），就达不到训练的整体效果，也不能实现全面提高运动员竞技能力的目的。

（二）个别课系统的结构

以结构图的形式，对个别课的众多因素分门别类，以分系统、子系统、因素的隶属关系出现，使复杂的系统简单化，便于我们对个别课系统的分析和评价。也可根据需要，对任何一个分系统、子系统或因素进行评价。有些分系统内的因素，既是子系统，也是因素。

（三）个别课的指导思想

个别课是击剑教学训练体系中的一部分，是一个独立的系统，但又与体系中其他部分密切相关，是为了实现教学训练的最终目的——在比赛中取得优异成绩。那么，对个别课的分析就应紧紧围绕着比赛，以击剑比赛的特点为基础，使个别课尽量符合其特点。

击剑比赛的特点：①击剑比赛是一对一的对抗格斗运动项目；②比赛中的技战术是以手上剑的变化，脚下步法变化及两者的精确、协调的配合来实现的；③比赛中以准确的判断和迅速的行动，完成频繁转换的攻防技术和战术意图；④比赛要有良好的身体素质和生理机能，以保证长时间高强度的对抗、格斗。了解了比赛的这些特点，对个别课系统的分析就有了理论依据。

四、个别课的具体因素分析

对个别课系统的分析，是为了恰当地评价个别课系统中各分系统、子系统、因素构成的个别课整体，它们之间既存在互相制约、互相依赖的关系，又有各自的结构和要求，这是从击剑比赛中总结出的普遍规律，它既符合规则精神，又符合实战需要。了解了这些原则和要求，才能对个别课进行科学的、合理的、恰当的评价。

我们对个别课还缺乏系统的、整体的研究，缺少参考资料和必要的数据。有些内容很难做定量分析，有些问题理论依据尚不充分，有些提出了原则，有些仅做了说明，有些问题还有待进一步研究。下面就对个别课系统的因素逐一进行分析：

（一）运动负荷分系统

该系统由弓步的次数及质量、刺劈的次数及质量、时间、心率四个因素组成，由它们的综合效果来反映负荷量的大小。

1. 弓步的次数及质量因素

弓步的次数及质量是指一次个别课中，所做弓步的总次数和弓步的速度、深度、难度和完整性。弓步是一项主要技术和主要进攻手段，频繁出现于实战中，因此也是个别课中的主要内容。运动员每完成一个弓步都有一定负荷，因而它是衡量负荷的一项主要指标，次数越多，负荷越大。次数多少与练习内容、任务、对象、所处阶段有关，其原则如下：第一，给运动员以良性刺激，使机体发生良性变化，能长期承受合理的运动量而不出现伤病，能经常保持充沛体力和渴求训练的欲望；第二，有利于形成、提高正确的技战术；第三，负荷量大小的一般规律是：基本技术练习大，战术练习小；基本练习期大，比赛期小；成年运动员大，少年运动员小；技术练习生理负荷大，心理负荷小，战术或复杂组合动作练习心理负荷大而生理负荷小；密度小，次数适当多，密度大，次数适当少。

构成弓步负荷大小的另一因素是它的质量。它由速度、深度、难度和完整性组成。这里的难度指完成弓步时与移动、时机、距离、前后动作的衔接、配合及其合理性。完整性指弓步本身的合理性。由于练习内容、任务、对象和要求不同，其速度、深度、难度应有所不同，一般规律是：速度快、深度强、难度大、负荷大；速度慢、深度小、难度小、负荷小。

教练员在个别课中，对弓步的设计既要有量的积累，又要保证质量，按击剑运动规律和负荷原则，科学合理地安排，哪方面不到位都达不到预期效果。

2. 刺劈的次数和质量因素

刺劈的次数和质量指个别课中刺劈的总次数，刺劈的速度、力量和准确性。

击剑运动一切训练手段的最终目的，是有效地刺劈中对手。个别课的一切练习内容也将在刺劈中结束，运动员的整个运动生涯要完成千万次的刺劈动作，因此它是衡量负荷的一项主要指标，刺劈次数越多，密度越大，负荷越大。负荷原则和一般规律与弓步相同。

构成负荷量大小的另一因素是质量，它由速度、力量、准确性组成。任何练习内容都要求刺劈准确，但速度、力量并非越快越大越好，它随练习内容、目的、要求的变化而变化，恰当的快、慢、大、小才能达到要求。速度的快慢与剑尖、剑身运行轨迹有关，在符合规则精神，符合实战的条件下，运行路线越短、速度越快，任何刺劈中的刹那要快。在复杂的交锋中，速度的快慢、力量的大小要有所控制，以便于进行连续交锋。教练员引导运动员完成刺劈时，要合理安排次数、密度，更要求高质量地完成每个刺劈动作。

3. 时间因素

这里的时间指个别课的总时间，分为练习时间和间歇时间。

（1）练习时间指教学双方进行练习的时间。一次个别课的时间，从十几分钟到几十分钟不等，其长短是根据对象、任务、内容而定，时间不宜过长或过短。时间过长则易产生疲劳；时间过短则刚刚进入最佳状态即终止练习，两者均达不到训练目的。一般以30分钟左右为宜，如果是专项耐力训练、战术训练可适当长些，但不宜超过60分钟，强密度也不宜过大。

（2）间歇时间指教学双方因种种原因而中断练习时间。它由合理和不合理的间歇时间组成。

合理的间歇时间指教学双方在练习过程中必要的休息，进行思想、体力、竞技状态的调整、补上氧债和内容变换时而主动有意安排的时间。

为了与击剑比赛有机结合，每5—10分钟安排一次间歇，每次时间长短，可视具体情况而定，一般不超过1分钟。间歇次数安排不宜过多或过少，前者会破坏练习节奏，后者使运动员疲劳、精力不集中，降低练习质量。教练员应审时度势，既要有原则又要灵活地掌握和利用。间歇时间是双方进行技术交流的最好时机，也是教练员针对运动员具体情况进行思想教育的最好时候。

不合理的间歇时间指教学双方在练习过程中，由于器材故障、意外伤病、非原则矛盾或争执等非主动有意安排而不得不中断练习的时间。

为避免这些情况的发生，教练员应当在课前作好调查研究和必要的物质准备，按预定计划安排间歇时间。

4. 心率因素

心率指个别课中，由于运动和间歇导致心脏搏动次数的变化。

训练负荷必然引起有机体内部发生一系列生理变化，反映心血管系统机能变化的脉搏指标是评定负荷量的最简易而有效的生理指标。

按照运动医学的观点，运动后所测脉搏与运动强度关系是：

高等强度——180次/分钟以上；

中等强度——150次/分钟以上；

低等强度——144次/分钟以上。

没有负荷就不称其为训练。个别课心率的变化要根据剑种对象、所处阶段、任务、内容的变化而变化。击剑不是体能性项目，由于它的技术性和比赛特点，三种负荷强度处于不断交替中。随着比赛轮次的推进，负荷强度越来越大，每个轮次、淘汰赛中的每个场次都有一定的间歇时间。运动员需按比赛—休息—再比赛—再休息的规律进行，心率也随之不断重复上下变化，个别课无法模拟这个全过程。但教练员在30分钟的个别课中，随着内容、手段的变化、间歇次数和时间长短的安排，可以接近或部分接近这个过程。其心率曲线呈由低至高再至低的波浪式变化。

间歇次数与时间也要根据内容和负荷量而定，由于间歇时间短，只能使脉搏略有下降。其目的是给运动员以短暂的调整，从而保证一堂课的质量、节奏和完整性。

个别课的心率曲线和实战心率曲线较为相似，一般在8—10分钟出现一个高峰，高峰后心率略有下降，但仍保持在一个高水平。一次个别课出现3—4个高峰，个别课的最高心率一般出现在后半部分。这样的负荷特点使生理负荷量具有同实战较为接近的特点，对运动员专项能力的提高有积极意义。

必须明确，个别课中心率情况只是了解和评定负荷的指标之一，还要结合其他指标综合评价，特别要注意没有列入评定指标内容的距离变化的因素。在平常的训练中，不可能都具有先进的遥测心率仪器，教练员可以通过手脉和察"颜"观"色"的方式，使负荷处于监控之中。

（二）内容结构分系统

该分系统由内容结构合理性、完成内容的方法、内容与任务的关系三个子系统组成。

1. 内容结构合理性因素

内容结构合理性指一次个别课中，内容的顺序、联系以及内容的选择，内容的量的科学性。

个别课的内容，是经教练员精心设计的，就多年计划而言，有系统性；就阶段计划或一次课计划而言，有针对性。无论从宏观还是微观来看都应科学合理。

衡量个别课结构合理性的原则：第一，一次个别课的内容不宜过多，以两三个主要内容，以及几个为主要内容服务的次要内容为宜，使运动员围绕主要内容去努力；第二，内容的安排应由易到难、由简到繁、由慢到快、由基本技术到特长技术，循序渐进地将各部分内容联系在一起，形成一个有机整体。

2. 完成内容的方法因素

这一因素指完成训练内容的具体练习的方法手段。个别课的内容由攻、防、反三大技术组合而成，由于涉及了控制、平衡、准确、时机、距离、速度、目标等变化因素而构成复杂丰富的内容。不同的内容有不同的方法，即使同一内容也有多种手段，因此选择方法手段是教练员的一项重要任务，正确、恰当的方法手段可提高个别课的效果。方法手段的选择还应根据运动员的个体差异和风格特点，使其能够尽量发挥自身优势，弥补弱点，并保持鲜明的个性特征。

3. 内容与任务的关系因素

是指任务确定后，练习内容的选择是否能准确为训练任务完成而服务。练习内容应紧紧围绕主要任务去解决主要问题，再好的内容，若与任务关系不密切，练习将是无的放矢，很难达到预期效果。

（三）操作技巧分系统

操作技巧是个别课的核心，教练员的专项技艺和才能主要体现在这里。操作技巧应符合规则要求及实战需要，具体体现在：第一，动作的合理性。一次个别课由多项内容组成，无论内容多少，动作或难或易，练习都应当遵循由简到繁、由分解到完整、由慢到快、由基本技术到特长技战术的规则要求；第二，动作的实效性。它体现在适应实战需要，在接近实战情景下所完成的动作能充分调动人体的运动能量，从而产生最大的作用并获得最佳的运动效果。

操作技巧分系统由观察判断子系统因素、出剑技巧子系统、节奏子系统、步法与距离子系统、主动与被动因素组成。

1. 观察判断因素

观察判断对一切对抗性运动项目来说都很重要，对击剑运动则更具特殊作用，这是由击剑的规律和特点决定的。击剑比赛中，一切技战术行动都带有可变性和随机性，运动员的行动是按观察—思考—决策—行动的过程推进的。行动决策的正确与否来源于观察思考的正确程度，而这一程度的前提是观察，对手的一切技战术变化，都是通过观察的各种信息，经过思考、分析、判断，最终得出结论指导自己的行动。因此，个别课上要解决的中心问题就是提高运动员的观察判断能力，任何水平的运动员都应将其置于重要地位。由于击剑具有双人持剑对抗的特点，一切基本技术练习都伴随着观察与判断，可以说是一对双胞胎，如果一名运动员仅能把技术动作做得规范漂亮，在行动中却不注重观察判断，那么他的基本技术也将失去价值，这也是造成"训练型"运动员的原因之一。

衡量教练员是否贯彻观察判断的原则是：第一，教练员要有意识、有目的地要求运动员通过观察判断完成动作，而不是单纯地、机械地、不经思考地完成动作；第二，教练员设计的空间和时间，要使运动员力所能及；第三，教练员设计的观察判断的复杂程度和难易程度，要根据运动员年龄、水平、所处阶段和个人特点的不同情况有所变化；第四，观察判断的内容设计要符合规则精神，符合《击剑竞赛组织与裁判法指导》，否则将失去实用意义。

2. 出剑技巧因素

出剑技巧因素，分为出剑时机、出剑速度、出剑力量及出剑准确性。

（1）时机因素指教练员以剑发出指示信号的恰当时间。任何练习内容，都是通过教学双方的剑身的接触或不接触、相对空间位置的变化、刺（劈）中与没刺（劈）中完成的。由于速度、距离、时机等可变因素的变化，要求教练员在以剑发出信号时，选择该练习内容的最恰当的时间。出剑过早、过迟都不能完成内容要求，或降低了动作质量，或改变了内容实质，其客观标准就是"恰到好处"。

（2）速度因素，教练员出剑的速度要根据对象、内容、要求而定，不同剑种又有各自要求。教练员的出剑速度应对运动员形成足够的刺激，使运动员由于来剑速度的变化而改变自己剑身、剑尖的运行速度，以培养运动员对速度的感觉能力，以及肌肉紧张与松弛的转换能力。由多个动作组成的成套练习中，每个动作对速度的要求不同，教练员对速度的控制和引导显得更加重要。运动员只有通过多种动作速度的复杂转换，当快则快，当慢则慢，其控制能力才能得到提高。

（3）力量素质指教练员与运动员剑身接触时的程度和刺劈出的穿透力度。三个剑种对接触武器时的冲力和持续力有不同要求，教练员应根据各剑种的特点，对不同的练习内容以不同的力量，引导和启发运动员正确合理地运用力量，完成练习内容。击剑作为格斗对抗性项目，控制武器的专项力量已成为各项技术结构的重要因素。教练员出剑时应有穿透力，力量要贯穿整个剑身，避免漂浮，这样才能使运动员感到有足够的对抗力，并以恰当的力量完成动作。

（4）准确因素指教练员出剑时剑尖、剑身的到位程度。教练员的出剑在深浅、运行轨迹、路线、角度、部位、剑尖、剑身指向上要准确到位，需符合内容要求，符合运动员的风格特点及实战需要。

出剑技巧是培养运动员手上技术的重要环节，运动员能否正确运用武器的能力与教练员的出剑技巧有最直接的关系。但个别课毕竟不是实战，教学双方剑的交往，是使运动员学会并用于实战的一种途径。因此，教练员的出剑应尽量结合实战中的实际情况，力求真实。

3.节奏因素

节奏是构成技术动作的要素之一，也是衡量技术规格的重要标准。体育运动中的节奏，是指完成动作时，动作各部分所表现出的强弱和时间间隔关系。周期运动项目中，如游泳运动员的手、腿、呼吸三者依一定的幅度、力量、时间间隔关系存在于快游或慢游中，它典型地表现了节奏的含义。击剑是非周期运动项目，节奏比较复杂，但并非无规律可循，就个别课而言，它表现在三个方面：单个动作节奏、组合动作节奏和一堂课的节奏。

首先，是单个动作的节奏因素。任何一个基本技术，其动作过程都可分解为开始、行进和结束三个阶段。各阶段的强弱和时间间隔有一定的比例关系，它体现在幅度、力量的大小，时间长短，时间间隔，肌肉松紧程度上。下面以弓步直刺技术为例进行讲解：

第一，开始阶段。幅度较小、力量适中、时间较长、速度较慢，肩部肌肉放松，躯干、腿的肌肉适度紧张。要求保持剑尖、剑身稳定准确，身体姿势稳定，减小预兆为下阶段的加速做好准备。

第二，行进阶段。获得一定初速度后，幅度逐渐加大；持剑臂逐渐伸直，非持剑臂加速后摆；支撑和摆动腿依惯力加大蹬力和摆幅、摆速，在合理的角度获得最大加速度，全部力量用于获得速度和剑尖穿透力上，除参与工作的肌肉外，身体其他部位的肌肉仍要放松。

第三，结束阶段。以正确的姿势结束后，会有一个相对稳定的过程，然后再恢复成实战姿势或与下个动作衔接。

三个阶段由全身各部协调配合、准确连贯地完成，这里的节奏因素是技术本身的要求，所有人必须遵循。但不同运动员对三个阶段的处理有所不同，它主要表现在幅度、速度上，正因为如此，才有不同的风格。同一运动员由于战术不同，同一战术的节奏也不同。

衡量教练员控制节奏的原则是：第一，符合技术规格要求，各项技术规格要求是经过多年从理论到实践的总结，它符合人体生理结构、符合生物力学原则、符合规则精神；第二，符合实战的需要，如武器与步法的转换、控制；第三，符合运动员的特点，不同运动员的生理解剖结构、运动素质、打法风格不同，节奏要求也应不同，不能"一刀切"。

其次，是组合动作的节奏因素。指由两个以上动作的组合所具有的节奏。在任何一套组合动作中，各动作之间都存在一定的强弱和时间间隔关系。

在组合动作中，衡量教练员控制节奏的原则是：第一，明确组合动作中各单个动作的目的要求。每个动作都有一个相对恒定的时间，练习中要符合动作质量要求，不能含混不清。如向后防守后的跟进，它是由防守和防守后的步法组成的。能否实现击中对手的目的，节奏起主要作用，防守成功后的控制及跟进的时机、幅度、速度要依据对手后退与否，以及他的幅度、速度而定，两者既有间隔又有连通。第二，符合练习目的和要求。有些组合练习为达到某种目的有主次之分，教练员要抓主要矛盾。如准备行动与决定行动之间的衔接、控制等，如果教练员处理不好强弱和间隔的长短，运动员就会顾此失彼，达不到练习的目的。

最后，是一堂课的节奏因素。一堂课的节奏指一堂个别课中众多内容的主次关系、时间长短、强密度大小、间歇时间、次数多少。

一堂个别课质量的高低，节奏的掌握对练习效果有重要作用。节奏控制得好，可以使各运动系统协调一致，以最低能量消耗获得最大效益；可以使肌肉紧张与放松合理交替，有利于掌握技术动作和形成正确的动力定型；可以使运动员心理稳定、情绪愉快并产生一种满足感，提高练习积极性。

衡量一堂课的节奏是否恰当的原则是：根据运动员的特点，将内容主次、排列顺序、时间长短、密度大小、间歇次数和时间长短统筹安排，使一堂课有高潮、平缓、低谷，运动员要始终保持练习热情，充分调动运动员的积极性，高质量完成课的任务。主要内容和课程的高潮将出现在运动员的最佳状态时刻，并呈现出系统性和循序渐进性。

4. 步法距离子系统

步法距离子系统由步法运用和距离调节两个因素组成。

第六章 击剑训练要求与方法

首先，是步法运用因素。步法运用是指教练员掌握和运用不同步法训练不同内容。同驾驭剑一样，步法是教练员的基本功之一。衡量运用步法的原则是：第一，掌握多种步法并熟练运用于不同练习内容；第二，掌握在不同练习内容中，对步法移动的时机、速度、幅度变化的要求，并通过这些变化调动运动员，培养他们对距离的感知力，在距离上完成动作；第三，培养他们步法的灵活性、突然性、隐蔽性和综合运用能力；第四，模拟不同风格运动员的步法，使模拟训练更加真实。

其次，是距离调节因素。距离调节指教练员通过步法移动去调动运动员，培养其距离感。距离感是击剑项目的重要实战素养，运动员的距离感可通过各种渠道培养，而个别课是初级的也是最好的形式。

运动员学会了各种步法后，还需要在距离变化中去运用。距离变化主要由教练员调节，衡量距离调节技巧的原则是：

第一，根据练习内容和要求，在恰当的距离发出各种信号，指示运动员在准确的距离完成动作。信号与距离有直接联系，发出信号时的距离过远或过近都会影响动作的正确结构。运动员在不准确距离上勉强完成动作，必然降低技战术质量，长此以往，容易形成错误的动力定型。

第二，避免以身体的有效部位去迎合运动员的剑尖、剑身，这是与实战严重脱节的。实战中，距离靠步法调整，躯干和持剑臂起微调作用。但是，应当尽量避免由于步法和信号的失误，进行过多的微调。双方的微调都不利于培养运动员的距离感，不利于运动员学会用各种步法调整到准确距离。各种距离的交锋，特别是近战，运动员可以通过转体、抬臂、升高或降低重心来改变相对空间位置、改变姿势，便于剑尖、剑刃尽快击中目标，这是技战术范畴，与上述的微调有本质区别。

第三，距离是击剑的生命线，步法是调节距离的唯一手段，什么样的技术需要什么样的距离和相应的步法。教练员对个别课的设计，要以距离变化考虑步法的运用。在一些内容复杂、距离变化快、步法移动频繁的技战术练习中，每一个微小的距离变化、每一个微小的移动都会对内容产生影响。当然，也正因为如此，这类练习更能改善运动员的步法技巧和建立精准的距离感。运动员的这种能力，在很大程度上取决于教练员的要求、引导和控制。

5. 主动与被动因素

主动与被动因素，指个别课中，教练员进行操作时的主动性与被动性。

有些个别课是由教练员控制的，主要由教练员的各种信号完成练习内容。也有由运动员主动发出信号，教练员以相应的动作，被动完成各种练习内容，这就是主动性与被动性。

击剑的一切技术战术行动都带有随机性和可变性，既有主动变化又有被动变化，两者密切相关，通过主动、被动变化的不断转移，最终实现以主动变化控制对手，实现自己的战术目的。主动、被动的核心问题是时机和距离，而时机与距离密切相关并构成了击剑的灵魂。将一定的主动性交给运动员，是培养运动员捕捉时机和创造时机的有效方法，可以加快培养运动员的距离感和时机感，培养运动员以主动变化去控制对手的能力。

这种教练员处于被动性的练习，由于符合击剑运动规律，因而有很大实用价值。从初学开始，就要逐步贯彻。这种练习对教练员要求较高、难度较大。除了精心设计个别课的内容，操作过程中要高度集中才能跟上运动员的信号，要有一定战术能力和充沛的体力才能完成内容要求。衡量主动性与被动性的原则是：

第一，任何水平运动员的训练，应安排一定数量的由运动员主动的内容。数量的多少、难易程度要因人而异，要因所处阶段的任务、内容的不同而异。

第二，运动员主动，不是把个别课变成实战课，而是对教练员提出了更高的要求，个别课仍然在教练员控制之下按计划、有步骤、有要求地进行。

第三，教练员不但要安排运动员主动的练习内容，而且要以自己一定的技战术能力和充沛的体力，有质量地完成练习内容，而不是流于形式。

（四）讲解示范分系统

讲解示范是个别课中不可缺少的组成部分。教练员用讲解示范，加快运动员对技战术的掌握，从步入击剑运动的初级阶段到深化提高阶段均不例外。讲解示范也反映出教练员对练习内容内涵的理解，正确、丰富、形象的讲解示范可以提高个别课效果。

讲解示范分系统由讲解、示范两个子系统组成。

1. 讲解因素

个别课过程中，无论新旧内容，运动员都可能出现错误。因此，教练员要根据错误的性质，给予必要的技战术指示，讲解时应遵循以下两点要求。

第一，讲解时间不宜过长。一般安排在间歇时，一些小的错误、缺点可在进程中，随时提示运动员。

第二，正确运用语言。讲解要抓住本质，语言要精简扼要、形象生动；适当的激励性语言和风趣幽默的语言可活跃气氛，要使运动员在最短时间明确问题所在，以更大积极性投入练习。

2. 示范因素

示范是为讲解服务的，有时二者是同步进行的。教练员的示范应当规范准确，能完整也能分解剖析，给运动员建立正确的技术概念。这种直观教学法往往能胜过长篇大论的叙述。

击剑教练员的难度在于不仅要动口，还要能动手。为此，教练员要保持一定的专项素质和专项技术练习能力，掌握发展趋势，经常研究击剑技术规律，以指导、发展、提高对个别课内容的分析能力。

（五）教练员的主导作用分系统

一堂个别课的成功与否，教练员起决定作用。教练员除了高超技艺，还需以自己正确的思想作风和饱满的热情去要求和感染运动员，这就是教练员的主导作用。

教练员的主导作用分系统由思想教育、作风培养、情绪控制三个子系统组成。

主导作用的核心是"晓之以理、动之以情、导之以行"，三个子系统又互为因果。

1. 思想教育因素

个别课中，运动员由于种种原因，会暴露各种思想问题，能否正确解决这些问题，直接影响课程的顺利推进。

思想教育是长期并贯穿在日常生活之中的，可通过各种渠道进行。个别课由于双方的密切交往，运动员的微小思想变化，都易于在此暴露。因而，个别课为教练员提供了最生动、最具体的教育场所，如果方式得当，可收到很好的效果。

思想教育的主要内容是围绕把运动员培养成德才兼备的体育人才来进行的。个别课中，教练员要洞察秋毫，及时准确地发现问题所在，以妥善的方式解决，保证课程的正常进行。不能及时解决的问题，可在课后弥补，除非发生重大问题，一般不要把课停下来。进行思想教育的要求是：

第一，要以表扬、鼓励为主，坚持正面教育。在对运动员进行批评教育时，要看准问题，注意态度、语气和词语的选择，使运动员易于接受。

第二，对运动员的思想教育要满腔热情，充满对运动员的关心和爱护。有了这样的情感，有时一句话、一个眼神、一个手势就会获得好的效果。

第三，在与运动员发生正面冲突时，保持冷静，时刻记住自己的身份和职责，尽量避免正面冲突。

第四，进行思想教育的时间应安排在间歇时，三言两语点到为止。

2. 作风培养因素

为攀登运动技术高峰，运动员要长期承受巨大的生理和心理负荷，会遇到各种各样的考验（如伤、病、苦、累、失败等）。教练员要通过个别课上遇到的这些困难，培养运动员勤学苦练、不怕困难、坚韧顽强的意志和不达目的誓不罢休的作风。这对运动员在竞技场上有积极的意义。

作风的培养，是思想教育的一部分，方式方法和要求与思想教育相同。

3. 情绪控制因素

个别课上的情绪，对课程的效果往往会起到推波助澜的作用。教练员不但要控制自己的不良情绪，特别是急躁、不耐烦等情绪，而且要以自己的举止言谈去感染运动员。以良好的情绪唤起运动员的积极性，鼓励、表扬他们的每一点进步，热心帮助他们克服缺点和不足，使运动员以愉快的心情，全力以赴地上好个别课。

情绪具有感染力，个别课上会成为不自觉的双边交往，教练员的情绪越好，运动员的积极性越高；运动员的积极性又反馈到教练员身上，形成一种良性循环。这种情境下，课越上越好，越上越有劲，甚至出现欲罢不能的状态，一些素日未解的难题，往往在这时迎刃而解。

五、个别课的种类与评价

（一）个别课的种类

个别课主要包括基本技术训练课、基本战术打法训练课、战术训练课、专题课等。

1. 基本技术训练课

基本技术训练课的目的是使运动员能够学习、运用熟练、提高基本技术。根据课的任务又可分为以下4种训练课：

首先，是学习基本技术课。对初学者和水平不高的运动员来说，学习基本技术是非常必要的。在这一过程中，要求运动员动作正确、协调，明确动作要领，不强调速度，强调剑尖控制和建立正确的动作定型。每个动作重复次数可多些，但要避免不必要的肌肉紧张。可多采用分解法、完整法教学，讲解时要突出重点，示范要正确，要求运动员经常复习已教过的动作。

其次，是扩大技术运用范围课。对已掌握正规基本技术的运动员来说，要使他能运用基本技术适应实战中的常遇情况，就要让他对同一基本技术在不同距离、不同情况下，都能正确运用基本技术进行练习，也可对各基本技术相互组合进行练习，以提高运动员在实战中运用基本技术的能力。训练中要使运动员明确技术原理、运用方法，要强调动作正确、配合恰当、连接紧密，不要过分强调速度而破坏动作结构。

再次，是熟练基本技术课。对掌握一定基本技术的运动员来说，要不断地熟练、提高其基本技术的运用能力，使技术动作能达到高度自动化程度，这也是教练员通常采用的个别课形式。训练中要求运动员的动作速度、力量、幅度、路线、距离、刺击点等都要符合教练员的要求，在此基础上根据信号变换练习动作，以提高在不同条件下的动作熟练程度。

最后，是提高技术因素课。在基本技术的教学过程以及在扩大运用、熟练过程中，都应重视提高技术因素能力，培养运动员的距离感、剑感、时机感和视觉与肢体的配合能力。它可以结合在基本技术训练中，对执行动作时剑的位置、路线、剑尖控制能力，不同距离应用步法，手脚配合，接到信号后行动的速度，判断信号的敏感性和正确性等，都应严格要求。不能只重视运动员动作是否准确，而忽视从技术角度上对运动员的严格要求。

2. 基本战术打法训练课

每个运动员都应有一套符合本人身体条件、技术特点、个性特征的基本战术打法。这些基本战术打法，必须在攻、防、反都有一两手的基础上突出特长。特长必须是在比赛中有实效的得分手段。基本打法的各个动作之间又是相互联系的，能制约对方针对性动作。这种基本战术打法，要从实战中总结出来又在训练中加以完善，不断丰富，加强内在联系，逐步发展成为有两三套基本打法。教练员要帮助运动员总结、挖掘、组织、形成、丰富、提高基本打法，训练中还应根据实战、比赛中的情况提炼出给剑方法、信号，以及对手动作形态、刺中部位。发挥运动员特长，克服薄弱环节，形成有实用价值的战术打法。从课的形式来看，有教学课、熟练课和条件实战课。

（1）教学课：让运动员先熟练与基本战术打法相联系的基本技术，讲解连接技术和实用技术，并仔细说明运用时机和方法后，进行连接技术和实用技术的教学和练习。可先分段组合，然后完整组合。在丰富基本战术打法新动作时，也要使运动员了解与原打法配合的方法，强调动作实用、应变快、针对性强。

（2）熟练课：先熟练各相关基本技术，然后根据各种不同情况发出信号，要求运动员做出相应战术动作，使运动员能熟练整套打法的技术动作和运用方法。

（3）条件实战课：先熟练与基本打法有关的基本技术，由教练员作对手，运动员以实战姿势来针对教练的各种打法，进行实战，要求严格地执行基本战术打法。

3. 战术训练课

目的是掌握和熟练常用战术和欺骗性技术、实用技术动作，提高运动员战术意识和运用动作能力。有教学课和条件实战课两种形式。

（1）教学课：教练员先让运动员熟练相应技术，再讲解要学习的常用战术动作、针对性方法、运用时机、距离和剑尖路线、刺击点，让运动员了解战术能成功运用的条件。实用技术改变了原来基本技术动作姿势，实用技术的运用一定要先让运动员了解其战术原理，才能使运动员正确地学习与运用。

（2）条件实战课：熟练战术动作要重视实用性，并且在运用动作时一定要配合相应欺骗性技术才能有效。学习后就要在实战相似条件下熟练掌握，并对一些意外的情况作应变措施。开始时教练员动作可比较简单、机械，随着运动员水平的提高逐步增加难度，最后到模拟对手打法的条件实战形式，并要求运动员对非预计的动作指出应变措施。

4. 专题课

专题课是为了解决运动员某一技术或战术及其他方面问题，专门组织的训练课，根据任务来安排训练手段、内容。常用的专题课有以下五种：

（1）纠正某一基本技术错误：根据错误情况，采用一系列诱导动作或分解相应的基本技术进行练习。严格要求动作规格，配合讲解或口令。当某一动作被纠正后，要重复练习建立巩固动力定型，也要使它在条件实战和实战的条件下能正确执行动作，具体手段上应尽量运用多种方法来达到同一目的。

（2）提高某一技术能力：根据运动员在比赛中暴露的弱点，采取一系列相应训练方法来提高这一能力。如距离防守后的不能跟进进攻或进攻中不出手等，都能通过这类课程来克服缺点，提高相应的技术能力。

（3）学习某一针对性战术：为了战胜某一对手，教练员在全面分析对手技战术特点和动作规律后，根据运动员本身特点确定相应的战术，进行针对性战术训练。训练中教练员要和运动员共同研究、分析比赛中可能出现的情况，并应有几手变化的准备，最后教练员模拟对手与运动员进行条件实战。

（4）增强某一专项素质：专项素质的好坏将直接影响技术动作的正确执行和战术的发挥，专项素质训练应是训练工作中的一个重要方面。为提高运动员某一部位的速度、力量，可采取个别课的形式，由两三名运动员轮流进行，也可为同一运动员的不同部位交替进行，中间安排短时间休息，调整放松。

（5）培养意志品质课：这种训练课一般都结合在专项素质训练中，可采用规定数量和质量要求，做得不符合要求的要进行处罚，也可在运动员意志消沉时，通过要求其完成正确动作和达到训练要求等方法来培养意志品质。

5. 准备活动

击剑比赛的专项准备活动，一般都采用教练员带运动员上个别课的形式。其目的是使运动员身体各部分肌肉、骨骼，以及内脏器官进入良好的工作状态，稳定情绪，增强信心，熟练技术。准备活动的个别课可适当进行一些针对性战术准备，教练员应根据运动员的赛前状态、个性特点进行相应活动。有经验的教练员能用准备活动调整运动员不良的赛前状态；没有经验的教练员指导的准备活动会使运动员感到不适，导致运动员对动作失去信心，从而影响比赛情绪。

准备活动的个别课与平时训练时的个别课是不同的。准备活动的个别课是使运动员顺利完成动作，使其感到流畅、到位，通过良好的本体感觉使情绪稳定，充满信心。在动作节奏上、速度上教练员应主动配合运动员；在内容安排上，要视运动员当时完成动作的情况，灵活调整；运动量要根据运动员的身体状况、个性特点来进行。教练员的信号要明确，动作幅度要小，简单实用。

以上各种类型的个别课，可以各自为题进行训练，也可以根据需要结合起来运用。个别课必须要有目的、有任务，整个工作应既有系统性，又有阶段重点，这样训练效果才会显著。个别课要根据运动员的年龄、运动水平、训练阶段、技术特点、训练态度、身体状态、运动素质、个性特点、当时的情绪状态来安排课程的内容和方法。作为一名击剑教练员一定要对个别课进行探讨、研究，勇于创新，不断提高个别课的质量。

（二）个别课评价原理与方法

1. 评价原理

个别课由5个分系统及其所包括的24个因素组成，个别课的质量将由它们决定。这些因素都具有不同程度的模糊性，将它们集合在一起，组成模糊集合，并以各自的隶属度去度量，使不准确度降到最低点。最后以集合的眼光去评价个别课的质量，得出一个相对准确的结论，避免完全凭经验、凭感觉的评分方法。但仅有隶属度还不能完全反映各因素在个别课中所占的地位，这就要以决策系数来表示。

决策系数指某种因素在所决策事物中的重要程度，一般取0—1中的一个实数来表示。

如语文成绩通常由作文和基础知识两项之和确定，而两者的决策系数分别为0.4和0.8。以决策系数乘所得分数再相加，即得到语文成绩的分数。

决策系数可经过统计得到，也可以由专家权威制定。击剑个别课中24个因素的决策系数还需要向各方面的学者、专家、教练员、运动员征求意见，得出大家认可的客观的决策系数。

决策系数是大家认可的，隶属度是评价者给予的，两者的乘积即是因素的得分，各因素之和即是子系统、分系统和个别课的得分。

2. 评价方法

（1）课前：通过各种表格填写，对个别课进行评价和评分。表格使用方法如下：

①个别课评分表：表中标明分系统、子系统、因素的分值，通过看课，将各因素的隶属度填入并与因素的分值相乘，乘积为该因素的得分。隶属度分五个等级，由0—1表示，各因素得分相加，得出各分系统得分。

②个别课综合评价表：评价者在课前了解教练员、运动员的情况及课程的任

务并填入表内。课后填写其余栏目,进行综合评价。

③个别课负荷表:记录心率、弓步、刺劈次数、时间,通过计算得出两者练习密度及其相应的心率变化。此表需多人分工合作,最好备有心率遥测仪、手按计数器,以便计算精确。将各类数据结果绘制成运动负荷表,为自己或他人提供综合评价的参考依据。

(2)课后:评价者根据各表记录,结合看课记录,填写分系统评语、综合评价和得分。如果是大型观摩课或评价课,组织者将所有评价者的表格收集一起,计算平均分数并得出综合结论。

第六节 击剑专项体能及其训练方法

现代击剑竞技水平不断提高,竞争日趋激烈,作为竞技能力主要构成要素之一的体能发展水平在现代击剑竞技运动中的地位越来越突出。体能训练是一门科学,也是一门艺术。但当前体能训练与击剑实践的脱节是制约我国击剑竞技水平可持续发展的因素之一。

一、击剑专项体能特征

体能是高水平竞技运动的基础,是运动员掌握精湛技战术的先决条件,也是运动员夺取比赛胜利的保证。击剑项目对运动员的体能不仅要求高,而且具有鲜明的专项特征。

(一)供能特点

击剑运动属于是技能主导类格斗对抗性项群,其动作结构不仅包含了周期性运动,还包含了非周期性运动,是一种混合性练习。击剑比赛耗费的时间不确定,因运动员的技战术和剑种特征不同,比赛的激烈状况也存在一定区别。所以,击剑运动具有比较复杂的供能特点,我国在这一层面的研究报告比较少,国外学者对此也有不同的看法与观点。

殷劲等两人通过分析击剑运动的供能特点,指出击剑运动是一种以ATP—CP系统供能为主、并辅以有氧氧化系统进行供能的运动。在日常训练过程中,需侧重于提升ATP—CP系统的供能能力,密切关注有氧氧化系统供能能力的发展。

在击剑运动中，乳酸能系统的地位并不显著，但是随着比赛的不断推进，这一系统供能的比重会随之提升。在击剑运动中，因为比赛的激烈状况、剑种与比赛的时长不同，三个供能系统的供能比重也具有一定差别。在这之中，每一局比赛持续时间最短的是佩剑比赛，通常淘汰赛持续的时间大约为3—4分钟，长时间对决的情况是很少出现的。通常是在短时间内交锋，攻防非常快。因此，最为关键的是佩剑运动员ATP—CP系统供能能力的发展。在花剑和重剑比赛中，运动员在剑道上不断运动，脚步移动十分频繁，比赛的节奏比较慢，持续时间长。因此，花剑和重剑运动员不仅要重视供能能力的发展，还需关注有氧氧化系统供能能力的发展。

在击剑运动供能能力中乳酸能系统不占据重要地位，原因是基于乳酸供能的项目是持续时间大约为1—3分钟的周期性运动，例如，800米跑等。但是由于比赛激烈程度的提升以及相应规则的改进，乳酸系统供能的比重会相应提升。击剑运动尽管不是一刻不停的运动，但是有时候要花费较长的时间，仅依赖ATP—CP、乳酸系统供能是无法维持较长时间的，要通过有氧氧化系统持续提供能量。因此，在密切关注运动员发展无氧供能能力的过程中，还需对有氧供能能力的训练进行及时关注。

郭黎等人在《对击剑运动员比赛心率、赛后血乳酸和血清CK的研究》中，选择了27名运动员，这些运动员都来自国家队，分属于6个剑种，在参加全国冠军赛时，对其血清肌酸激酶、比赛心率、尿素氮以及赛后血乳酸进行检测。通过分析得出，在比赛之后所有的运动员的血乳酸都在4毫摩／升以上，在决赛时，运动员平均血乳酸为7.18毫摩／升，这意味着运动员主要是无氧代谢。按照各项血乳酸浓度来看，在训练过程中，佩剑运动员需将焦点放在ATP—CP系统供能能力的发展、供能效率的提升上。重剑与花剑运动员基于提升ATP—CP系统的供能能力，还要合理关注糖酵解供能能力的训练，特别是特定量的高乳酸训练。在三个剑种比赛中，心率最大值都超过了180次/分，男重80%HRmax以上在总时间中的比例为57.14%、男花则为59.58%、男佩为51.34%；女重则为44.87%、女花是64.93%、女佩则是53.97%，这表示击剑比赛有较高的运动强度，根据心率研判，属于亚极量强度。

（二）身体形态特点

形态通常是就人体的外观而言，包含身高、体重、上下肢长度等体形指标。

击剑运动员在形态上的要求是身材修长、皮脂薄、头顶尖、上下肢长而直、手大脚大、手指和脚趾长而细、手指能充分伸展、肩宽平展、胸廓大、体重适中、指间距较大、臂长而直、肘关节不能过伸、反张不能超过10度、外翻不能超过15度、前臂较长、上臂相对短、上臂围松紧指数大、腹部扁平、髋骨平展、臀部较小且肌肉紧缩上收、腿长且直、小腿长、大腿相对短、膝关节细、胫腓骨远端围度小、跟腱长而清晰有力、足弓高。上述条件是成为优秀击剑运动员的身体形态指标。依据我国击剑优秀选手资料，可以显示出优秀击剑运动员的身体形态。

（三）身体素质特点

击剑运动项目属于技能主导类对抗性格斗项目，是以无氧供能为主，有氧氧化系统供能为辅的运动，主导击剑项目运动的素质为综合素质。确定专项主导素质和基础素质对认识击剑项目的运动素质非常重要。

1. 平衡素质

平衡分为如下类型：动态平衡和静态平衡。静态平衡能力就是人在相对静止时，维持姿势稳定的能力；人在运动的状态下，维持平衡的能力，就是动态平衡能力。平衡能力的控制与调整，是由前庭器官的稳定性、视觉的暗示作用、肌肉的反馈调节能力所决定的。

在格斗类项目中，单手持器械来格斗的只有击剑，击剑的这个特征使得运动员身体呈现非均衡性。所以，平衡能力对击剑运动员优化自身的竞技能力至关重要。其中，平衡能力即保持人体姿势稳定的能力，尤其是在支撑面比较小时，对身体重心进行控制的能力。平衡能力的提升幅度对做动作时，把控技术动作的节奏、空间等，以及各位置肌肉用力的配合度具有重要影响。在一定程度上，击中和动作的合理性与平衡能力的提升有紧密的关系。其实击剑运动既是与智慧、技巧、竞技有关的比赛，还是与身体平衡有关的竞赛。当击中对方时，运动员身体不平衡，就会出现击中不准确的问题，关键是会导致技术动作出现偏差，导致主动权丧失。

2. 协调素质

在击剑运动中，协调素质是非常关键的素质，击剑运动技术动作的熟练性和流畅性，与协调性具有密切关系。在击剑运动中要求动作具有相应的协调性、稳定性与准确性以及控制性。其中，协调性是重中之重。协调能力指的是运动员身体各个部分的活动，在时空层面上紧密配合，准确地完成动作的能力。协调能力涉及肌肉的协调、神经的协调以及动觉的协调。在这之中，神经的协调，即在进行一系列训练时，神经过程抑制与兴奋的互相配合，这两个神经过程在空间与时间上的充分集中。肌肉协调指的是肌肉合理用力，包括参与工作的肌肉用力的幅度、肌肉放松和紧张的实际状况以及相应顺序。动觉的协调，即在时间与空间上，身体各个部分的配合。动觉的协调，就是通过本体感受器供应相应信息，经过传入神经到达中枢，然后再进入大脑皮层，通过信息综合之后，借助运动器官完成动作。

3. 速度素质

速度在击剑运动中是不可或缺的素质，击剑专项速度素质大致是反应速度、动作速度以及位移速度。反应速度主要有如下特征：击剑要看反应，运动员的特殊反应时间为0.3—0.7秒，在做动作全程中，反应时间在总时间中占比50%。反应速度对位移速度、动作速度的快慢具有决定性的影响。击剑的反应速度是复杂反应速度，要求运动员在战机快速消失的形势下，及时进行反应。其大致包括对对手变化的反应以及快速启动的能力，其主要包括：预见能力显著、启动快速、攻防变化快速的特点。动作速度主要包括如下特征：在击剑运动中，攻防变化比较多，动作纷繁复杂，为了达到出其不意的效果，运动员的动作一定要隐秘且快速。这要求运动员拥有良好的手腕与上肢速度，还有脚步移动的速度。位移速度有如下特点：击剑比赛是在14米的剑道上展开的，多次的前后移动贯穿比赛全程。根据相关统计可知，在一场比赛中，男子短距离前后移动累计有79米，在1—2米前后移动的比例大约为61%。女子则是77米，大约有68%是在1—2米展开的前后移动。位移特点包括：位移比较频繁且距离短。运动员要有出色的位移速度与短距离快速移动能力。

4. 力量素质

击剑运动中的力量属于隐性的素质，在正式比赛中，并不是靠力量斩获奖杯，但是力量的作用也是不可或缺的。击剑力量素质训练对动作速度与幅度的提升、强化进攻与防守有良好作用，同时，还可以不断优化神经肌肉系统的协调，让协同肌、主动肌、对抗肌的协调关系更好，从而提升肌肉的力量以及动作速度。并借助神经系统的力量与反射调节引起动作幅度强化，对技术动作进行优化，取得满意的成绩。同时，力量素质训练还可以防止出现运动损伤问题。

通常击剑运动的力量指的是力量耐力与爆发力。在正式比赛中，比较可靠的得分手段就是劈和刺，这些动作有如下特点：在一次又一次的攻防切换中，可以根据对手的实际状况快速发力，并且要有强大的力量、动作幅度小，要出其不意。这要求运动员拥有良好的手腕力量，能够有效控制手中的剑。同时，为了突然进行进攻，一般要依赖运动员的脚踝与腿部的爆发力进行幅度较大的弓步进攻，需要运动员的爆发性蹬伸力量比较优良。在击剑比赛中，除了双方之间的距离比较远或者裁判员叫停之外，运动员的两膝需始终为半弯曲状态，该姿势使下肢负荷加重，倘若支撑的力量不足，那么，就不能展现动作的快速，也不能在多轮比赛中坚持下去。

这些年，在运动队训练中，核心力量训练得到了许多人的重视，探索研究运动员核心力量训练，这在运动练习层面是比较独特的课题之一。在竞技运动项目中，核心力量的作用非常关键，既可以对运动员完成重要动作、维持基本姿势、完成专项技术动作发挥着支撑的重要作用，又是运动员发力的核心环节，对上肢和下肢的协调、发力具有良好的过渡衔接作用。核心部位平衡能力比较出色的运动员，在正式比赛中的制胜能力与控制能力都很突出。击剑是攻防转换频繁、对抗程度较高的格斗性竞技运动项目之一，运动员需按照赛场中变幻莫测的具体状况进行灵活应对，及时把握难得的机遇，应用合理的应对方式，在实战过程中，运动员需有良好的反应能力，进行合理研判，动作要准确且快速，并且注意力要集中。击剑比赛是速度和力量、战术和技术的角逐与展现，准、快、变和狠是特定的整体，对比赛结果具有重要影响。在体能与技战术之间，核心力量的角色是纽带，运动员应当展现自己的战术特色和技术水平，展开多变、迅速且狠、稳的劈和刺，均离不开有效的核心力量，击剑中的变向、急起以及再加速等能力和核心力量、其对应的神经肌肉系统平衡能力与控制能力具有紧密的关系。

5. 耐力素质

击剑运动是无氧耐力和有氧耐力相结合，并基于ATP—CP供能而展开的项目，单场的比赛时间不会持续太久，但是，整场比赛花费的时间则比较长。尤其是水平越高，场次也会越多，就会耗费许多耐力。通常一次国际性击剑比赛花费的时间是9—11个小时，在总时间中，比赛的时间所占的比例大约为18%，一场比赛实际对抗的时间是17—49分钟。在一场比赛中，运动员运动距离是250—1000米。每一战术动作所需的时间比较短，在1秒之内，但是有较高的强度，有时会持续60秒以上。平均来看，每次对抗，花剑使用的时间是5秒，重剑15秒；交锋与中断之间的比率，男重、男花、女重分别为1∶1和1∶3以及2∶1。在正式比赛中，为分数做准备的战术动作通常要持续较长时间，强度是亚极量的，后续的得分动作通常持续较短的时间，且有极高的强度，同时与最后的刺击具有一定关联。

耐力指的是身体长时间运动的能力。通常我们把密切关联专项运动成绩的耐力叫作专项耐力，详细来看，即不间断完成专项动作的能力。击剑场地小、交锋比较多且转换多变，这些特征决定了运动员的无氧耐力要出色，特别是强度大、爆发式运动的能力，就是长时间持续反复展开短距离的、强度大的运动的能力。长时间，指的是真正比赛的时长；反复，即弓步、急起以及冲刺等动作。击剑运动专项耐力集中展现在维持反复展开的高强度和短距离间歇运动的能力。

6. 柔韧素质

较之力量、速度与其他运动能力，柔韧性具有一定差异，其无法让技术形成动力，但是其可以协助管控动作。其实柔韧性能够改善运动效果，不仅可以简单收缩肌肉、控制与放松肌肉，运动系统还可以协调肌肉群，例如，技能的掌握与技术的强化。关节和肌肉以及肌腱紧张度、肌肉长度与关节角度的本体感受器，是运动系统取得信息的关键来源。所以，柔韧性可以提升本体感受器感知刺激的能力、优化协调能力。在击剑运动中柔韧素质集中反映在动作幅度、步法的弹性等层面。在击剑领域，运动员各个关节活动的幅度大，尤其是上肢肩关节、下肢髋关节，有比较大的活动幅度。拥有出色的柔韧性，第一，能够确保各肌肉、关节以及韧带等的伸展能力；第二，能够消除活动时韧带和肌肉引起的阻力，从而减少损伤出现的可能性。柔韧性可以借助平衡、微拉伸、控制与稳定性原则而充分提升。应用主观感觉用力的30%—40%，可以在没有扭伤的前提下，进行有效拉伸，防止出现微损伤与劳损组织。持续拉伸1分钟，对核心肌群与结缔组织的重建有积极作用，多次拉伸强化对神经肌肉系统的痕迹效应。

7. 灵敏素质

灵敏素质属于比较复杂的综合能力，全面体现了速度、力量、柔韧与协调等层面，指的是运动员快速转换动作、变换体位与灵活应变的能力，灵敏和人体对时间、对空间定位的能力具有一定联系。因此是运动员各种素质与运动技能在运动中的充分体现。通过相关研究发现，随着年龄不断变化，灵敏素质的发展规律也会随之产生变化，灵敏素质发展的最佳时期，就是7—12岁，在此阶段，如果可以趁机发展灵敏素质，那么可以获得满意的成效。

击剑运动的灵敏素质需要运动员可以在许多突然转换的情况下，及时、协调、合理地转换身体的运动方向与位置。击剑的灵敏素质凸显的是灵活应变。也就是说，在比赛中，可以跟随现场具体的变化，及时转换动作的方向与节奏以及动作模式。灵敏素质的优劣对速度素质水平也有重要影响，不管是脚下动作迅速还是出手速度快的运动员，均要拥有相应的灵敏素质，这样才能合理、准确的转变动作，或及时躲闪，或把握时机快速进攻。同时，灵敏素质还需要运动员能够快速研判对手的动机，并及时做出动作进行有效应对。

二、击剑专项体能训练方法

在击剑运动员的体能训练中，主要根据运动员的个人特点、专项特点、比赛特点和技战术特点来设计动作，弥补运动员专项体能的不足，辅助运动员技战术的发挥，在重要比赛中取得优异成绩。训练中不光是大肌肉群的练习，还是让体能训练的效果能运用到专项中去。

（一）时机感训练方法

时机感是人脑对客观事物延续性和顺序性的反应。人脑通过对客体运动变化延续性的感觉，形成了对其时间长短的知觉判断，是一种能预测"时机"出现和及时发现的综合感知觉能力。良好的"时机感"需要敏锐的观察能力，高度集中的注意力，良好的注意分配能力和及时的身体反应（行动）能力。

所以我们在安排训练时要注意以下几个方面：时间的体现、充分的观察、迅速的执行、完成的质量和可变的难度。

1. 徒手抓物练习

由教练员一只手顺时针（逆时针）摇绳，保持一定节奏；另一只手持目标物（手套或其他）。练习者呈原地或移动实战姿势，观察绳子情况（空隙间隔），伸手抓住目标物并收回，然后用同样方法将目标物送回教练手中，完成练习。可以进行单一动作练习，也可以连续动作抓放目标物；通过调整摇绳的频率来调节难度，频率低难度低，频率高难度高。

（1）原地徒手抓物练习，步骤：两人面对面—练习者呈原地实战姿势—伸出手臂—抓住目标物—回收手臂—观察绳子—伸出手臂—送回目标物—原地实战姿势。

要求：身体稳定，动作伸展，判断准确。

（2）向前一步徒手抓物练习，步骤：两人面对面—练习者呈原地实战姿势—向前一步伸出手臂—抓住目标物—后退一步回收手臂—观察绳子—向前一步伸出手臂—送回目标物—原地实战姿势。

要求：身体稳定，距离控制精确，动作伸展，判断准确。

（3）原地弓步徒手抓物练习，步骤：两人面对面—练习者呈原地实战姿势—伸出手臂完成弓步—抓住目标物—向后还原回收手臂—实战姿势—观察绳子—伸出手臂完成弓步—送回目标物—原地实战姿势。

要求：身体稳定，距离控制精确，动作伸展，判断准确。

（4）移动弓步徒手抓物练习，步骤：两人面对面—练习者呈原地实战姿势—移动接近—伸出手臂完成弓步—抓住目标物—向后还原回收手臂—移动拉开—实战姿势—观察绳子—移动接近—伸出手臂完成弓步—送回目标物—向后还原回收手臂—移动拉开—原地实战姿势。

要求：身体稳定，距离控制精确，动作伸展，判断准确。

2. 身体位移练习

（1）半蹲左右划步位移练习，步骤：两人面对面—练习者呈原地半蹲—观察绳子—快速滑步穿越绳子—观察绳子—快速反向滑步穿越绳子—实战姿势。

可采用单次或多次连续练习的方式。

要求：身体稳定，持续保持半蹲状态，转换及时，动作迅速，判断准确。

（2）实战姿势前后位移练习，步骤：练习者呈实战姿势—观察绳子—快速向前穿越绳子—判断绳子—快速向后穿越绳子—实战姿势。

可单次或多次连续。可单次穿越，也可连续不间断穿越。

要求：身体稳定，持续保持实战姿势状态，转换及时，动作迅速，判断准确。

（二）稳定性训练方法

击剑的稳定性是指交锋过程中步法的稳定、身体姿势的稳定、握剑的稳定、出剑的稳定。击剑运动员在运动状态下完成技术动作对身体的稳定能力提出了很高的要求，尤其是在武器交锋过程中，具备良好的身体稳定能力是运动员发挥竞技能力的重要保证。

实战姿势站立在高处，然后跳下呈实战姿势，并停顿0.5—2秒，然后进行击剑步法移动：向前一步、向后一步、弓步、移动弓步等。要求身体稳定、上身放松、动作到位清晰。

1. 向前一步跳跃练习

步骤：练习者呈实战姿势—跳下落地—实战姿势—完成向前一步—实战姿势。

要求：落地身体稳定，持续保持实战姿势状态，动作清晰、正确，判断准确。

2. 向后一步跳跃练习

步骤：练习者呈实战姿势—跳下落地—实战姿势—完成向后一步—实战姿势。

要求：落地身体稳定，持续保持实战姿势状态，动作清晰、正确，判断准确。

3. 原地弓步跳跃练习

步骤：练习者呈实战姿势—跳下落地—实战姿势—完成向前单一弓步—实战姿势。

要求：落地身体稳定，持续保持实战姿势状态，动作清晰、正确，判断准确。

4. 后退一步接向前一步弓步练习

步骤：练习者呈实战姿势—跳下落地—实战姿势—向后一步—向前一步弓步—还原实战姿势。

要求：落地身体稳定，持续保持实战姿势状态，动作清晰、正确，判断准确。

（三）协调灵活性训练方法

技术的掌握取决于协调能力，协调能力是在人类成长和发展过程中形成和改变的。因此，技术和协调能力应与年龄相适应。每个人都必须经历几个技术阶段，不能跳过其中的任何一个。每个阶段代表不同的水平，每个水平的稳定性为掌握更高的水平创造了条件。正是因为如此，技术基础不断重复练习，甚至在备战奥运会过程中，技术基础的学习也不能忽视。因此，协调贯穿技术的整个学习过程，是准确掌握技术的基础。

1. 跳绳练习

跳绳是非常好的训练协调性的器具。重点在于跳绳时需要手和脚配合，大脑的控制和身体的平衡控制。我们将跳绳和击剑技术进行一些有机组合的尝试，丰富一下击剑训练手段。

（1）原地实战姿势跳绳练习，步骤：练习者持绳—实战姿势—摇绳—实战姿势跳—还原实战姿势，可单摇绳或双摇绳。

要求：落地身体稳定，持续保持实战姿势状态，有节奏感。

（2）实战姿势呈弓步跳绳练习，步骤：练习者持绳—实战姿势—摇绳—实战姿势—摇绳—分腿弓步—摇绳—实战姿势，可单摇绳。

要求：落地身体稳定，动作清晰到位，有节奏感。

2. 移动持球练习

在训练中加强身体协调性训练，除了单人练习，还有双人练习。在移动中两人配合完成手中球的快速转移，也能考验和锻炼击剑运动员的协调能力。

（1）一球反应移动练习，步骤：练习者持一球面对面半蹲站立，每划步一次，球转换一次位置，顺时针或逆时针转移均可。

要求：保持半蹲，移动稳定连续，转移精确，配合默契。

（2）两球反应移动练习，步骤：练习者持两球面对面半蹲站立，两人对角线持球，每划步一次，球转换一次位置，顺时针或逆时针转移均可。

要求：保持半蹲，移动稳定连续，转移精确，配合默契。

（3）三球反应移动练习，步骤：练习者持三球面对面半蹲站立，每划步一次，球转换一次位置，顺时针或逆时针转移均可。

要求：保持半蹲，移动稳定连续，转移精确，配合默契。

（四）反应性训练方法

击剑比赛攻防转换迅速，为了适应这种情况，达到实效性，无论进攻还是防守动作，总要设法领先对手，使动作快速（反应快、手上和脚上动作均要快）和准确（恰当的力量、路线、节奏、协调等），才能实现击中对手和防止被对手击中的目的。

1. 实战姿势快速连续抓球练习

步骤：实战姿势—左右抛球—伸臂抓球。

要求：身体稳定，动作伸展，判断准确。

2. 向前一步抓球练习

步骤：实战姿势—抛球—向前一步抓球。

要求：动作准确，身体稳定，动作伸展，判断准确。

3. 前后移动抓球练习

步骤：实战姿势—抛球（左）—向前一步抓球—放球后退一步—抛球（右）—向前一步抓球。

要求：动作准确，身体稳定，动作伸展，判断准确。

4. 实战姿势冲刺抓球练习

步骤：实战姿势—抛球—冲刺抓球。

要求：身体稳定，动作伸展，判断准确。

（五）平衡性练习

在格斗类项目中，唯有击剑是单手持器械（剑）进行格斗的。规则规定比赛中只能单手持剑，不能换手持剑，除非受伤经大会医生确认、裁判同意才可换手持剑。不持剑的手臂在任何情况下都不能参与进攻与防守，或抓握电动器材与遮挡有效部位，违规者将受到警告或罚分处罚，这一特性使得击剑运动员造成身体的非对称性或非均衡性。因此，平衡能力的好坏对击剑运动员竞技能力的提高具有重要的意义。

1. 平衡板单手接球练习

步骤：在平衡板上呈半蹲姿势—抛球—伸臂接球。

要求：身体平衡，判断准确。

2. 平衡板双手接球练习

步骤：在平衡板上呈半蹲姿势—传球—接球—传回—接球。

要求：身体平衡，动作伸展，判断准确。

3. 平衡板实战姿势接球练习

步骤：在平衡板上呈实战姿势—传球—接球—传回—接球。

要求：身体平衡，动作伸展，判断准确。

4. 平衡板半蹲屈臂上举练习

步骤：在平衡板上呈半蹲姿势—向上伸臂—回收屈臂。

要求：身体平衡，动作伸展。

（六）综合辅助训练

练习内容中包含两种或多种训练目标，通过对灵敏、协调、判断的内容设置，成为一个训练活动。

1. 听信号踏步、快速绕桩跑练习

步骤：半蹲踏步姿势准备—入圈踏步（听信号）—先左后右踏步移动（听信号）—出圈快速绕桩。

要求：听信号移动一格，快速连贯，上身放松，保持半蹲，身体平衡，动作迅速。

2. 听信号前后踏步加速变向跑练习

步骤：将绳子横向放置，半蹲姿势准备—听信号—前后踏步（每边连续3次踏步）—听信号—加速跑—看信号—变向。

要求：快速连贯，上身放松，保持半蹲，加速明显，变向准确，动作迅速。

3. 听信号左右踏步加速变向跑练习

步骤：将绳子纵向放置，半蹲姿势准备—听信号—连续左右踏步（每边依次3次踏步）—听信号—加速跑—看信号—变向。

要求：快速连贯，上身放松，保持半蹲，加速明显，变向准确，动作迅速。

4. 听信号左右交叉踏步加速变向跑练习

步骤：将绳子纵向放置，半蹲姿势准备—听信号—连续左右交叉踏步—听信号—加速跑—看信号—变向。

要求：快速连贯，上身放松，保持半蹲，加速明显，变向准确，动作迅速。

5. 听信号单侧垫步踏步加速变向跑练习

步骤：将绳子纵向放置，半蹲姿势准备—听信号—连续原地踏步3次，伸腿垫步1次—听信号—加速跑—看信号—变向。

要求：快速连贯，上身放松，保持半蹲，加速明显，变向准确，动作迅速。

6. 抗阻力侧向快速移动接球练习

方法：强阻尼带绑在膝关节上部，设置移动区间（标志杆），区间内放置高度为20厘米的圈，在标志杆外侧接球，并回传。

步骤：半蹲姿势准备—移动滑步，双脚依次入圈、出圈—接球并回传—反向滑步—接球回传。

要求：快速连贯，上身放松，控制平衡，保持半蹲，变向准确，动作迅速。

第七章　计算机技术在击剑训练与比赛中的应用

计算机凭借良好的性能，普遍应用于社会生活、科学技术与经济等多个层面，并获得了显著的经济与社会效益。计算机的运用差不多囊括了人类生活的所有层面。计算机被广泛应用于体育专业，为体育运动的快速发展带来了良好助力，有利于提升竞技体育运动水平。从竞技体育的角度来看，计算机技术的核心任务，就是充分研究、存储、传送与处理竞技体育信息，作为这些信息的处理载体，计算机技术包含了网络化、软件化等特征，对竞技体育运动的精确性、公平性提供了可靠支撑。虽然击剑是一种体育运动项目，但计算机的多个功能依旧可以充分施展出来。尤其是在技战术分析上，现代科学计算方式得到了广泛应用，例如，系统动力学、人工神经网络技术的技战术诊断模型、数学模拟诊断等，获得了相应的研究成果。

第一节　计算机技术对击剑技战术分析的意义与任务

由于计算机技术在竞技体育运动领域的运用与发展，有针对性地借助计算机技术研究对手技战术特点、发掘运动员身上的不足，以优化训练效果，这是当代竞技运动的一大趋势。通过计算机技术的助力，诊断与研究技战术，是明确运动员技术特征的关键手段与基本方式。其中，计算机技术指的是将收集的视频影像资料置于计算机中，借助相应软件整理、总结各环节要素，探讨运动的技战术特征，找出运动员的缺陷与优势，从而为运动员参赛与训练奠定良好基础。

一、击剑训练与比赛技战术分析的意义

（一）击剑运动训练科学化的迫切需要

借助先进理论和科技，落实并合理控制运动训练的整个过程，从而实现预期训练目标的动态过程，即为运动训练科学化。全面借助现代科学训练理论和先进技术等，并渗透到运动训练的整个过程，可以显著提升现代运动训练的科学化水平。为了达到运动训练的科学化，需要展开科学分析。中国跳水队、羽毛球队、乒乓球队等项目运动队从世界体坛脱颖而出，并始终保持领先水平，一个关键的原因就是重视科学研究，进行科学化训练。此外，以上优势项目的发展也为击剑的科学化训练带来了有效借鉴。

击剑运动训练整个过程是层次比较多的特定系统，涉及科学训练计划、合理选材、科学组织与管理训练活动、合理组织比赛、高效的训练管理等。在训练过程中，技战术训练是不可或缺的一环。科学探究技战术，对优化击剑的科学化训练水平有积极影响，为我国击剑运动的快速、稳步发展提供了巨大动力。

在比赛中，运动员的运动素质与成绩不像体能类项目那样具有紧密的关系，原因主要是击剑项目的技战术体系比较复杂，且在比赛过程中的应用比较灵活。所以，运动员的成绩和运动素质之间是非线性的关系，在击剑领域，人们无法按照运动素质来估测运动队或者运动员的成绩，他们的技战术对比赛成绩具有非常深刻的影响。

田麦久在研判各个运动项目战术的重要性上，把对抗性项目的比赛纳入了战术重要性要求最高的项目范围内，其是否能够顺利应用，通常会变成决定成败的重要因素。

击剑比赛的技战术分析，不仅是运动员准备工作中的非常关键的一环，还是后续训练工作的开端。在击剑运动中，技战术的分析渗透在训练全过程中，训练阶段不同，比赛技战术的重点也有相应差别。在新的训练周期，通常技战术的分析侧重于己方运动员，旨在分析运动员在技战术上存在的不足与优势，为后续训练规划的提出奠定坚实基础。比赛之前的技战术分析，核心是对对手的技战术特征进行探讨，让教练与运动员可以提前做好准备，有目的的强化训练，努力做好临场引导工作、为比赛做好铺垫。可以说，技战术分析对比赛结果的输赢具有非常重要的意义。

(二)击剑运动技战术发展规律的客观要求

欧洲是现代击剑运动发展的摇篮,传入中国的时间是20世纪50年代。经过数十年的发展,击剑技战术获得了显著的成果。

技术上:现阶段,剑坛攻防变幻莫测,稍纵即逝。在正式比赛中,运动员的行动遭到对手的顽强抵抗,并一直渗透着发挥和反发挥、制约和反制约。运动员无法根据日常训练的技术程式展开,需按照场上的实际状况,及时调整动作,灵活地应用适宜的动作方式,这需要运动员学习各种技术,积累构建丰富的技术元件,可以及时组合变换新的动作。此外,运动员在击剑技术上还需展现技术的准确性、实效性、预见性和快速性等特征,尤其凸显观察判断能力、专项感知觉、预见性以及应变能力。

战术上:当前比赛中的各方为了获得主动权,获得优异的成绩,主要借助科学的战术行动来实现。首先,充分规避自身的不足,发挥自己的特长,取长补短;其次,找准对方的弱点,击中要害,也就是约束对手的特长,放大其缺陷并进行合理应用。由此可见,获得优异成绩的重点就是在比赛中拥有出色的战术,原因是击剑的战术是这一运动的灵魂。此外,运动员还需明确战术包含了预见性、敏捷性、独立性、欺诈性、应变性与隐蔽性等特征,让战术与心理、技术、身体等有机融合,从而对战术进行合理有效应用。

技战术上:击剑比赛与其他对抗性项目相同,在比赛中没有绝对的战术与最佳技术。换句话说,即击剑中的全部技战术均是互相影响、互相制约的,成败与临场发挥的水平具有紧密联系。第一,需要确定的是,与战术思想相悖的技术无任何意义。也就是说,只依赖技术不能获得优异成绩,这样说并非将技术的重要作用否定了,完全相反,技术的作用至关重要,其是战术能够全面落实的保障。换言之,是一次次技术动作的应用组成了战术。第二,运动员需进行不断训练,以此感知各技战术之间的约束,并保障在进行合理抉择之后可以充分进行落实。

以上技战术发展的实际状况展现了现代技战术的特征,回顾数十年来技战术由低水平发展至较高水平、逐步向复杂转变,由自然训练再逐步发展至系统训练的过程,我们可以感受到技战术理论对其实践的良好促进作用,没有了理论的探索与分析,技术实践也不会发展到当前的水平。所以,击剑技战术的逐步发展与运动训练的基本规律,要求体育领域相关人员都应探究技战术理论,为击剑技战术水平的优化夯筑基石。

(三)缓解击剑技战术理论与实践矛盾的客观要求

通过哲学视角看,技战术理论和实践二者是互相矛盾的两个系统,二者互相影响、互相弥补。根据二者的发展状况就可以得出,多数状况是技战术理论比实践更滞后。也就是说,在比赛中出现了一种打法,之后很多人对该技战术进行分析与描述,只有少量的文章会估测未来击剑技战术的演变方向,并为此做出充分准备。所以,在研究击剑技战术的阶段,既要分析、归纳、提取比赛实践中出现的新方式与新理念,还应基于研究了解击剑技战术的发展态势,从而为比赛实践的发展提供有效的理论依据。

二、击剑训练与比赛技战术分析的任务

(一)分析对手特点制订战术方案

在正式比赛中,充分明确自己和对手的实际状况,这是获得优异成绩的基础。对运动员而言,在比赛之前观看录像,探究对手技战术的长处与不足,这是非常关键的。比如,在雅典奥运会男子篮球比赛中,在小组赛最后一轮中国男篮打败了塞尔维亚和黑山共和国队,以67:66的比分获得了胜利,奇迹般地入围奥运会男篮八强。比赛结束之后,教练哈里斯说,他半夜到奥运村图书馆,翻到了新西兰与塞尔维亚和黑山共和国相关资料;早晨他就准备好了,把半夜找到的录像资料剪辑之后,让运动员们观看;就是想让他们明白新西兰是如何打败塞尔维亚和黑山共和国队的,击败对手可以使用什么方式。再如,每次中国乒乓球队在比赛之前和比赛期间均会带许多比赛录像带,便于在集训与比赛期间具体全面分析、探讨各个对手的技战术特点。

(二)分析自身现状制订训练方案

展开训练与比赛的一个重要工作就是研判击剑运动员现实竞技状态。一般情况下,教练和科技员等通过科学评估理论的导向,借助现代技术方式或者根据自己积累的经验识别、表达、测评运动员技战术方面的问题,并为其获得良好的技战术状态提供合理建议。

客观分析与科学研判运动员应用技战术能力、发展现状,以及导致该状态产生的原因等问题,是合理实施教学训练的一个重要依据。其可以让教练快速明确运动员的竞技状态,及时明确阶段任务,选择良好的训练方式,制定目标达成的合理策略,科学安排运动负荷等。教练员准确、有效地分析研判运动员的技战术

状态，这是合理训练、获得满意的成绩的基础。

（三）分析比赛信息调整临场战术

由于互联网的快速演变与计算机硬件及软件技术的不断更迭升级，借助摄像机、电脑与网络收集比赛中的技战术相关数据，已变成了一个趋势。其特征包括：运算速度快、收集的数据比较准确、输出结果比较方便等，是教练指挥的得力助手。西方许多排球强队就是应用电脑来统计的，快速地将各方的技战术信息传送给主教练，帮助其合理规划布局，制定可行性强的策略。

（四）准确把握技战术发展方向

借助比赛分析有助于明确全球先进强队的战术动态、技术以及发展趋势。比如，在花剑比赛中，因为规则的变化，使其技术结构和表现方式出现了相应变化，技术动作越来越简单，在比赛实践中产生了延续反攻、延续进攻以及对抗刺等新的技术动作。

三、击剑训练与比赛技战术分析的研究现状

（一）传统比赛技战术分析

从击剑比赛分析来看，以往应用的方式是提前绘制统计的表格，在观看比赛录像时，按照技术动作等来统计。虽然，各剑种的技战术统计指标存在相应差别，但是其特征是一起应用描述性的统计指标，例如，一项技术的失误率、得分率、使用率、标准差、平均数以及显著性检验等。现阶段，中外大多数的比赛分析都应用的是这一方式，只在收集数据信息上进行了改善，比如，当前应用笔记本电脑，在现场进行数据录入工作。此比赛分析方式具有快速、操作便捷、可以快速地给教练传输技战术的统计数据这些优势，但是不足之处是指标体现的信息量少，这是因为各个统计指标之间是静止的、独立的、抽象化的。比如，在比赛中，进攻的失误率与得分率仅可以体现运动员进攻技战术的整体状况，但是民众不能通过百分率的统计发现，运动员是在什么时间、什么位置、在对手应用哪些战术的状况下失分、得分的。

（二）计算机辅助式比赛技战术分析

这些年，外国的体育科研机构与体育软件公司开发了部分比赛分析软件，例如，CCC（Campus—Computer—Center）公司的Topscourt、大家都熟悉的SIMI

Reality Motion Systems公司的SIMIO Scout、Digital Scout公司开发的掌上计算机球类比赛统计分析软件等。这些比赛分析软件都有一个共同点，就是减轻了人工收集数据信息的工作量，可以自行展开数据统计分析、借助相应图表显示出最终的结果，然后向教练和运动员反馈。

计算机辅助比赛统计分析软件的主要问题是，其比赛分析原理和思路与以往的统计几乎是一致的，获得的结果仍是各技战术的失败率、成功率以及应用比率等，其不同之处只表现在操作方式上，应用计算机可以节省更多时间、减少工作量、更加便捷。

（三）多媒体式比赛技战术分析

由于计算机技术尤其是数据库和互联网以及多媒体等技术的蓬勃发展，并广泛应用至各个领域，以上传统的比赛分析方式有大量缺陷出现。赵传杰在备战北京奥运会期间，将多媒体技术应用到了中国运动员与国外对手的技战术分析中，效果比较显著，获得了教练和运动员的一致称赞。当前，这一研究已渗透至国家击剑队的其他剑种中。较之传统的比赛录像观察与统计分析，多媒体技战术分析的特征大致包括：第一，技战术视频数据中的信息量要比文字统计数据多出许多，通过图表、视频与动画等展现的对手技战术特征比较明确、形象、有序，其有利于教练与运动员深入认真的观察、研究对手技战术的不足与优势，以此增强备战训练的合理性和针对性。第二，应用多媒体技术分析资料，有助于教练与运动员在比赛之前与比赛期间及时、便捷、有效的探讨、分析对手的状况，做到"知己知彼"。

（四）击剑比赛技战术分析存在的问题与发展方向

通过国内的击剑比赛技战术分析发现：第一，亟须强化分析与综合的统一性。击剑技战术的了解过程是分析与综合的统一，分析是基于整体认识部分，综合是基于认识部分再次认识整体，两者是辩证统一的。如今，在探讨分析击剑技战术上，存在重视分析忽视综合的状况，通常分析得非常仔细，但综合上依旧是重复以往的认知。也就是说，在不进行分析的前提下再次认知整体。一部分研究在综合方面尽管存在新的认知，但是描述比较笼统、简单，没有层次性。第二，亟须强化研究的广度。击剑技战术分析的面不够广，大致集中在如下层面：首先，通过体育科学研究的种类看，击剑技战术分析大致反映在应用研究上，技战

第七章 计算机技术在击剑训练与比赛中的应用

术基础理论分析与开发研究比较落后。其次，对击剑技战术进行分析通常只停留在击剑项目上，很少展开比较性分析，未充分吸取我国优势项目中比较完善的技战术信息。最后，亟待强化击剑技战术学科交叉的分析，这也从另一个层面表明研究击剑技战术的学者们，他们的研究的范围较窄。

中外相关研究成果显示，以往的比赛分析，其研究主要局限于技战术表层指标的水平，多媒体技术分析尽管可以明确、生动地展示运动员技战术的特征与过程，但是均未包含统计指标数据之间的动态关系，抑或深入全面地挖掘数据等问题。当前，人们主要是通过教练的经验，借助相应的数据统计，充分观察比赛视频，以此找到对手的技战术特征。该方式既要耗费许多时间与人力，还会漏掉大量的比赛细节以及特征等相关信息。所以，通过现代计算机的理论与方式，发掘与运动训练现状相符的对抗性运动项目比赛分析智能系统，这是改进击剑比赛技战术分析水平的关键环节，同时，还是击剑比赛技战术分析的发展趋势。

第二节 计算机技术在击剑技战术分析中的方法

媒体，指的是信息保存与传输的重要手段与技术，是借助计算机交互综合技术与数字通信网络技术，对图像、文本、声音与图形进行处理，让各种信息构建逻辑连接的交互式系统。多媒体技战术分析的关键媒体信息是比赛视频，其既可以完整、清晰地再现比赛过程，还可以根据技战术研究的相关要求，进行编辑处理。

一、常用击剑技术分析方法

在各种多媒体课件制作工具中，PowerPoint的特征包括：易学、简单、高效和直观等，较之其他多媒体制作工具，比如Director和Authorware等，尽管PowerPoint没有较强的动画功能与交互性，但是倘若可以熟练掌握其使用方式，发掘其独特的功能，就可以充分迎合技战术研究的要求，其主要有如下特征：

（1）信息形式多媒体化，具有突出的表现力，可以让技战术研究的信息模式更加丰富，对教练员与运动员充分明确对手的技战术特征十分有利。

（2）有助于信息存储与复制，可以为教练员、运动员在各种场合下应用提供良好便利，例如，既可以在宿舍、训练场与教室应用，又可以在赛场使用。

（3）可以为信息资料的加工提供便利，教练员与运动员借助自己的比赛录像，就可以对其进行编辑、处理，变成与自己要求相匹配的技战术分析资料。

（4）有利于与他人协同工作。当运动员或者教练在参加比赛或者集训时，便于与研究员展开协同工作，比如，佩剑项目，接下来阐述通过PowerPoint分析多媒体技战术所用的主要手段与方式。

（一）连续技术动作图片方法

主要的多媒体分析方式之一是连续的技术动作图片，这些图片极易根据比赛视频通过MovieMaker等另一些非线性编辑软件进行获取。倘若选取了适宜的图片，那么就可以生动地展现运动员技术动作的显著特点。同时，借助连续图片法来研究技术动作时，可以加入这一技术的视频画面。

（二）手动控制技术分析方法

针对很难观察的、一些比较细腻的技术动作，可以选取PowerPoint的相册功能，应用鼠标来手动控制这一方式，从而仔细观察、细致分析运动员的技术动作。

（三）运用软件的简单测量方法

检测人体运动学特征的最佳方式，就是运动生物力学中的摄像，但是因为其对专业知识具有比较严格的要求，无法顺利应用至正式的国际大赛中。所以，一般情况下无法被普通教练应用。Dartfish是比较简单、十分先进且耐用的运动技术分析软件，现阶段，国际上大部分优秀运动队均在应用，以期让运动员在比赛中胜出，获得优异成绩。

二、常用击剑战术分析方法

（一）"文字+视频资料"分析方法

通常情况下，多媒体技战术分析方式是"文字+视频资料"，在这之中，文字是提炼、分析与归纳视频内容。教练员与运动员一般会先阅读文字，再有意识地观察比赛视频中的内容，这一方式对提升技战术的成效有积极作用。

（二）"动画+视频资料"分析方法

在比赛过程中，一部分特征很难用文字来描述，比如，击中部位以及击中线路等，动画一般可以为教练员和运动员及时记忆、认知对手的技战术特征提供良好便利。所以，"动画+视频资料"同时也是多媒体技战术研究中主要应用的分析方法。

第七章 计算机技术在击剑训练与比赛中的应用

（三）"数据表+视频资料"分析方法

这一分析方式可以让教练与运动员在综合分析、研究技战术的前提下，深入、全面分析和探讨各个技术动作或者具体战术。

（四）"数据表+图"分析方法

统计数据表和图片是技战术研究不可或缺的资料，在多媒体演示稿中，可以借助各种颜色与动画模式，来生动演示核心数据信息与图片。如此，有利于运动员把握重点，充分了解对手的显著特征，以此对技战术研究的效果进行不断强化。

第三节　计算机技术在击剑技战术分析中的应用

一、比赛视频文件准备

比赛视频文件的准备，是做好高质量击剑比赛多媒体分析工作的基础，主要包括比赛摄像、分析对手选择、视频采集、视频剪辑、数据统计和技战术片段的合成等工作。

（一）击剑比赛的摄像

用于技战术分析的击剑比赛摄像与电视转播有很大的区别，因此其摄像机的偏角可以再大一些，以便能清楚地看到双方运动员的动作、双方比分的显示屏，以及裁判员手势等。这些都是进一步分析技术动作的基础，否则就不能准确地判断得失分。

（二）比赛录像的选择

通常由教练员提出需要分析的对手，因为只有教练员才知道谁是最主要的对手，哪一场比赛最有分析价值。一般情况下是要选择比分较为接近的比赛，如14∶13或者14∶12的比赛。否则，比赛双方比分差距过大，就不能反映对手的真实技战术特点与水平。

（三）比赛视频的采集

1. 比赛视频采集的方法

（1）首先将DV与电源接通，将Power开关设定于VCR位置（播放已录制的视频），并通过IEEE 1394连线与计算机相连。如果是模拟录像带，其连接的方式略复杂些，必须将录像机通过一根音频视频线与摄像机相连，再用IEEE 1394线将DV摄像机与计算机相连。

（2）进入Windows Movie Maker 2.0后，在【文件】菜单上，单击【捕获视频】或在【电影任务】窗格中的【捕获视频】下，单击【从视频设备捕获】。

（3）在【视频捕获设备】页的【可用设备】中，单击该DV摄像机。

（4）在【为捕获的视频输入文件名】框中，为捕获的视频文件输入文件名。然后，在【选择保存所捕获视频的位置】框中，为视频选择保存位置，或单击【浏览】以选择位置。

（5）在【视频设置】页上，可以选择视频文件的格式，Windows Movie Maker 2.0提供了18种视频格式。不同的视频格式其文件大小和清晰度差异很大。

（6）在【捕获方法】页上，如果单击【自动捕获整个磁带】，DV摄像机中的磁带将开始倒带，捕获将自动开始并在磁带到头时终止。如果要捕获磁带中部分视频，单击【手动捕获部分磁带】，可使用DV摄像机或VCR上的功能，或使用向导中的【DV摄像机控制】找到要从磁带上捕获的视频，单击【开始捕获】以开始捕获视频。

（7）如果是自动捕获，可选择以下命令：要将视频拆分为较小的剪辑，请选中【完成向导后创建剪辑】复选框；要在视频磁带终止前停止捕获，可单击【停止捕获】，然后在出现的对话框中单击【是】以保存已捕获的视频。如果是手动捕获，选择执行以下操作之一：当磁带播放到要停止捕获的位置时，单击【停止捕获】；如果已经选中【捕获时间限制】复选框，则等待指定的时间长度以便捕获视频。

（8）完成捕获后，单击【完成】以关闭【视频捕获向导】，捕获的内容将导入一个与指定的视频文件同名的新收藏中。

2. 不同视频格式的比较

运用Windows Movie Maker 2.0和Ulead Video Studio 7.0对4种常用视频文件格式进行测试表明，WMV（LAN Video 768 Kbps）的视频文件格式比较适合用于击剑比赛技战术分析，因为它在保证击剑比赛技战术分析所需要的视频清晰度条件下，文件要远小于其他的视频格式。

第七章 计算机技术在击剑训练与比赛中的应用

（四）视频的分割与标记

将击剑比赛视频采集到计算机后，还要进行剪辑。根据击剑比赛多媒体技战术分析的要求，剪辑时要注意：

（1）将整个比赛视频以击中得一分为基本单位拆分，如一场比赛为15：10，应拆分为25个短小的视频片段。

（2）除了在每击中得分的开始保留5—6秒的视频外，应去掉比赛中大量与技战术分析关系不大的信息，如裁判员观看录像、运动员换剑、整理比赛服、擦汗等，以便教练员、运动员能将注意力更好集中到对对手的技战术分析上，同时也可以节省比赛分析的时间。

（3）对拆分好的每一个得失分比赛片段重新进行标记，如序列号、得分、失分等，以便使后续的典型技战术片段编辑比较容易进行。

（五）数据统计

数据统计是击剑比赛技战术分析的基础，同样，多媒体技战术分析也是建立在此基础上的。除了记录常规技战术分析相应的统计指标，它必须记录每一次技战术行为发生的视频位置，即该技术或战术行为发生在哪一得失分的视频片段之中。人们可以根据不同剑种比赛技战术分析的需要，设计不同的统计分析表。

（六）技战术视频片段的合并剪辑

将分割好的技战术视频片段根据统计分析的结果重新合成，是比赛视频文件准备最重要的一个环节。将运动员进攻得分视频片段，拖到情节提要/时间线上将它们重新合并。在做击剑比赛技战术分析视频合成时必须考虑以下几个问题：视频过渡会控制视频从播放一段剪辑过渡到播放下一段剪辑。可以在情节提要/时间线的剪辑之间以任意的组合方式添加过渡。击剑比赛视频的分割是以每一得失分交锋为单位。因此，在合并时要选择好视频剪辑之间的过渡，使教练员和运动员在看完一个得失分交锋后，能很清晰、自然地过渡到下一个交锋上。技战术分析中的视频过渡不宜太"夸张"。Windows Movie Maker 包含多种可以添加到项目中的过渡，过渡存储在"收藏"窗格中的"视频过渡"文件夹内。

（七）处理好视频效果

视频效果决定了视频剪辑最终的显示方式。在击剑比赛分析中，视频效果主要是运用好播放速度，它是影响击剑比赛多媒体技战术分析效果的一个重要因素。从击剑比赛特点来看，技战术分析的视频播放速度以正常速度播放后应再以正常速度的50%播放。由于击剑比赛速度快，击中点小，难以使运动员很好地观察对手的优缺点，同时也不利于教练员对比赛进行分析和讲解，达不到多媒体技战术分析应有的效果。因此，在每一个交锋正常速度播放后再以正常速度的50%播放，这样有利于运动员和教练员观察和分析。

遗憾的是，Window Movie Maker 2.0只提供了视频放慢50%的操作，不能像会声会影、Premiere等视频编辑软件那样，可以任意调整视频播放速度。

（八）保存视频

将击剑比赛的视频剪辑在情节提要/时间线上合并，并经过渲染保存到电脑或CD上才算完成了视频文件的准备工作，可以供多媒体制作使用。如要将合并后的视频保存到电脑中，可以按如下操作：

单击【保存到我的计算机】，在【为所保存的电影输入文件名】框中，输入要保存视频的名称。然后，在【选择保存电影的位置】框中，指定路径和文件夹名。

在【电影设置】页有几种选择，如要使用默认的电影设置，可单击【在我的计算机上播放的最佳质量（推荐）】。在下面的【设置详细信息】区域中会显示出特定设置的详细资料，如文件类型、比特率、显示大小、纵横比和每秒显示的视频帧数。如要使用不同的电影设置，可单击【显示更多选项】，然后从列表中选择其他视频设置。

保存电影后，单击【完成】即可。

二、利用PowerPoint做击剑比赛技战术分析的关键技术

（一）插入视频资料

在PowerPoint制作课件基本方法中介绍了插入视频最简单的方法，但这种方法不能让教练员和运动员随意调整视频播放内容，互动性较差，影响了技战术分析的效果。这里介绍另外两种视频插入的方法：

1.插入对象播放视频

此方法是将视频文件作为对象插入幻灯片中，它可以随心所欲地选择实际需要播放的视频片段，然后再播放。实现步骤为：

（1）打开需要插入视频文件的幻灯片，单击【插入对象】命令，打开【插

入对象】对话框。

（2）选中【新建】选项后，选中Windows Media Player，单击【确定】按钮，当前页面就会插入一个Windows Media Player对象；

（3）下述方法与下文"插入控件播放视频"相同。

2.插入控件播放视频

此方法就是将视频文件作为控件插入幻灯片中，然后通过修改控件属性，达到播放视频的目的。使用这种方法，有多种可供选择的操作按钮，播放进程可以完全自己控制，更加方便、灵活。实现步骤为：

（1）运行PowerPoint程序，打开需要插入视频文件的幻灯片。

（2）将鼠标移动到菜单栏，单击其中的【视图】选项，从打开的下拉菜单中选中【控件工具箱】，再从下级菜单中选中【其他控件】按钮。

（3）在随后打开的控件选项界面中，选择【Windows Media Player】选项，再将鼠标移动到PowerPoint的编辑区域中，画出一个合适大小的矩形区域，随后该区域就会自动变为Windows Media Player的播放界面。

（4）用鼠标选中该播放界面，然后单击鼠标右键，从弹出的快捷菜单中选择【属性】命令，打开该媒体播放界面的【属性】窗口。

（5）在【属性】窗口中，在【源】设置项处正确输入需要插入幻灯片中视频文件的详细路径及文件名。这样在打开幻灯片时，就能通过【播放】控制按钮来播放指定的视频了。

（6）为了让插入的视频文件更好地与幻灯片组织在一起，还可以修改【属性】设置界面中控制栏、播放滑块条及视频属性栏的位置。

（7）在播放过程中，可以通过媒体播放器中的【播放】【停止】【暂停】和【调节音量】等按钮对视频进行控制。

（二）超级链接运用

为了更好地提高多媒体技战术分析的交互性，使教练员和运动员能根据不同的需要，快速地找到要查看的内容，因此，做好PowerPoint中的超级链接非常重要。PowerPoint中的链接可分为动作按钮链接、热字链接和图形对象链接。

1.动作按钮链接

PowerPoint包括多个内置的三维按钮，分别表示前进、后退、开始、结束、帮助、信息、声音和影片等动作。除自定义按钮，其余按钮的功能均为预置的。

若要实现演示文稿内的其他跳转方式，则可通过【自定义】按钮进行设置，但从理论上讲，任何一种按钮都可通过设置进行任何方式的链接。

2. 热字的链接

PowerPoint不仅可以通过动作按钮实现演示文稿内的超级链接，还可以通过文字实现演示文稿内的超级链接。选中要建立链接的文字，我们称其为热字，单击【插入】菜单中的【超级链接】命令，在【请选择文档中的位置】对话框中，选择需要链接的幻灯片编号，点击【确定】按钮即可。

3. 图形链接

选中要建立链接的图形对象，单击【插入】菜单中的【超级链接】命令，在【请选择文档中的位置】对话框中，选择要链接的幻灯片，点击【确定】按钮即可。

三、利用计算机进行技战术分析时应注意的问题

（一）技战术分析应选择淘汰赛双方比分较为接近的比赛

运动员有时会在某些场次的比赛中超水平发挥（或发挥失常），如果双方的比分过于悬殊，往往不能反映对手真实的技战术特点。所以，技战术分析资料应选择研究对象双方比分较为接近的比赛场次内容。

（二）定量分析与定性分析相结合

在击剑比赛技战术分析中，过多的数据分析不但使教练员和运动员难以记忆，还会使他们抓不住对手的主要问题。因此，如何在定量分析的基础上，配合典型的技战术视频片段，概括对手的技战术主要特点，做出高质量的定性分析，是提高技战术多媒体分析效果的关键。

（三）对左、右手运动员应区别对待

优秀运动员在与左、右手运动员比赛时，其技战术特点往往表现出较大的差异。因此，在条件许可的情况下，击剑比赛技战术分析应做到左、右手运动员区别对待，既要研究该名运动员与左手运动员比赛时的特点，还要研究其与右手运动员比赛的情况。

结束语

在我国高校现阶段教学中，各类体育项目均被引入日常体育教学中，通过丰富学生的体育教学内容，可以促进我国体育事业的长远发展。击剑运动具备竞技、健身综合性能深受大众喜爱，体育教师在教学过程中应当重视击剑教学中的主要问题，制定合理的解决措施，提高高校击剑教学的授课质量。

一、完善击剑教学管理机制

要提高高校击剑教学质量，首先要完善击剑教学管理机制，使教师能够按照制度要求开展击剑教学，提升学生击剑学习效果。完善击剑教学管理机制，要根据高校发展的实际情况，合理添置击剑教学的配套设施，规划击剑教学的授课内容，使学生能够按照教学计划掌握击剑知识。高校在完善击剑教学管理机制时，要以学生的学习能力为基础，通过调动学生的学习积极性，使学生能够配合教师完成击剑教学内容，提升高校击剑教学质量。

二、提升击剑教学师资水平

教师的授课水平直接影响学生的学习效果。因此，应当提升击剑教师的师资水平，使教师能够高效完成击剑教学任务。要提升击剑教学师资水平，首先，学校应当定期组织教师进行培训，提升教师的专业能力；其次，可以聘请专业的击剑人士进行授课，使学生能够学习击剑的真实案例；最后，学校要对教师进行技能检测，确保教师具备教授学生击剑的能力。通过提升击剑教学的师资水平，改善高校击剑教学存在的问题，提高击剑教学的水平。

三、增加学生击剑竞赛机会

学校在开设击剑教学课程时，可以通过增加学生击剑竞赛的机会，激发学生的学习热情，使学生能够积极参与击剑学习，提升击剑教学质量。学校可以根据学生的学习情况，组织学生进行校内比赛，使学生能够在竞赛中发现自己的不足，不断完善自己的击剑技能。同时，学校还可以联系其他高校举办校园友谊赛，或直接带领学生参加国家级的击剑比赛，通过增加学生击剑竞赛的机会，丰富学生的学习经验，使学生能够在实战中掌握击剑技能。

四、改善击剑教学方法

改善击剑教学的教学方法，应当以学生的能力为基础开展击剑教学，加大学生击剑训练的力度，使学生能够通过学习掌握击剑技能。教师应当参照击剑专业训练的方式进行授课，在教授学生击剑知识的基础上，延伸多种训练内容，提升学生的身体素质，使学生能够快速掌握击剑知识。同时，教师可以鼓励学生进行分组击剑练习，通过不断与其他学生进行击剑训练，可以使学生在实践中掌握击剑知识，提高学生的学习效率，促进我国高校击剑教学的稳定发展。

综上所述，高校击剑教学是推动高校体育发展的重要内容，通过完善击剑教学管理机制，提升击剑教学师资水平，增加学生击剑竞赛机会，改善击剑教学方法，可以激发学生的学习动力，使学生能够掌握多元化体育知识，推动我国高校体育教学的全面发展。

参考文献

[1] 蔡和家，李小美，李秋蓉，等. 击剑运动员常见运动损伤的康复与防治策略[J]. 内江科技，2023，44（5）：105-106，133.

[2] 崔焱杰. 击剑运动员核心力量训练的作用及方法[J]. 新体育，2022（24）：81-83.

[3] 张巍. 项群训练理论在击剑教学训练中的价值及运用[J]. 当代体育科技，2021，11（15）：58-60.

[4] 江岚. 项群训练理论对击剑教学训练的影响和作用分析[J]. 科技与创新，2019（24）：125-126.

[5] 张松年，孙艳芳. 休闲击剑特色课程建设的发展困境及对策研究[J]. 运动精品，2019，38（12）：22-23.

[6] 张松年，孙艳芳. 高校休闲击剑专业特色课程建设分析[J]. 体育科技，2019，40（6）：131，133.

[7] 张松年，孙艳芳. 高校休闲体育专业特色课程开发与建设的思考——以休闲击剑为例[J]. 体育世界（学术版），2019（10）：107-108，106.

[8] 黄晓明. 基于新媒体的击剑教学改革研究[J]. 体育世界（学术版），2019（10）：121，124.

[9] 张松年，孙艳芳. 高校休闲体育专业特色课程开发研究[A]. 中国体育科学学会. 第十一届全国体育科学大会论文摘要汇编[C]. 中国体育科学学会，2019：6314-6316.

[10] 李娜，王昶. 击剑教学中培养学生自信心的研究[J]. 体育风尚，2019（7）：202.

[11] 李娜，王昶.合作探究教学模式在击剑教学中应用研究[J].当代体育科技，2019，9（16）：40，42.

[12] 张睿.击剑运动体能特征及训练方法探究[J].课程教育研究，2019（10）：204-205.

[13] 王军.高校开展击剑项目现状分析[J].运动，2019（04）：42，49-50.

[14] 汤志伟，孙赫男.高校击剑教学中如何提高学生学习兴趣的研究[J].体育风尚，2018（7）：293.

[15] 许蓉.击剑文化在高校击剑教学中传播的影响因素及对策研究[J].武术研究，2018，3（6）：97-99.

[16] 汪朝阳.击剑运动对大学生心理健康水平影响的实验研究[J].喀什大学学报，2018，39（3）：85-89.

[17] 刘延淼.高校击剑运动发展现状研究[J].黑龙江科学，2018，9（8）：152-153.

[18] 周龙峰，王守恒，尹军，等.我国优秀击剑运动员专项体能训练模式构建[J].中国学校体育（高等教育），2018，5（3）：65-70.

[19] 李娜，王昶.高校击剑教学的主要问题与对策分析[J].体育风尚，2018（3）：171.

[20] 李喆，戴慧莉.普通高校开展击剑选修课程的可行性分析[J].福建体育科技，2017，36（5）：62-64.

[21] 周龙峰.我国优秀击剑运动员专项体能训练模式研究[D].北京：首都体育学院，2017.

[22] 朱桂华，肖年乐，陈晓春，等.西南地区高校发展击剑运动面临的机遇与挑战[J].体育科技，2016，37（6）：104-105.

[23] 杜韫洁.目标定位教学在体育院系击剑专选课教学中的重要作用[J].教育观察（上半月），2016，5（10）：89-90.

[24] 朱秦洁.基于普通高校开展击剑运动与可持续发展的分析[J].知识经济，2015（17）：146.

[25] 钱如明.浅议学校体育教学中开展击剑运动教学的可行性[J].当代体育科技，2015，5（16）：86-87.

[26] 马娜.普通高校击剑选项课教法的研究[J].当代体育科技，2015，5（8）：127-128.

[27] 杜韫洁. 普通高校击剑运动发展现状及对策分析[J]. 攀枝花学院学报，2014，31（5）：111–113.

[28] 罗佳义，戚元信. 刍议高校开展击剑课的主要问题与对策分析[J]. 体育世界（学术版），2014（5）：86，99–100.

[29] 田婧. 北京市击剑俱乐部发展现状与对策研究[D]. 北京：首都体育学院，2014.

[30] 陈远莉. 我国高校击剑发展主要问题综述[J]. 考试周刊，2014（23）：101.

[31] 吴宗喜. 江苏高校击剑运动发展现状研究[J]. 南京体育学院学报（社会科学版），2013，27（5）：95–99.

[32] 岳志强. 我国高校开展击剑运动现状的调查与分析[D]. 大连：辽宁师范大学，2012.

[33] 樊兵. 击剑运动在高校高水平运动队中开展的现状分析[J]. 科技信息（科学教研），2008（13）：26–27.

[34] 秦巍峰，张新芳. 普通高校开设击剑课的可行性研究[J]. 北京体育大学学报，2007（10）：1407–1408，1420.

[35] 刘浩. 我国击剑运动科学研究现状分析[D]. 北京：北京体育大学，2007.

[36] 戴清，舒建平. 我国高校开展击剑运动存在的主要问题与对策[J]. 南京体育学院学报（自然科学版），2006（3）：25–27.

[37] 宋长江. 击剑运动在普通高校的开展与发展趋势研究[J]. 吉林体育学院学报，2005（3）：64，93.

[38] 秦巍峰. 击剑教学对女学生心理素质的影响[J]. 体育成人教育学刊，2005（2）：84–85.

[39] 秦巍峰. 对我国高校击剑运动发展现状的研究[J]. 北京体育大学学报，2005（3）：421–422，425.

[40] 胡顺兴，梁志强. 击剑个别课简论[J]. 体育师友，2002（5）：22–23.

[41] 过鹰. 击剑个别课的教学形式探索[J]. 南京体育学院学报（社会科学版），2002（1）：92–93.

[42] 吴玲玲. 浅谈击剑初级阶段的训练[J]. 中国体育教练员，1998（1）：41.

[43] 桂平. 我国击剑运动员年龄阶段特征与运动成绩关系的研究[J]. 中国体育科技，1997（2）：58–61，64.

[44] 桂平. 我国击剑运动员年龄特征与运动成绩关系的研究[J]. 湖北体育科技，1995（2）：8-12.

[45] 杜刚. 击剑[M]. 天津：天津人民美术出版社，2017.

[46] 杨桦，李鸿江. 第29届奥林匹克运动会组委会. 击剑[M]. 北京：北京体育大学出版社，2007.

[47] 全国体育院校教材委员会审定. 击剑[M]. 北京：人民体育出版社，1996.

[48] 刘云发，杨雨龙. 击剑[M]. 长春：吉林出版集团有限责任公司，2008.

[49] 赵传杰，费正伟. 击剑竞赛组织与裁判法指导[M]. 上海：复旦大学出版社，2017.

[50] 赵传杰，刘爽. 击剑运动项目特征[M]. 上海：复旦大学出版社，2014.

[51] 国家体育总局自剑中心击剑部. 击剑规则[M]. 北京：北京体育大学出版社，2017.

[52] 全国青少年运动技能等级标准研制组编. 青少年击剑运动技能等级标准与测试方法[M]. 北京：科学出版社，2021.

[53] 国家体育总局科教司. 击剑教练员岗位培训教材[M]. 北京：人民体育出版社，2021.

[54] 张松年. 休闲击剑[M]. 南京：江苏凤凰科学技术出版社，2016.

[55] 许丽娜. 击剑与现代奥林匹克运动[M]. 北京：北京体育大学出版社，2020.

[56] 薛峰. 普通高等学校击剑教学与训练教程[M]. 北京：九州出版社，2015.

[57] 赵传杰，刘爽. 击剑运动项目特征[M]. 上海：复旦大学出版社，2014.

图书在版编目（CIP）数据

击剑运动教学与训练教程 / 李娜，刘爽，曹永康著. 北京：中国广播影视出版社，2024.7. -- ISBN 978-7-5043-9248-0

Ⅰ．G885

中国国家版本馆CIP数据核字第2024JV8538号

击剑运动教学与训练教程

李　娜　刘　爽　曹永康　著

责任编辑：王　萱　彭　蕙
封面设计：古　利

出版发行：中国广播影视出版社
电　　话：010-86093580　010-86093583
社　　址：北京市西城区真武庙二条9号
邮政编码：100045
网　　址：www.crtp.com.cn
电子信箱：crtp8@sina.com

经　　销：全国各地新华书店
印　　刷：武汉鑫佳捷印务有限公司

开　　本：710毫米×1000毫米　　1/16
字　　数：200千字
印　　张：13.25
印　　次：2024年7月第1版　　2024年7月第1次印刷

书　　号：ISBN 978-7-5043-9248-0
定　　价：78.00元

（版权所有　翻印必究·印装有误　负责调换）